Le Kabbaliste

Pratique Mystique de la Bible

Patrick Levy

Le Kabbaliste

Pratique Mystique de la Bible

Le Grand Livre du Mois

ISBN : 2-7028-5013-8

Du même auteur

Dieu croit-il en Dieu ?,
Albin Michel/Question de, 1993.

Nous sommes tous des idolâtres,
Centurion, 1994.

Dieu leur parle-t-il ?,
Desclée de Brouwer, 1997.

Contes de Sagesse,
Dangles, 2000.

À Thibaut Guislain,
avec ma gratitude pour sa
relecture du manuscrit,
ses remarques, ses critiques,
ses suggestions, ses encouragements…
Qu'il en soit ici remercié.

Prologue

— Est-ce que tu sais pourquoi Moïché il a *ipouse ine goy* [1] *?*

J'ai rencontré Isaac Goldman à Belleville, dans la librairie *Tiffilim*, aujourd'hui fermée. De sa voix forte et grinçante, il avait interpellé le libraire, et en même temps tous les clients, avec une de ses questions qui avaient le génie de bousculer les habitudes. Certains tentèrent une réponse. Moi, je l'ai suivi sur le boulevard de Ménilmontant et là, je lui ai demandé de m'enseigner le judaïsme.

— *Lé jidaïsme né s'enseigne pas. Il s'itidie !* répliqua-t-il dans son imperturbable accent yiddish.

— Alors, étudions ensemble.

— *Ji né suis pas* cacher [2] !

1 Moïché désigne Moïse. « Sais-tu pourquoi Moïse a épousé une étrangère ? » *Goy* (pluriel *goyim*) : peuple. Par extension évoque les peuples et les individus non juifs.
2 *Cacher* se réfère aux lois sur la nourriture propre à la consommation, mais par extension ce terme désigne ce qui est scrupuleux, littéralement conforme, selon la ligne, licite.

Il n'était pas pieux à la manière des *hassidim*, ni orthodoxe comme les rabbins. D'ailleurs, bien qu'il pratiquât l'étude, il n'approuvait pas toujours les interprétations talmudiques de la Torah, tenues pour incontestables [3].

Je passai l'après-midi avec lui et réussis à me faire accepter dans son cercle d'amis. En m'introduisant dans l'univers de la Kabbale, il me permit de voir le monde comme je ne l'avais jamais vu auparavant. Et il devint le « maître juif » que j'ai adopté.

Je n'avais pas la foi. Dans ces années-là, j'étudiais les grandes traditions spirituelles, et je cherchais des maîtres qui ne dresseraient pas l'*a priori* d'une croyance au seuil de leur enseignement. N'ayant aucune propension à m'identifier à une quelconque religion, je n'avais aucune réticence à les considérer toutes comme des « moyens habiles » (pour emprunter une expression du bouddhisme tibétain), des méthodes qui conduisent, si on les applique, à approcher de l'éveil, ou à se libérer des empreintes des conditionnements. Lorsque je trouvais un « guide », je pratiquais suivant ses directives, honnêtement, avec toute l'assiduité dont j'étais capable [4].

— Pose ta question.

3 Les *hassidim* (singulier *hassid*), les juifs pieux originaires d'Europe centrale qui sont particulièrement attentifs aux exigences de la vie religieuse et poursuivent l'idéal de la *hassidout*, la piété. La Torah désigne d'abord les cinq premiers livres de la Bible. Par extension, elle recouvre l'ensemble des Écritures. Le Talmud est l'un des recueils des commentaires.

4 Dans un précédant ouvrage, *Dieu croit-il en Dieu ?*, j'ai évoqué ces rencontres avec ceux qui devinrent mes maîtres. Rabbi Isaac était l'un d'entre eux. *Le Kabbaliste* est un développement de ce précédent livre et rend un hommage singulier à ce maître puissant et original de la tradition juive.

Je me rendais chez Rabbi Isaac, une ou deux fois par semaine au début, plus souvent par la suite. Pendant mes voyages en Orient, il y eut des interruptions de plusieurs mois. Lorsque nous nous retrouvions, il me demandait de poser une question, car il est interdit de pratiquer l'étude avec quelqu'un qui n'a pas ostensiblement demandé à y participer. Je manifestais cette demande en l'interrogeant. Avant de poursuivre sa lecture, le lecteur, lui aussi, posera une question. N'importe laquelle fera l'affaire. « Porterai-je un chapeau aujourd'hui ? » Elles conduisent toutes à une question existentielle fondamentale. Celui qui ne se contente pas de la première réponse qui lui vient à l'esprit est apte à l'étude. « Quel chapeau ? Pourquoi un chapeau et non une casquette ? De quelle couleur ? Jusqu'à quelle heure ? Comment le sait-on ? » L'important était de reconnaître que je désirais entrer dans ce « jeu du sens » qu'ouvre la pratique de l'étude, et que j'acceptais de me mettre en danger, en quelque sorte. Car qui sait où ce jeu va nous conduire ! « Dieu porte-t-il un chapeau ? Dieu a-t-il une tête ? » Quelle énigme inattendue nous allions soulever en l'examinant ! « Dieu pense-t-il ? Dieu existe-t-il, et toi, existes-tu ? »

« Si tu étudies sans question, tu erres dans les dédales des contradictions de la Torah et dans la multitude des interprétations talmudiques », disait Rabbi Isaac.

— *Né m'appille pas Rabbi !*

Isaac Goldman n'était pas rabbin au sens strict – c'est-à-dire prêtre dans la tradition juive. Il avait fréquenté une *yéshiva* de Varsovie et non le séminaire, et il ne faisait pas profession de sa religion. Je le considérais cependant comme un *Rabbi* ou un *Rebbe*, ces chefs des *yéshivot* d'Europe centrale, tout autant érudits que mystiques, qui ont tracé leur propre voie en enseignant et pratiquant le judaïsme sans se soucier de la conformité à la loi rabbinique [5].

Il refusait ce titre surtout par modestie, considérant que tous les hommes étaient maître de quelque chose, toute rencontre, *enseignante* d'une façon ou d'une autre, et tout événement, même le plus insignifiant, une invitation à l'étude et à la pratique du questionnement. Avec lui, n'importe quelle situation pouvait évoquer un verset biblique ou une *michnah* [6] et ouvrir à une multitude de commentaires. Tout donc était sujet à interprétation, et par conséquent au doute. Rabbi Isaac était pour moi le *guru* – au sens non péjoratif – du doute et de l'interrogation systématique.

Car bien au-delà des dogmes et de l'exercice traditionnel de la foi juive, Isaac Goldman enseignait la liberté, une liberté qu'il trouvait dans l'*Un* [7]. Il se servait de la Torah pour l'illustrer, l'approcher, la fonder, la vivre. Il l'étudiait. Sans fin.

Rabbi Isaac distinguait nettement entre ce qu'il appelait le « Dieu-des-croyants », supposé tout puissant, omniscient, intervenant père de l'humanité, vengeur,

5 *Yéshiva* (pluriel *Yéshivot*), s'asseoir : académie ou centre d'étude. Il faut faire une distinction entre rabbin et rabbi. Le rabbin a reçu un diplôme après l'examen qui a sanctionné ses études au séminaire. On peut appeler un sage, *Rabbi*, même s'il n'est pas prêtre. Le judaïsme ne connaît pas d'autorité religieuse centrale, le Consistoire étant une institution communautaire, en France établie par Napoléon, réglant les affaires des congrégations (entretien des synagogues, culte, etc.) et visant à doter l'État d'un interlocuteur représentatif. Le Grand Rabbinat n'a pas autorité sur la pratique religieuse personnelle. Il exerce des fonctions juridiques concernant le statut personnel (mariage religieux, divorce, enterrement). Les séminaires rabbiniques sont contestés tant par les juifs réformés que par les orthodoxes, qui ont des associations cultuelles indépendantes.

6 La Michnah englobe les recueils des débats et des interprétations qui forment la loi orale ou la tradition. Une *michnah* désigne un passage ou un enseignement spécifique de ce recueil.

7 « Dieu est Un. On ne peut pas connaître Dieu, donc cherchons cet Un ».

jaloux… et le « Dieu-sans-nom-et-sans-qualité ». Le Dieu-des-croyants servait d'invitation à l'analyse et, dans l'analyse, il ne se dévoilait ni tout puissant ni omniscient, mais comme un personnage souvent contradictoire et irrationnel dont la sagesse n'était aperçue, dans la Torah, qu'au-delà du sens littéral. « Le Dieu-des-croyants n'est fondé sur aucune logique, disait-il. Ce qui n'est pas logique peut-il exister ? Pourquoi pas ! Je préfère le Dieu-sans-nom auquel il n'est pas nécessaire de croire. »

Pour lui, Dieu était le « Grand Pédagogue », et la Torah, un texte qui doit être scruté, réfléchi, interprété à l'infini, un guide énigmatique et initiatique qui, examiné minutieusement, ne contient pas de commandement, d'ordre, d'obligation quelconque, ni surtout de sens certain et définitif. Le Dieu-sans-nom était le motif central de l'étude. Dans nos investigations, il se révélait infini, indéfinissable, indéterminé et nous entraînait dans l'infini indéterminé.

Rabbi Isaac ne prononçait pas le nom « YHVH » à haute voix ; il le remplaçait par *Hachem*, « le Nom », mais jamais par *Adonaï*, le Seigneur. Il l'appelait volontiers « l'imprononçable », « l'innommable » ou « Il », mais ce pronom personnel, que j'ouvre avec une majuscule, pouvait aussi remplacer l'*Aïn-Sof* [8], Elohim ou le Dieu-sans-nom. Le contexte me permettait de le savoir. Par ailleurs « l'Infini », qui traduit l'Aïn-Sof, désignait parfois aussi YHVH. « Dieu » sans autre précision pouvait

8 L'*Aïn-Sof*, la cause des causes, l'inconnaissable précédant tout le pensable, le concevable, l'imaginable. < Avant le commencement son nom était enfermé en lui, et lui et son nom constituaient un seul corps >, enseigne le Zohar, l'un des livres de la Kabbale (Zohar Béréchit II 29a, p. 164, édition Verdier). *Aïn-Sof*, mot à mot, signifie « sans fin ». Je le transcris comme en hébreu alors qu'il se prononce *Ein-Sof*. Elohim est le premier nom de Dieu mentionné dans la Genèse.

évoquer le Dieu-des-croyants aussi bien que le Dieu-sans-nom.

Comme tout bon kabbaliste respectueux de l'Écriture et de la parole des maîtres anciens, il ponctuait ses citations de la Torah d'un « comme il est écrit », et celles de l'une ou l'autre des traditions orales de commentaires étaient suivies d'un « comme il est dit ». Lorsqu'il empruntait une idée, il le signalait d'un « commentent les rabbins » ou « enseignent nos sages ».

Rabbi Isaac n'a pas fondé d'école ; nous étions quatre, parfois cinq, à étudier avec lui. J'étais souvent seul. Certains après-midi, son appartement se transformait en une sorte de *yéshiva* où l'on venait s'asseoir à l'improviste, une ou plusieurs heures, pour étudier, fréquenter le Dieu-sans-nom, s'immerger dans un torrent de paroles mystérieuses qui éclairaient pour tous la vie et pouvaient même la changer. En écrivant ce livre, j'ai voulu rendre hommage à ce maître, partager les moments qu'il m'a été donné de vivre avec lui, et permettre au lecteur d'entrer dans l'un de ces lieux d'étude où il n'est pas si facile de pénétrer.

Au long des années, j'ai toujours pris des notes assez précises sur nos séances d'étude. De ce temps restent mes souvenirs, et un carton de cahiers et de carnets. J'en ouvre un, et aussitôt la voix de Rabbi Isaac résonne en moi avec son accent de juif polonais qui, bien qu'habitant Paris depuis quarante ans, prononçait toujours le français à sa manière très personnelle.

Il parlait notre langue un peu comme se lit l'hébreu : les consonnes y étaient mais les voyelles n'étaient pas toujours les bonnes. Sa syntaxe était un peu aléatoire et son accent ne rappelait pas celui, roucoulant, du polonais, mais le râpeux haché du yiddish. Cependant, bien que sa syntaxe fût approximative, son vocabulaire, étendu et précis, témoignait d'une culture considérable.

Rabbi Isaac n'était pas seulement un érudit de la tradition juive, mais aussi, plus largement, un intellectuel. Il s'intéressait à tout, lisait énormément. Sa bibliothèque contenait, bien sûr, un grand nombre d'ouvrages anciens et récents d'exégèse et d'étude sur le judaïsme, mais j'y trouvai, en la rangeant, des livres de philosophie, de science, de sociologie, de psychanalyse. J'y ai aperçu Levinas, Sartre, Hannah Arendt, Beaudriard, Jung, Freud et Lacan, des romans de Duras, Sollers, Simon et des classiques de la littérature française, espagnole, yiddish et sud-américaine.

La transcription de mes cahiers nécessiterait plusieurs gros volumes. Parmi tous les sujets que nous avons abordés aux cours des ans, j'ai choisi ceux qui traitaient des questions humaines et spirituelles essentielles, et dévoilaient le mieux à la fois l'esprit et la liberté de pensée de Rabbi Isaac, l'art et la manière de l'étude et la pratique des méditations kabbalistes.

Dans les premières années, je ne savais quasiment rien du judaïsme et de ses différents courants, et je ne comprenais pas tout ce qu'il disait. C'est après avoir lu Maïmonide, Rachi, le Talmud, le Zohar, le Tanya, Hayyim de Volozhyn, Buber, Scholem, après avoir appris un peu l'hébreu, étudié le bouddhisme et l'hindouisme, lorsque j'eus un regard plus vaste sur l'histoire du judaïsme et son évolution, que je pus mieux apprécier les leçons de Rabbi Isaac, l'élégance de ses démonstrations, son aisance – il citait souvent de mémoire –, son intransigeance intellectuelle conjuguée avec une bienveillance perspicace envers son interlocuteur, son tempérament résolument indépendant et enfin sa liberté, car il ne dissimulait pas sa pensée derrière des allusions, ne s'entourait pas d'énigmes, il dévoilait les mystères les plus secrets de la Kabbale. Il avait bien la stature de ces *Rebbe* mystiques des *yéshivot* de Pologne ou de Lituanie.

CHAPITRE 1

La règle du jeu

« L'important est de ne jamais cesser de s'interroger. »
Albert Einstein

Pour aborder la pratique de la Kabbale, il faut connaître un peu de son histoire et quelques-unes de ses règles.

Avant 70, le judaïsme était constitué de divers courants de pensée incarnés par des sectes concurrentes qui étudiaient la Torah et la comprenaient à leur manière. C'est ainsi que s'est développé « la tradition orale », transmise uniquement de maître à disciples et qu'il était interdit d'écrire.

Après 70, les pharisiens établirent une sorte d'unification de la pensée en un seul courant, le leur. Et ils rédigèrent les explications et interprétations de la Torah des différentes sectes, la Michnah, dans le Talmud, où se joint la Halakhah, le droit et la jurisprudence. Plus tard, la Guemara puis le Midrach le compléteront, achevant de figer la pensée et le rapport à Dieu, dans un système monolithique qui répond à nos questions au lieu de les laisser ouvertes comme le voulait la tradition. C'est ce courant qui prévaut encore aujourd'hui au sein du judaïsme rabbinique [9].

La Kabbale s'inscrit dans la tradition de l'exégèse et la poursuit dans une tendance ésotérique. Pratiquée bien avant notre ère, son histoire écrite commence à peu près au IIe siècle et se poursuit jusqu'à nos jours. Au

9 Voir le glossaire en annexe II, p. 313-314.

XIIIe siècle, la publication du Zohar, le plus important traité de Kabbale, marquera une renaissance de la tradition de la spéculation et de la controverse. Et, depuis le XVIIe siècle, une multitude d'écoles de pensée ont vu le jour en Europe, notamment les orthodoxes, les libéraux, les hassidim, les loubavitchs… Certaines d'entre-elles s'appuient plus volontiers sur la Kabbale que sur l'exégèse talmudique.

« YHVH et la Torah sont Un [10] », cette proclamation promeut la pratique de l'étude de la Torah au statut de méthode spirituelle.

La Torah utilise peu de mots, de prépositions et de conjonctions (environ NEUF MILLE). La plupart ont plusieurs sens. Par ailleurs la Torah est un texte consonantique. Sans voyelle, un mot peut se lire de plusieurs manières, une phrase ouvrir un abîme de significations. Il faut donc interpréter, additionner les sens, jongler avec eux. Cette particularité linguistique permet de se poser plus de questions que d'apercevoir de réponses. Ainsi la Torah est-elle, par son mode d'écriture, le livre de l'indétermination qui ouvre sur l'Infini. Le livre qui est supposé transmettre la parole de Dieu ne contient donc pas *la vérité*, mais seulement un matériau de travail et d'interprétation.

L'infinie recherche d'une vérité insaisissable et sans limite permet de fréquenter l'Infini, de sonder Dieu lui-même, de pénétrer cet *Un* qui le désigne. « La grandeur de la Torah réside en ce qu'elle change tous les jours, c'est pourquoi l'homme en retire tous les jours une satisfaction première », disait Rabbi Israël de Kozhenitz.

L'exégèse classique consiste à invoquer un verset de la

10 Tiqoune Ha-Zohar 24a. < La Torah, c'est le Saint, béni soit-il. > (Talmud de Babylone, Sotta 39b.)

Torah pour en expliquer un autre ou à citer les commentaires des maîtres du Talmud et du Midrach, et les commentaires de ces commentaires, avec Rachi, Maïmonide et d'autres, puis à dépasser ce qu'ont dit les maîtres.

Pour débrider la spéculation métaphysique et élaborer ses méditations, la Kabbale se sert d'un ensemble de techniques d'analyses. Sa pratique s'apparente à un jeu, un art et une science. Elle a ses règles qui, ensemble, organisent une méthode permettant de dépasser le sens littéral d'un texte exploré et d'entrevoir quelque chose du divin.

Ainsi, en analysant un mot lettre à lettre – chacune ayant une intelligence, une symbolique, une histoire –, en permutant ses lettres ou en les lisant à l'envers, ou encore la première syllabe à l'endroit et la seconde dans la direction opposée de la lecture, il devient possible d'étirer son sens. Chaque lettre porte une valeur numérique : en additionnant la valeur de ses lettres, on rapprochera un mot d'un autre ayant la même somme, et cela suggérera un rapport de contiguïté [11].

Ces techniques d'analyse, et d'autres, sont légitimées par plusieurs postulats.

L'un d'eux établit que le langage divin ne connaît pas la grammaire. Il n'est donc pas limité par les règles de la conjugaison, de la syntaxe et des accords, et il est admis d'interpréter sans en tenir compte. < Dans la Torah, il n'y a pas d'avant et d'après >, est-il dit dans le Talmud.

Un autre précise que l'Infini a créé les univers et notre monde (cette réalité) avec les lettres hébraïques, qui sont ses matériaux. À chaque lettre correspond une énergie particulière qui est identifiable par la place

11 Décompte de la valeur numérique des lettres, *guematria* ; interprétation des lettres d'un mot comme initiales des mots d'une sentence, *notarikon* ; permutation des lettres, *temurah*.

qu'elle occupe dans le mouvement créateur. En se servant des lettres, chacun pourra pénétrer cette énergie et surtout la reconnaître en soi.

Enfin, il est dit que toute la Torah, lue comme elle fut rédigée, sans les voyelles et sans les espaces entre les mots, écrit un seul nom, celui de Dieu, qu'il s'agit de retrouver en étudiant [12].

Le kabbaliste *pressure* un texte jusqu'à en faire « éclater » le sens pour en tirer, dit-on, l'essence ou l'intention « supérieure ». Une « Torah primordiale » est cachée dans la Torah révélée. Il convient de lire celle-ci entre les lignes de celle-là.

L'étude est donc à la fois un moyen et une fin. Son objectif est de « voir » par l'écoute, d'atteindre l'Infini, et surtout de produire une expérience « vécue ». Rabbi Isaac liait toujours l'Infini et l'homme à travers une question qui nous ramenait à nous-même.

< Le monde se renouvelle grâce à l'étude. Lorsque nous renouvelons la Torah grâce à l'étude, le Saint (Dieu) construit et affermit le monde avec elle. > (Z Pré 4b ; 47a) En s'y essayant, le kabbaliste devient le complice de Dieu dans l'acte continu de création, il joue avec lui, entre dans son intimité et connaît ou partage sa félicité (*sha'ashu'a*, le plaisir de soi-même), ce moment où l'âme s'empare de l'esprit et danse avec lui vers les hauteurs de l'infini.

Là, conjuguant la rigueur et l'amour, Rabbi Isaac échappait à la contingence et caressait l'infini. Et il nous entraînait dans son ascension.

Maintenant, étudions et pratiquons.

12 La Kabbale est un jeu, dit Rabbi Isaac. Il ne s'agit pas d'y *croire* mais de s'en servir pour entrer dans une pratique du questionnement qui est fondatrice de l'homme.

CHAPITRE 2

Va vers toi-même

Premier mouvement

Abraham

Quelques jours après que je l'eus rencontré à la librairie *Tiffilim*, je me rendis chez Isaac Goldman. Il m'accueillit couvert de ce chapeau mou qu'il ne quittait jamais, même chez lui. Nous nous installâmes autour de la vieille table ronde en acajou où j'allais passer de longues heures au cours des années. Petit, chétif dans son éternel costume gris déformé, Rabbi Isaac devait avoir un peu plus de soixante ans. Il portait ses lunettes sur le front. Sa barbe grise remontait sur ses joues blanches, transparentes. Un froncement naturel des sourcils lui donnait une présence puissante, sévère, qui affirmait la rigueur intellectuelle et l'intransigeance de la lucidité, mais son regard gris clair projetait une profonde douceur.

— *Il faut que ti poses ine question !* annonça-t-il de sa voix qui conjuguait un mélange de lassitude naturelle et une sorte de curiosité impatiente.

Mais je souhaitais d'abord établir la base de nos relations.

— Je ne crois pas en Dieu, avouai-je d'emblée sans timidité, et je n'ai pas non plus envie d'y croire. Je ne cherche ni consolation ni protection. Que Dieu soit grand ou petit, bon et généreux ou méfiant et exigeant, qu'il soit amour ou sagesse, tout cela ne m'intéresse pas.

“Peu m’importe ce que tu crois, dis-moi comment tu le sais”, disait Rachi. C’est ce “comment tu le sais” qui m’importe, à moi aussi. En quelque sorte, je ne m’intéresse pas seulement au témoignage, mais aussi à la crédibilité du témoin.

— *Arch ! Déjà ti véux mé faire ine procèsss ?* répondit Rabbi Isaac en riant. Puis, reprenant son sérieux, il ajouta, conciliant : Dieu n’est ni grand ni petit, ni bon ni rancunier. Dieu est Un et s’il était grand, il ne serait pas petit et ne serait pas cet Un qui est ni grand ni petit. Ce Un est infini. En étudiant la Torah nous [les kabbalistes] essayons de percevoir cet Un en tout.

— Pourquoi avez-vous posé cette question à la librairie ?

— Mais pour te faire réfléchir, toi et tous ceux qui étaient là à feuilleter des livres ! Je voulais vous inciter à chercher vos propres questions, à leur trouver plusieurs réponses, à penser par vous-mêmes. Une interprétation n’est qu’une hypothèse. Il faut l’élaborer, l’analyser, la relier à la tradition, y inclure le “comment le sait-on ?” Et chercher encore. Pour étudier, il y a des méthodes !

— Le Dieu que la Bible…

— La Torah ?

— Oui. Le Dieu que la Torah met en scène me paraît insupportable.

— À moi aussi ! s’exclama-t-il. Le Dieu auquel tu ne crois pas, je n’y crois pas non plus. Je vais te dire ce que tu cherches. Il y a toujours deux religions en chaque religion. La religion prêt-à-croire, le prêt-à-porter de la pensée religieuse, et le niveau mystique. Autrement dit, la religion du rabbin et la réflexion des sages, la religion qui répond à ta question, qui y répond mal, et qui, si tu n’arrives pas à y croire, te culpabilise, et la religion qui interroge ta question, te demande donc de chercher encore. C’est la seconde qui t’intéresse.

Rabbi Isaac avait déjà mis des mots justes sur l'une de mes contradictions : mon rejet des religions et mon intérêt pour elles.

« Notre époque et les suivantes seront celles des révolutions spirituelles parce que les dieux des religieux ne sont plus crédibles, prophétisa Rabbi Isaac un autre jour. Les traditions qui ne brandissent pas leur Dieu et leurs croyances comme un étendard survivront à cette révolution des mentalités. Pour entrer dans la Kabbale, il n'est pas nécessaire de croire. »

— Trêve de préambule. Pose ta question.

Le plus souvent, au début de nos rencontres, Rabbi Isaac me demandait de poser une question. Il allait ensuite chercher des livres qu'il étalait sur la table. Il annonçait solennellement : « Nous allons étudier la question que tu as posée en fonction de tel chapitre, tel passage, tel commentaire… »

« Ce qui importe, ce n'est pas ce qui est écrit, c'est ce que cela peut nous faire dire et, pour le dire, ce que cela nous permet de questionner. Plus le texte suscite de questions plus il est précieux, car il nous donne la possibilité de nous faire frôler l'infini du sens », aimait-il à rappeler, d'une manière ou d'une autre.

Il ouvrait d'abord la Torah, ou peut-être le Talmud, lisait le passage qu'il avait choisi ou racontait une situation, comme un conte. Ensuite, il déclinait les niveaux de sens selon le système « Pardes [13] ». Il interprétait en se référant au contexte, puis considérait les implications symboliques ou allégoriques, examinait les mots, les éti-

13 Ce mot est formé à partir des initiales de quatre mots qui évoquent les quatre étapes de l'étude. *Péchath*, le sens littéral, *Rémez*, le sens allusif ou symbolique, *Dérach*, le sens révélé par l'exégèse, *Sod*, le sens mystique, ésotérique ou secret. Voir chapitre 6, 3e mouvement, p. 193-198.

rait, les maniait, les brisait, les comparait à d'autres mots. Et, dans cette querelle, les mots se fécondaient les uns les autres, le sens se multipliait, s'éparpillait. Dans un troisième mouvement, il convoquait d'autres passages de la Torah selon le précepte : c'est avec la Torah que se commente la Torah. Il cherchait aussi les indications énoncées dans le Midrach ou le Zohar, accueillait une de leurs suggestions, la conjuguait avec le sens que nous avions déjà commencé à apercevoir. Alors, lorsque nous avions suffisamment décortiqué la question, Rabbi Isaac s'élançait dans sa dimension mystique.

Là, il jonglait avec les sens et, comme un magicien, il faisait apparaître la Création ou, démiurge, la réduisait au néant. Il s'en allait vers les hauteurs dans un élan à la fois en forme de spirale ascendante, où se retrouvaient des leitmotivs, et en faisceau, où le thème central était examiné sous de multiples angles. Au passage, dans une digression, il examinait une question inattendue dont l'éclaircissement serait un nouveau leitmotiv… et il nous conduisait au vertige. Alors, il caressait l'Infini et nous permettait de l'y suivre. Je me sentais rassasié de sens, simultanément inclus dans « l'En-haut » et « l'En-bas », participant à l'acte de créer les mondes et d'y vivre. Enfin, avec une question pratique qui nous forçait à apercevoir l'Infini en soi-même, il nous ramenait dans notre corps, autour de la table, rue Dénoyez. « Si nous étudions le même passage demain, nous trouverons autre chose. Ne t'arrête pas à ce que nous disons. C'est le moment qui compte, pas le sens », disait-il souvent au moment de nous quitter.

— Alors, pose ta question…

— Pourquoi sommes-nous nés ?

Rabbi Isaac éclata de rire.

— Celle-là, au moins, est une grosse question ! Mais elle est juste. Il faut se la poser.

Rabbi Isaac commençait l'étude par la *kavvanah*, une concentration sur l'intention qui permet de se libérer de toute autre préoccupation. Suivait une récitation du *shema Israël* : < Écoute Israël YHVH, notre Elohim, YHVH Ékhad, YHVH-Un [14]. > Il lui arrivait de répéter *Ékhad, Ékhad, Ékhad*… (Un, Un…) ou *Emet Ékhad*… (Vérité de l'Un) ou *Shema Ékhad*… (écoute l'Un) à la manière des mantra [15]. « Le sujet de notre étude, c'est cet Un. Concentre-toi en lui, disait-il. Tout est un même secret. » Ensuite, nous prenions généralement du thé et des gâteaux ou les premiers fruits de la saison. « Que notre étude soit douce et agréable ! »

Il se balançait d'avant en arrière, d'abord lentement puis plus rapidement, comme pour entrer dans le rythme du mouvement des mots qui vont s'entrechoquer, se laissant porter par le délice de leurs souffles comme un arbre ou une plante se courbant dans le vent.

Ce jour-là, Rabbi Isaac réfléchit un long moment avant d'aller chercher les livres. De retour à sa place, il dit de sa voix naturellement grinçante et pourtant savoureuse :

— *Régardons cé qu'il est écrite là-déssis là-dédans.*

Et il se lança dans la question.

— Si nous étions nés sans notre consentement, cette initiative de Dieu serait arbitraire, et il nous faudrait considérer Dieu comme un despote égoïste. La vie est difficile et naître malgré soi serait injuste. Mais nous pouvons regarder cela autrement, en envisageant que nous naissons de notre propre désir d'être.

14 Dt, 6, 4. Selon la tradition, on prononce Adonaï à la place de YHVH : *Shema Israël adonaï élohénou adonaï ékhad.*

15 Un mantra est composé d'une syllabe ou suite de syllabes considérées dans les traditions hindoue et bouddhiste comme ne faisant qu'un avec la divinité qu'elles évoquent et contenant la quintessence de ses enseignements.

« Nous allons étudier le voyage d'Abraham en fonction de la question que tu as posée. À ce moment-là, le nom d'Abraham était Abram.

Rabbi Isaac ouvrit la Torah comme s'il voulait m'indiquer que ce qu'il allait dire se trouvait dans le Livre. Il lut :

— <YHVH [prononcer *Hachem*] dit à Abram : "*Lekh lekha*, Va pour toi, va vers toi-même, de ta terre et de ton enfantement et de la maison de ton père, vers la terre que je te montrerai." > (Gn 12, 1) "Va-t'en pour toi", dit YHVH à Abram. Voilà la réponse à ta question.

« Abram signifie "père des hauteurs" ou "père haut", et Abraham, "père de multitudes". Donc, Abraham est celui qui fait venir la hauteur dans la multitude : il est le messager de la transcendance.

« Je vais interpréter ce passage à différents niveaux.

« Au premier degré, ce texte nous apprend qu'Abram entend la voix de YHVH et obéit à son injonction de partir.

« Térah, son père, fabriquait des idoles. On le sait par Josué et non par le texte que nous étudions. Abram s'en va de chez lui, il fuit l'idolâtrie, la religion aliénante de ceux qui sont *non libres*, soumis aux dieux, fidèles à leurs peurs et attachés aux apparences du monde. En quelque sorte, Dieu *lé libire dé sa tribi, dé ses coutimes et dé ses croyances*.

Rabbi Isaac racontait, expliquait, prenait le temps de réfléchir. Il me fallait parfois un instant pour retrouver un mot français derrière celui qu'il avait prononcé.

— Au deuxième niveau, poursuivit-il, on ajoute du sens à ce qui est dit.

« YHVH ne dit pas : "Viens vers moi", comme on pourrait s'y attendre de la part d'un Dieu qui entendrait lutter contre l'idolâtrie et le polythéisme. YHVH ne tente pas de remplacer l'aliénation aux multiples dieux par une aliénation au Dieu unique. Il dit “va vers toi, va pour toi”, parce qu’il s’agit de tout autre chose ! “Va-t’en pour toi”, pour te connaître toi-même, pour rencontrer les hauteurs dont tu es le père. Il s’appelle *père des hauteurs*, n’oublie pas.

Pendant l’étude, le visage d’Isaac se transformait. Les expressions de sa sévérité faiblissaient, ses sourcils naturellement froncés se détendaient, ses rides perdaient de leurs profondeurs. Une douceur remarquable modelait ses traits. Sa voix aussi, ordinairement perçante, devenait voluptueuse. Mais il pouvait changer de ton à tout instant et reprendre la rigueur de son implacable exigence.

— C’est la seconde naissance, expliquait Isaac gravement lorsque, bien après être venu au monde, nous nous donnons naissance à nous-mêmes en acceptant notre liberté. Quitte tes habitudes et tes désirs anciens, ton conditionnement, tes attaches, tes liens et ta prison quotidienne. YHVH pousse chacun à se libérer. Laisse tes anciennes références, tes dieux, tes idées toutes faites ; laisse tout. Tout est possible dans cette seconde vie grâce à ce nouveau départ. Pars pour te trouver, car il n’y a qu’ailleurs que nous sommes neufs.

« YHVH s’occupe toujours avant tout de t’émanciper. Même lorsqu’il tonne des commandements, ajouta Isaac en clamant le mot, c’est pour te libérer. Certains ne s’en occupent pas, quelques-uns se libèrent en une seconde, d’autres y consacrent leur vie. < Va pour toi >, que le vertige de la liberté te fasse moins peur que les certitudes des contraintes, dépasse ton conditionnement social, le bien et le mal, vers la transcendance des contraires.

« Troisième niveau : on observe l’exégèse et on entre dans la subtilité. < Va vers toi. > Dans le Talmud, on trouve cette question que traitèrent les écoles de Rabbi Chammaï et de Rabbi Hillel : < Est-il préférable de ne pas naître ? Ou la vie, pour le vivant, est-elle une bénédiction ? > (TB ER 13b, p. 262)

Il me laissa considérer ce problème un instant. Je répondis :

— Cela dépend… de toute façon on ne le sait qu'après être né ! Lorsqu'on se pose la question, il est trop tard !

— Bien sûr, mais elle reste valable. Ils réfléchirent là-dessus pendant deux ans et demi. Nous ne savons rien des détails de leurs discussions. Dommage ! Je peux imaginer qu'ils ont commenté un verset de l'Ecclésiaste : < Si son âme ne s'est pas rassasié de bonheur, je dis qu'un avorton est plus heureux que lui. > Ou : < Vanité des vanités, tout est vanité. > (Ecc 6, 3, puis 1, 2)

« Mais regarde les implications des deux réponses possibles. Si tu prétends qu'il eût mieux valu n'avoir jamais été, alors tu dois être prêt à renier tout ce que tu es, tout ce que tu as fait, tout ce que tu es devenu.

Il y avait un avertissement dans sa voix, une invitation à bien peser la portée de cette décision.

— Et ton chemin spirituel, poursuivait-il, consistera à expliquer à Dieu comment cesser de créer le monde et la vie. Cela commencerait par toi-même bien sûr ! Tu devras découvrir par toi-même comment *dé-naître* de ton vivant. Il te faudra te demander ce que signifient être et n'être pas, et plus encore, ce que suppose n'avoir jamais été.

« Si tu penses : “C'est une bénédiction d'avoir été créé”, tu dois préciser pourquoi, et dans cet exercice tu vas découvrir quelque chose… de ton propre désir d'être.

« L'école de Chammaï gagna après un vote. La tradition nous transmet ce commentaire laconique : “Il aurait mieux valu pour l'homme ne pas avoir été créé ;

mais puisqu'il l'a été, il lui appartient d'examiner sa conduite."

« Donc, pour répondre à une forme de la question existentielle : "Pourquoi la vie ou est-il préférable de ne pas naître ?", les rabbins renvoient chacun à lui-même : "Il lui appartient d'examiner sa conduite".

Isaac me regarda et patienta, l'œil interrogateur. Plus tard, je saurai qu'il attend une question, la question pertinente à ce moment-là… Mais je ne dis rien, il ajouta :

— Examiner sa conduite, c'est s'interroger sur le sens de ses actes, puis observer leurs motivations, ou même *leur motivation* au singulier, chercher en soi, à la racine de tout acte, la pulsion qui en déclenche l'idée, le besoin, la nécessité, puis, en deçà, le désir. Une réponse personnelle et universelle se révèle dans cette introspection : *je veux vivre.* La racine du moindre de mes actes, quel que soit l'acte, dévoile toujours cela. Quelles que soient les formes dans lesquelles ils s'expriment, ce sont toujours le désir d'être et le désir de vivre qui agissent en moi. Apercevoir cette réponse, l'assumer, concevoir que l'on est responsable, gardien et même créateur de sa propre pulsion de vie, voilà un chemin que l'on peut suivre, un possible progrès spirituel. Dieu a peut-être créé la vie, mais savait-il que, s'il lui faut vivre, l'homme finit par désirer la vie et s'y plonger en concevant d'autres désirs, beaucoup d'autres désirs ? Tu peux le constater en toi ici même, maintenant : désires-tu vivre encore une minute, une heure, un jour, une année ? Observe cette question.

Pour m'en donner la possibilité, Rabbi Isaac se tut un moment. Il y reviendra plus tard. Il saisit l'un des livres qu'il avait déposés sur la table, le feuilleta rapidement.

— Une autre *michnah* va confirmer cette approche. Écoute. < Lorsque Rabbi Banaa visita la tombe d'Abraham, il entendit une voix qui lui dit : "Qu'il entre ! Il sait bien que dans le monde les mauvais désirs n'existent pas." Ensuite, il voulut prendre les mesures de la tombe d'Adam, et une voix lui dit : "L'intérieur a les mêmes dimensions que l'extérieur." > (TB BB 58a, p. 951)

« Les morts ne parlent pas ! commenta-t-il rapidement. Il ne s'agit pas de croire qu'Abraham et Adam ont dialogué avec Rabbi Banaa. Le maître nous pose ici deux problèmes.

« Abraham est l'homme qui connaît l'En-haut et l'En-bas à partir de son corps. < De mon corps je verrai Dieu >, dit Job (Jb 19, 26). Abraham connaît Dieu. Dieu lui parle. Il affirme que les désirs mauvais n'existent pas. À première vue, c'est très étonnant. Il nous faut donc considérer cette *michnah*, non d'un point de vue moral, mais dans une perspective métaphysique. Le *père des hauteurs pour la multitude* nous dit qu'il y a des désirs ou non, mais que ceux-ci ne sont jamais mauvais. Comme lui, tu dois aller vers toi-même pour le savoir. < Va vers toi >, cela revient à dire, commente le commentateur, < Je te montrerai ce que tu ne pouvais pas toi-même découvrir > (Z LL 78a, p. 394). Abraham a découvert ce qu'il n'aurait pas vu s'il n'était pas allé vers lui-même : au-delà des désirs – bons ou mauvais –, il a contemplé le désir tout court – ni bon ni mauvais –, légitime, le désir d'être [16].

« Adam, le père de l'humanité, affirme que les mesures de l'intérieur et de l'extérieur de sa tombe sont

16 Souvent, les commentaires talmudiques proposent une question et sa réponse sans développement, ce qui revient à produire une énigme qui suscite encore plus de questions et stimule la réflexion. Il est évident que Rabbi Banaa ne suggère pas que le désir de tuer, de voler ou de nuire ne soit pas « mauvais ». Il invite à regarder au-delà du bien et du mal, dans la transcendance, au niveau amené par la *michnah* précédente où chacun *examine sa conduite* du point de vue métaphysique du désir, et non du point de vue éthique.

identiques, c'est-à-dire que les parois n'ont pas d'épaisseur. Cela aussi est très étonnant. Il nous indiquerait qu'entre ce monde-ci et l'autre, celui de la tombe, la frontière est sans mesure, sans importance… La vie et la non-vie ont quelque chose de commun. Ce quelque chose, c'est le désir d'être ou le *non-désir* d'être. Va vers toi-même pour le savoir par toi-même.

Rabbi Isaac fit une pause. Il lissa sa barbe blanche plusieurs fois, en tirant dessus avec force, comme si cela lui permettait de mieux réfléchir. Je ne savais rien de la pratique de l'étude. Je n'étais jamais entré dans une *yéshiva*. Mais dès ce premier jour avec lui il me parut évident que sa façon d'aborder ma question débordait largement les poncifs religieux habituels.

Après un moment il ajouta :

— Commentant *Lekh lekha*, va vers toi-même, un sage du Zohar fait ce rapprochement : < Les justes se mettent à l'écoute de leur voix. > Alors que < les injustes sont privés de leur lumière > (Z LL 77b, p. 389 puis Jb 38, 15) [17].

« Les injustes sont ceux qui ne cherchent pas à s'approcher de *Lui* ou ceux qui font du mal et tout et tout, dit-il en balayant ces mots d'un geste circulaire de la main. Mais au niveau où nous parlons, ce sont ceux qui n'ont aucune concentration sur soi-même, aucun lien avec eux-mêmes : leur lumière est dispersée vers l'extérieur, dans l'extériorité. Ils vivent dans des désirs sans

17 Rabbi Isaac se sert ici de la technique exégétique traditionnelle. Il commente un verset biblique en le rapprochant d'un ou de plusieurs autres suivant le précepte talmudique : < C'est avec la Torah que se commente la Torah. > Les citations des commentaires servent aussi de preuves exégétiques. Ils rappellent les pistes de réflexions qui ont prévalu dans le passé. < L'interprétation nous vivifie en nous tirant de la mort des habitudes dans la résurrection du sens. >

percevoir leurs racines. C'est ce qu'indique la première proposition : < les justes se mettent à l'écoute de leur voix. > À l'écoute de leur voix, ils entendent, au plus profond d'eux-mêmes : < Va vers toi-même ! > Lorsque nous quittons tout, qui est alors le guide ? Où est le repère ? < Où la sagesse se trouve-t-elle ? Où est le lieu de la connaissance ? >, interroge Job (Jb 28, 13). En toi, nulle part ailleurs ! < Va vers toi-même, vers la terre que je te montrerai. > Déplace ton attention vers l'intérieur du monde, au plus profond de toi, là où l'Âme de l'âme se révèle à toi, et dévoile alors ton désir d'être.

« Allons vite au niveau secret, car c'est là que tout sera élucidé.

Deuxième mouvement

L'Âme de l'âme ou le désir originel

À ce niveau qu'il appelait « secret » et parfois « mystique », Rabbi Isaac ne suivait plus l'histoire telle qu'elle est écrite, mais n'en retenait que certains passages, et c'est ceux-là seulement qu'il travaillait alors. Nous sortions de l'anecdotique et du contexte pour entrer dans le sens des mots qui s'entrechoquent et des symboles que chaque personnage incarne.

Il ne répétait pas les leçons des rabbins du Talmud, des mystiques de la Kabbale ou des Rebbe d'Europe centrale, de Provence ou d'Espagne, mais se servait de leurs pensées pour confirmer ou élaborer la sienne, suivant son intuition, sa méditation, l'axe spirituel qui le conduisait toujours : tout est un, tout est un même secret.

Le plus souvent possible cependant, il se souciait de me signaler qu'il n'était pas seul dans cette voie. Il citait d'abondance pour montrer que d'éminents penseurs du judaïsme avaient eu des intuitions similaires aux siennes, que d'autres aussi avaient eu ses audaces.

— Abraham représente l'Âme de l'âme, *nichmata lanichmata,* enseigne un maître, l'Âme de l'âme vivant sur la terre. (Z LL 80a, p. 402) Nous allons suivre cette piste, annonça-t-il.

« Le propre de l'homme est d'oublier d'où il vient. Le rôle de Dieu est de le lui demander sans cesse : d'où viens-tu ? < Où es-tu ? >, demande déjà YHVH-Elohim à l'Adam (Gn 3, 9).

— L'ennui, c'est que l'homme lui retourne la question ! Qui suis-je ? D'où viens-je ? Où vais-je ? dis-je un peu ironique.

— < Va vers toi-même ! >, te dit YHVH, proféra Isaac en grondant. < Lève les yeux et du lieu où tu es, regarde. > (Gn 13, 14) Chaque fois que Dieu dit à un personnage de la Torah "toi" ou "à toi", c'est à toi personnellement qu'il s'adresse. Où es-tu ? Que veux-tu ? Qui es-tu ?

Ce n'était plus une question rhétorique, Isaac me l'adressait.

— Chaque jour la réponse est différente, dis-je timidement, ne sachant de toute façon pas y répondre.

— Tu viens de toi-même ! te répond Dieu. Et tu vas vers toi-même.

« C'est pourquoi il faut aller à la racine de la question, expliqua Isaac plus calmement. Quelle que soit la branche que tu regardes, la racine sera la même. Certains désirent avoir des enfants, puis une fois qu'ils sont nés ils veulent les voir installés, heureux. D'autres veulent réussir dans leur carrière, devenir riche, célèbre ou travailler à bâtir un monde meilleur… Mais quelle est la racine de ces désirs ? *Lekh lekha,* va vers toi-même, mets-toi à l'écoute de ta voix. (Z LL 77b, p. 389) < Lève les yeux et du lieu où tu es, regarde. > Non pas plus tard, ailleurs ! Du lieu où tu es. Maintenant. Ici.

« Abraham, celui qui fait venir la hauteur dans la multitude, est le père de la transcendance ou, si tu veux, de la verticalité ; c'est aussi pourquoi nous pouvons dire l'Âme de l'âme. Posons ainsi les choses. Abram et Abraham, c'est chacun de nous. Avant qu'Abraham ou Abram fût, l'Âme de son âme était avec l'Être, YHVH. Et l'Âme de ton âme aussi car c'était la même. À ce niveau-ci tout est Un. < Tout est un seul secret >, comme il est dit (Z vayetse 149b ; 158b).

— Oui, mais y a-t-il vraiment une âme ?

Rabbi Isaac corrigea ma question.

— De quoi parlons-nous lorsque nous parlons d'une âme ? Ce qui importe n'est pas la croyance en l'existence ou non de l'âme, mais la pensée que cette idée nous permet d'élaborer. Nous ne sommes pas dans une démonstration matérialiste, nous faisons une enquête métaphysique.

Il lut le Zohar.

— < Va-t'en pour toi de ta terre, de la maison de ton père, vers la terre que je te montrerai. > (Gn 12, 1) Un maître commente : < “Ta terre”, c'est le lieu originel, “la maison”, c'est la Présence [18] et “ton père”, c'est le Saint [19], “vers la terre que je te montrerai”, cette seconde terre, c'est ce monde-ci. > (Z LL 77a, p. 390)

« Regarde bien ! Par “le lieu originel”, le maître désigne l'Âme de l'âme, le Désir Initial.

Isaac soulignait chaque mot. Cela ne m'empêchait pas d'avoir du mal à suivre !

18 La Présence traduit la *Chékhinah*, l'émanation de Dieu, Dieu se manifestant, ou l'homme découvrant sa Présence.
19 Celui qu'on appelle « le Saint », c'est Dieu lui-même.

— “La Présence du Saint”, c'est l'âme, le souffle de *vies* [20] qui pénètre le corps au moment de la création du corps. “Ce monde-ci” représente le corps.

« “Va-t'en pour toi”. Il y a deux lectures à ce déplacement. L'aller et le retour. L'aller d'abord.

« L'Âme de l'âme au sein de l'Un désire l'être, la vie, le monde, et pour répondre à cette aspiration elle doit se séparer de sa source qui est l'Être absolu, YHVH. YHVH lui accorde ce désir : “Va vers toi-même”... Autrement dit : Va-t'en de ton lieu originel vers le monde. < Et Abram franchit la terre >, comme il est écrit (Gn 12, 6). Il fit le pas de l'Être à l'être.

« Le désir qui a frémi au sein de l'Un, et qui a eu la création des mondes pour conséquence, est le même que celui de l'Âme de ton âme. L'enfantement de tous les enfantements, c'est ce départ.

« Tu es le fils de ton père et de ta mère, et le petit-fils de quatre grands-parents, mais nos parents ne nous apportent que le corps de chair nécessaire pour vivre dans ce monde. Fondamentalement, tu es ton propre père. L'Âme de ton âme, qui est une avec l'Être, se sépare de l'Être et engendre ton âme qui est ton véritable père. C'est elle qui t'a engendré et qui t'engendre à chaque instant. Il ne s'agit pas d'un événement passé, mais d'un acte continu.

Rabbi Isaac s'animait. Il prenait visiblement plaisir à étudier et à commenter. Et à m'étonner. Sans doute avait-il conscience qu'il m'introduisait dans une dimension du judaïsme qui m'était inconnue, celle de l'approfondissement systématique du sens et des symboles de ces textes millénaires qui ont été épluchés, commentés et enrichis par des centaines d'érudits à chaque génération.

20 Vies, *haïm*, est invariablement pluriel en hébreu.

— Pourquoi Saraï, l'épouse d'Abram, n'a-t-elle pas d'enfant ? Dans ce premier moment du texte, au niveau où nous parlons, elle n'est pas vraiment une personne différente d'Abram. L'époux symbolise l'âme et l'épouse le corps. < Lorsque qu'il est écrit “Abram prit Saraï, sa femme” (Gn 12, 5), cela signifie que l'âme prend corps. Sa femme, c'est le corps qui est vis-à-vis de l'âme ce que le féminin est vis-à-vis du masculin >, enseignent les sages (Z LL 79a, p. 396). Lorsqu'elle changera de nom, s'appellera Sarah, elle sera un personnage distinct et aura un fils.

« Regarde encore ceci. Après qu'il eut formé l'Adam à partir de la poussière de la *adamah* (la terre) et qu'il lui eut insufflé une âme de *vies*, YHVH le prit, le mit et le posa dans le jardin d'Éden... “pour *la* cultiver et *la* garder”, dit le texte. Qui est ce “*la*” ? Son âme ! Car un corps sans âme est un objet, et une âme sans corps serait comme une présence sans force. < Va vers toi-même, [...] Abram partit comme lui avait dit YHVH > : l'Âme de l'âme < entame sa descente dans ce monde-ci >, comme il est dit.

« L'Âme de l'âme est une étincelle de la lumière divine initiale. Comme l'étincelle jaillit du feu, l'Âme de ton âme jaillit du sein de l'Un. Du désir d'être, elle engendre ton âme. Et puis elle oublie d'où elle vient. Tout est d'abord en exil. C'est là l'un des secrets du monde.

« Maintenant, le retour. YHVH s'adresse à l'Âme de l'âme qui a désiré s'en aller dans ce monde-ci : < Va vers toi. > Maintenant que tu es né, observe le désir d'être qui t'a fait naître. Cela signifie : “Va à la rencontre de l'Âme de ton âme.” < Lève les yeux et du lieu où tu es, regarde. > (Gn 13, 14) Du lieu où tu es : quelles que soient les circonstances, regarde ton désir d'être. Le sage voit alors que ce qu'il prenait pour un exil est un exode.

— Quelle différence ?

— L'exil est un départ involontaire, un séjour forcé, un acte sans désir. L'exode est une libération et une aventure, un départ désiré, un acte volontaire. Un commencement.

« YHVH, l'Être sans cause, et l'Âme de l'âme, le Désir Initial, se sont détachés l'un de l'autre. L'Âme de l'âme est descendue, a pris corps et a oublié son lieu. Alors, elle appelle, même silencieusement, même si tu ne le sais pas. Et YHVH lui répond : < Va vers toi-même. >

« Il y a l'aller et il y a le retour. L'aller, la volonté initiale d'être, puis le retour avec la question : "Pourquoi suis-je né ?", ce raccourci où se dit le désir inconscient ou conscient de retour, l'expression unique et mystérieuse par laquelle l'âme cherche son Âme.

« De l'En-haut vers l'En-bas, "Va vers toi-même", YHVH accorde à l'Âme de l'âme qui désire être son désir d'être. De l'En-bas vers l'En-haut, "Va vers toi-même !", enjoint YHVH à l'homme qui entend l'appel de son âme à connaître sa source. < Vers son lieu il halète >, comme il est écrit (Ecc 1, 5).

Rabbi Isaac reprenait la même idée, l'exposant devant moi de plusieurs manières, comme s'il voulait m'obliger à considérer vraiment que je pouvais être l'incarnation de mon propre désir d'être.

— D'abord la descente, l'âme prend corps, ajouta-t-il dans une certaine précipitation, appuyant les mots de larges gestes. Ensuite la remontée, l'homme cherche sa cause [21]. < Il partit, il sortit, ils partirent, ils arrivèrent, il parcourut, il se transporta, Abram continua ses

21 « C'est cela la *Techouvah*, la *repentance* au niveau religieux et le *retour* au niveau spirituel », dit Rabbi Isaac un autre jour.

marches en s'avançant, de campement en campement, il remonta >… (Gn 12 et 13) Tous les verbes de déplacement de cette histoire nous montrent la quête et la requête de l'âme dans son périple. L'âme à la recherche de l'homme, l'homme en quête de son âme.

« < Lève les yeux et du lieu où tu es, regarde. Et YHVH apparut à Abram. > (Gn 13, 14 puis 12, 7) < C'est ici, enseignent nos maîtres, que se dévoila à Abram cette chose qu'il ne pouvait pas connaître avant : la puissance profonde. > (Z LL 79a, p. 401) Quelle est cette puissance ? < Un était Abraham >, dit Isaïe (Is 33, 24 et Z LL 85b, p. 427) [22]. Le désir de l'Âme de l'âme d'être et le penchant de l'homme de la connaître est un même désir. Et Dieu le leur accorde dans une même injonction : Va vers toi-même.

« Tout ce que désire ton corps est un désir de l'âme en quête d'elle-même. Tout ce que désire ton âme est un désir d'être à la recherche de soi-même. En cherchant ce désir et sa motivation tu "vas vers toi-même". Tout est Un.

22 Démonstration par analogie : on éclaire une proposition en la rapprochant d'un verset biblique.

Troisième mouvement

Le feu du désir

« Tu es ton propre père… », avait dit Isaac. J'aimais bien cette filiation originelle avec moi-même. Je l'avoue, l'idée d'être libéré du fardeau de la généalogie me séduisait, m'allégeait de quelque chose comme la lourdeur des appartenances. Mais à y mieux réfléchir, elle me privait d'un confort, d'une ligne de fuite : pouvoir attribuer à un autre – père, mère, Dieu – un peu du poids de la responsabilité de mon existence. Rabbi Isaac m'enlevait ce rempart, ce contrepoids à la pesanteur, l'alibi qui pouvait m'exonérer de toutes les culpabilités.

— Vous avez dit que j'étais mon propre père, commençai-je en hésitant, mais cela signifie que…

— … tu es responsable de tout, m'interrompit-il en me scrutant de son regard pour évaluer si je pouvais le supporter. Tu n'as personne à qui t'en prendre. Il n'y a pas d'intermédiaire entre toi et ton désir d'être. Cela te paraît-il trop lourd ?

Lorsqu'il allait lui-même répondre à la question qu'il posait Rabbi Isaac enchaînait, mais lorsque sa question m'était adressée, il penchait la tête sur la gauche et me considérait avec commisération, un peu de malice au fond de ses yeux gris. Et il n'abrégeait pas l'embarras dans lequel il me mettait.

— Oui, cela change quelque chose, dis-je prudemment.

— *Es-ti sir que ti véux dévénir kabbaliste ?*

— Oui oui, dis-je, conscient maintenant que j'étais téméraire.

Cela changeait quelque chose en fait. Dieu comme Père, créateur, origine de l'initiative qui m'a fait être, est une bien pratique soupape à la responsabilité, même pour un athée comme moi qui puisait une partie de son identité dans le rejet d'un tel concept. Sans cette figure à contester, privé de mon adversaire favori, je me sentais désemparé.

— Alors, poursuivons.

« < Fils d'Adam, Un était Abraham >, dit le prophète Isaïe (Is 33, 24). Qu'est-ce que cela suggère ? <YHVH est Un >, formule le plus fort principe spirituel. < Rien n'est en dehors de lui [23]. > Abraham, le père transcendant dont nous avons dit qu'il est l'Âme de l'âme, est un fils d'Adam, autant dire un homme, et il est Un. Il est donc l'homme et sa cause unis.

« Toi aussi tu es un fils d'Adam et toi aussi tu es Abraham et tu es Un.

Isaac saisit mon bras.

« Parce que rien n'est en dehors de cet Un, tu es Dieu, ange, l'Âme de ton âme, ton âme, tu es ton corps, ton père, ta mère, le monde, le Désir, tu es Un, tu es tout… Ce sont là les principes de la recherche. < Tout est un seul secret. >

23 « L'unité de Dieu signifie qu'il n'y a rien en dehors de lui », Rabbi Schneour-Zalman de Liadi, *Chaar Hayi'houde Vehaémounah (Tanya)*, chap. VI, p. 42.

Rabbi Isaac parlait plus fort et appuyait certains mots, chuchotait les suivants.

— < Je suis apparu à Abraham, à Isaac et à Jacob comme El Chaddaï [24], Celui qui se suffit à lui-même >, comme il est écrit (Ex 6, 3). Celui qui se suffit à lui-même, voilà ce que nous voulons connaître au sein de notre propre corps !

« Lorsque tu te reconnais comme le tout de la création et de l'incréé, tu deviens "celui qui se suffit à lui-même", et "rien n'est en dehors de toi".

Isaac se tut un instant. Je restai muet. Cela allait beaucoup trop vite.

— Est-ce trop lourd à assumer ? reprit-il en me sondant du regard. Ne répond pas encore ! Vois ceci maintenant.

« < Le corps est créé par quatre fondements, enseignent les sages : le feu, le souffle, la poussière et l'eau. Le feu donne l'Âme de l'âme, le souffle donne l'âme, la poussière donne le souffle au corps, et l'eau donne l'individualité. > (Z LL 79b, p. 403) Si donc les quatre éléments sont liés aux quatre principes spirituels, à partir de notre corps formé par ces éléments, nous pouvons les connaître.

« Si tu pouvais concentrer ta conscience sur ces quatre éléments, si tu pouvais aussi pénétrer ton corps jusqu'à différencier ces éléments en lui et les observer séparément, tu verrais les quatre substances qui sont animées par les quatre forces qui te créent et te maintiennent. Les mots et les lettres en recèlent le secret.

« Regarde le feu.

24 *El Chaddaï*, l'un des nombreux noms de Dieu, signifie : « Celui qui se suffit à lui-même ».

« Chaque homme (Adam) est fait d'un corps d'éléments et de plusieurs âmes ainsi que de féminin et de masculin [25].

« La lettre Yod est le symbole de l'Infini béni, de l'origine et du sexe masculin ; et la lettre Hé, celui du monde, du corps, et du féminin. Le Yod représente le Père, le Hé représente la Mère, commente le Zohar. Le feu, *éch* (ACh) [26], évoque le désir, dont le principe est le Désir Initial, et qui est dans l'intimité la plus profonde de l'être. Il rappelle aussi Dieu : < Un feu sortit de YHVH et dévora le sacrifice sur l'autel >, comme il est écrit [27].

Isaac semblait disposer devant moi les matériaux dont il allait se servir.

— Pour écrire *un homme*, *ich* (AYCh), tu ajoutes un Yod à feu, *éch* (ACh), et pour écrire *une femme*, *icha* (AChH), tu y ajoutes un Hé. Un Yod ou un Hé dans ou après le feu (*éch*, ACh) transforme ce mot en *humain masculin* ou *humain féminin* [28]. Mais chaque humain contient du masculin et du féminin. < Elohim crée un Adam, mâle et femelle il les crée >, comme il est écrit (Gn 1, 27).

« Le feu, *éch* (ACh) de l'Infini, Yod, avec lequel l'Âme

25 L'homme est le réceptacle de cinq âmes : *néphech*, l'individualité ou l'âme du corps qui est dans le sang ; *ruah*, le souffle ou l'âme de la parole ; *néchamah*, l'âme de la vie ou la conscience d'exister ; *hayah*, l'âme vivante, le principe de la vie et le degré des prophètes ; *yé'hida*, l'âme des âmes, l'âme unique, l'Un, le plus haut degré d'élévation que l'homme puisse atteindre (Z LL 81a, p. 407).
26 En italique, la prononciation du mot hébreu. En majuscules, sa transcription consonantique qui ne peut pas être lue. Voir la transposition des lettres hébraïques en alphabet romain en annexe I p. 310-311.
27 Lévitique 9, 24, I R, 18, 38. <YHVH est un feu dévorant. > (Dt 4, 24)
28 L'hébreu est une langue consonantique (la lettre Aleph est une consonne). Rabbi Isaac, comme tous les kabbalistes, le manipule sans tenir compte des points voyelles qui n'existent que pour permettre de prononcer les mots. Ainsi, il analyse *ich* (AYCh) en décomposant ce mot : ACh, le feu, AYCh un humain masculin. Le Yod transforme *feu* en *homme*. Adam signifie l'humain, le *glébeux* selon Chouraqui ; Ich et Icha, l'humain masculin ou féminin. Ces nuances sont perdues en traduction.

de ton âme est unie (n'oublie pas que ton âme est ton vrai père), pénètre la terre, Hé, et forme *ich* et *icha* (AYCh et AChH), le masculin et le féminin, qui ensemble forment un Adam, l'humain, toi.

Isaac jonglait avec les lettres, un sourire de plaisir sur les lèvres et dans les yeux.

— Ou encore... se hâta-t-il d'ajouter, le désir d'être de l'Infini, Yod, comme un feu, *éch*, pénètre la terre, Hé, et fait un corps, *ich-icha*, pour une âme. < Mâle et femelle il les crée. > (Gn 1, 27) Mâle, *zakhar* (ZKR), souvenir, mémoire ; femelle, *néquévah* (NQBH), réceptacle. Un réceptacle pour la mémoire de ce premier désir.

« L'Âme de l'âme brûlait d'un désir ; ce feu de l'âme, l'aspect masculin de la création, pénètre un corps, son aspect féminin.

Isaac dansait sur sa chaise, balançant son corps d'avant en arrière, de droite à gauche.

— Lorsque, avec le feu du désir, *éch* (ACh), le masculin, *ich* (AYCh), pénètre le féminin, *icha* (AChH), ils se donnent l'un à l'autre ce Yod et ce Hé qui écrivent *Yah*, l'un des noms de Dieu. < Toute âme (*néchamah*) louange Yah (YH) [29] ! >

Et maintenant il chantait, le visage levé, regardant vers le plafond avec allégresse.

— Toutes les âmes louent cette union avec le corps ! Tout ce qui a conscience d'exister reconnaît d'une manière ou d'une autre ce désir d'être qui, ô miracle, a réussi à se réaliser. Hallelou-Yah, louez Yah ! Louez cette union de l'Infini et du fini.

Il reprit son souffle et, comme s'il se souvenait de mon existence, me fixa d'un regard mystérieux.

29 Psaume 150, 6. Traduction Segond : *Tout ce qui respire loue l'Éternel ! Louez l'Éternel !* Chouraqui : *Toute haleine louange Yah ! Hallellou-Yah.*

— À partir de ton corps, tu peux connaître le feu du Désir Initial d'être et rencontrer l'Âme de ton âme. Observe un désir, n'importe lequel. Un petit désir ponctuel est une étincelle du grand feu du Désir Initial d'être et même de la présence de Dieu. < Un feu sortit de YHVH… >

« L'union de l'homme et de la femme, ce feu qui unit le Yod et le Hé, unit aussi l'En-haut et l'En-bas, et reproduit la fusion de l'âme et du corps, du désir d'être et de l'être. < Et ils sont une seule chair >, comme il est écrit, une chair une [30].

Rabbi Isaac me captivait, et il s'en rendait compte. Je ne savais pas que la Kabbale traitait des préoccupations charnelles, les orientant dans une dimension spirituelle. Le corps et ses désirs n'étaient pas exclus de notre pratique de l'étude et cela me rassurait.

— Pense à cela, poursuivit-il, lorsque tu désires quelque chose, ou lorsque tu connais une femme – c'est la même chose lorsqu'une femme connaît un homme, bien sûr. Chacun de vous est à la fois masculin et féminin. Tu es pour elle l'Infini ou Dieu, le principe Yod, et elle est le monde, le principe Hé. Mais elle, pour toi, représente le Yod, et tu es le monde. Ensemble vous êtes l'En-haut et l'En-bas.

« Cela te montre à la fois le principe de la séparation et le principe de l'union. Regarde les sexes s'approcher, se pénétrer, observe le feu qui les meut. Ce feu, c'est YHVH qui dévore le sacrifice, c'est l'Âme de ton âme qui sacrifie l'Être pour être. Son intensité te permet de faire l'expérience de ce que l'Âme de ton âme éprouvait de désir d'être.

30 L'Adam colle à sa Icha, et ils forment une seule chair. (Gn 2, 25)

Quatrième mouvement

Par la sagesse ou dans la crainte

Moïché, un ami d'Isaac, arriva à l'improviste. On venait ici sans rendez-vous. C'était un homme rond, facilement souriant, jovial et sans aspérité, comme la forme de son corps, mais comme celui-ci, assez plein, plein de certitudes qui, chez lui, prenaient beaucoup de poids, de l'émotion. Il rencontrait régulièrement Rabbi Isaac. Tous deux discutaient en yiddish, polonais ou allemand et semblaient y prendre plaisir, mais je n'y comprenais pas grand-chose. Et lorsqu'ils parlaient français, ce qui pouvait aussi leur arriver, ils y incluaient nombre de mots ou d'expressions hébreux ou yiddish. Lorsque nous étudiions, Moïché assénait ses réponses, alors qu'Isaac réfléchissait, pesait, et s'il semblait hésiter, c'est qu'il considérait toute chose *à neuf*. Moïché croyait en Dieu, imperturbablement, et interprétait au sens littéral : « Dieu a fait, Dieu a dit » ; Isaac examinait la question.

Voyant que nous pratiquions l'étude, il s'assit à table et écouta. Isaac résuma ses commentaires précédents et poursuivit posément.

— < Un était Abraham. > Comme l'explique Rabbi Éléazar, Un, c'est le secret suprême de la sagesse du monde (Z LL 85b, p. 427 sur Is 33, 24).

« Viens et vois.

Rabbi Isaac lut le Zohar : < L'ensemble des âmes du monde, œuvre du Saint, sont Une, et ont un même secret ; lorsqu'elles descendent sur la terre, elles se subdivisent en genre, masculin ou féminin. Le désir du féminin envers le masculin produit un être (*néphech,* une individualité) ; l'élan du désir du masculin envers le féminin produit également un être. Leur union produit un être. > (Z LL 85b, p. 428) C'est le désir qui produit l'individualité.

« Le féminin symbolise la terre et le corps, le masculin, Dieu et l'âme.

« < Le désir de l'En-haut se fond ainsi dans le désir de l'En-bas et ils deviennent une volonté une, sans séparation. > (Z LL 85b suite) Leur union produit un être. Toi.

« C'est pourquoi il a suffi que l'Âme de l'âme ait une fois le désir d'être pour que la terre et l'homme apparaissent et, depuis, ce même désir se perpétue selon le même schéma.

« Au niveau où nous parlons, le degré du secret, tout est Un. Tout ce qui va de l'En-haut vers l'En-bas va de l'En-bas vers l'En-haut. Il n'y a pas de séparation. L'oubli que tout est Un produit l'illusion de la séparation. Cette *distraction* est le commencement de l'égarement.

« Tout ce que tu décèles en toi, ici, dans l'En-bas, existe aussi dans l'En-haut. Donc, le désir féminin et l'élan du désir du masculin reproduisent celui de Dieu créant le monde : ton désir et celui du Saint sont unis sans séparation. Lorsque tu as vu cela, alors tu entres dans l'alliance : < L'alliance est le lien qui enlace tout en l'unité, qui réalise l'intégration de tout >, comme il est dit (Z LL 89b, p. 440). < Voyez maintenant que moi, moi je suis Lui >, comme il est écrit (Dt 32, 39). < “Moi”, c’est la Présence, et “Lui”, c’est l’être > (Z T 23a, p. 130). Je suis la Présence dans l’être, la conscience de l’Un.

—Yitzhak, Yitzhak, à quel niveau tu parles ! s’exclama Moïché. Ces secrets, je n’ose même pas les penser.

Isaac, souriant largement, tendit le Zohar ouvert à Moïché. Il poursuivit :

— < L’Âme de l’âme s’éveille en l’homme par la crainte ou par la sagesse >, comme il est dit (Z LL 79b, p. 403). Le but est de l’éveiller en soi, de façon à ce que tout soit en soi < un vouloir unifié > (Z LL 76b, p. 389). Un vouloir unifié, un désir assumé, une union du divin et de l’humain… par la sagesse ou par la crainte, une crainte amoureuse…

« La sagesse se trouve dans l’étude. < Lorsque l’âme désire descendre dans ce monde-ci, le Saint lui fait promettre d’étudier la Torah, cela afin de la préserver de l’égarement >, comme il est dit (Z LL 76b, p. 390). Car elle a tendance à oublier sa source. Elle peut aussi < se mettre à l’écoute de sa voix > (Z LL 77b, p. 389). C’est ce que nous faisons aussi en étudiant ces textes qui nous permettent de nous écouter de l’intérieur. Le corps a ses besoins, l’âme a les siens. Comment les harmoniser ? En les invitant à l’étude. Pendant l’étude, tout est réjouissance et tout se tient apaisé. Et, corps et âme, nous n’avons plus qu’un seul but, un même désir, “un vouloir unifié” : approcher du Saint.

« Après l’étude, reste dans le silence, cherche l’immobilité qui suit l’agitation de la pensée, trouve < la fine voix de l’immobile >, comme il est écrit [31].

31 Allusion à Élie… < Dans ce vent n’était point YHVH. Après le vent, une forte secousse ; YHVH n’y était pas encore. Après la secousse, un feu ; YHVH n’était point dans le feu. Puis, après le feu, un doux et subtil murmure. > (I R, 19, 12) Rabbi Isaac traduit cette dernière expression par « la fine voix de l’immobile ».

Isaac nous examina quelques instants.

— L'Âme de l'âme s'éveille aussi par la crainte. Examinons cette crainte.

« < La crainte (*yaré*, YRA) de Dieu est le commencement de la sagesse >, comme il est écrit (Ps 111, 10). On peut lire *yaré*, la crainte, ou *yara*, viser, tirer une flèche, enseigner. Dieu n'est pas un potentat menaçant. Le désir d'être de l'Âme de mon âme ne se manifeste pas dans une terreur. Cette crainte ne suggère pas la peur, l'effroi ou la menace d'un châtiment ; au contraire, elle exprime l'appréhension d'être séparé de l'amour, de l'extase, du sacré, de la beauté, du regard de la Présence… Elle nous montre la cible de l'enseignement.

Moïché poussa des exclamations d'approbation et de plaisir. Isaac le regarda avec tendresse, mais lui fit un signe d'apaisement de la main en ajoutant :

— La philosophie est, dit-on, l'amour de la sagesse. On insiste sur la sagesse. Mais c'est aussi l'amour, la sagesse de l'amour !

— Yitzhak, tu fais du grec maintenant !

— Moïché, rappelle-toi, lorsque Rabbi Siméon acheva son explication sur le secret du nom Elohim, il dit à Éléazar, son fils : < Cesse de parler, pour que se révèle le clos du secret suprême ignoré des fils du monde. > (Zohar, Préliminaire, 1b) C'est le silence que nous cherchons, Moïché !

Il reprit, sur le ton de la confidence, s'adressant à nous comme à une seule personne.

— Imagine un jeune homme qui aime une jeune fille. Il l'aime tant qu'il veut la regarder tout le temps. Il la contemple, il la loue, il la bénit sans cesse et il ne veut pas qu'elle s'en aille hors de sa vue. Pour lui, elle manifeste l'ultime beauté. Il est heureux qu'elle soit près de lui, heureux qu'elle existe. Elle est tout près de son cœur, elle est si près de son cœur qu'il craint qu'elle ne quitte son regard un seul instant. Et bien "la crainte de Dieu", c'est comme cela. On ne peut pas voir Dieu, cependant on peut contempler la création comme ce jeune homme amoureux regarde la jeune fille qu'il aime, car chaque être et chaque chose portent en eux cette ultime beauté dans leur existence même.

« La "crainte de Dieu", c'est voir la fragile beauté et la sacralité de toute chose. Elle est éphémère et fragile parce qu'elle est dans ton regard et non dans le monde ; c'est ainsi que tu peux *craindre* d'en être séparé, même un seul instant, par d'autres préoccupations. Dans cette *crainte*, qui est une cible, il n'y a qu'amour.

« Ainsi, notre histoire est aussi une histoire d'amour. L'Infini et le fini, le Créateur et la créature, l'Âme de l'âme et l'être incarné se cherchent l'un l'autre, mais ils font d'innombrables détours pour se rejoindre. L'Un-Éternel au cœur de l'homme attend dans l'amour tandis que l'homme se perd dans l'existence et poursuit des désirs. Un jour, l'homme se rend compte que l'amour n'est pas seulement une relation avec quelque chose, mais aussi le fondement de toute relation : ce n'est pas l'amour de quelque chose, mais toute chose avec amour. Alors, le désir et l'amour se rencontrent, et Dieu s'y révèle.

« Et là encore, "le désir de l'En-bas se fond dans le désir de l'En-haut et ils deviennent une volonté une, sans séparation". État de grâce.

« "Il aurait mieux valu que l'homme ne naisse pas", ont dit les rabbins, mais puisqu'il est né, qu'il cherche sa cause dans chacun de ses actes ! Qu'il cherche ce que signifient être, ne pas être, désirer et aimer !

Rabbi Isaac se tut et nous entraîna, par son silence, dans le silence de l'Éternel Un. Et, dans ce silence, je tombai amoureux de ce monde que j'avais cru assez détestable en arrivant.

*

Quelques années plus tard, j'accompagnai Isaac à un mariage. Pendant la réception, un groupe se forma autour de lui et des jeunes mariés. Il exposa sa façon de comprendre la *crainte de Dieu*. Les plus âgés le félicitèrent : « Pendant toute notre vie, on nous a enseigné la peur de Dieu, et vous venez de l'expliquer de la façon la plus équilibrée qui soit, comme une relation d'amour entre Dieu, les hommes et la création. » L'un d'eux lui dit aussi qu'il n'avait jamais entendu de plus beau commentaire…

Cinquième mouvement

Où est ton désir d'être ?

Rabbi Isaac disparut dans la cuisine. Moïché en profita pour faire connaissance avec le nouveau venu que j'étais, me mitraillant des mille questions de la mère juive ayant fille à marier devant un beau parti. « Ah, vous n'êtes pas marié ? Et pourquoi ? Et quel âge avez-vous ? Et vos parents, ils sont de quelle origine ? Et votre métier ? Et vous habitez Paris, et où cela ? Et pourquoi et comment et depuis quand…

— Moïché ! Laisse-le tranquille celui-là, c'est un *goy* ! lui jeta Isaac en revenant avec une théière, des tasses et une assiette de biscuits posées sur un plateau.

— Comment ça un *goy*, il a un nom tout ce qu'il y a de plus *kashress* (*cacher*) !

— Il mange du cochon depuis qu'il est né ! rétorqua Isaac.

— Nous allons le convertir, proposa Moïché en riant.

— Le convertir à quoi ?

— Au judaïsme pardi !

— Penses-tu ! C'est un athée ignorant…

— Pourquoi ignorant ? protestai-je.

— Parce que tu ne sais pas en quel Dieu tu ne crois pas !

Moïché faisait semblant de prendre tout au pied de la lettre et il s'amusa un bon moment avec Isaac, puis, après le thé, et avant de s'en aller, il lui lança :

— Tu es un *lamden* (érudit) Yitzhak, mais pour Dieu, tu es sans doute un *tsadik* (un saint).

— *Danken got*, Moïché, pas un saint, mais peut-être un ami !

— *Dos hartz hot mir gézogt* (mon cœur me l'a dit), susurra Moïché en tirant la porte.

Rabbi Isaac écarta le plateau et me regarda droit dans les yeux, comme s'il voulait m'inviter à me concentrer après notre longue récréation.

— Après avoir dit à Abram < *Lekh Lekha*, va vers toi-même >, YHVH lui dit : < Lève les yeux et du lieu où tu es, regarde ! Regarde vers le nord, vers le sud, vers l'est, vers l'ouest. Car toute la terre que tu vois, je la donnerai à toi >, comme il est écrit (Gn 13, 14). “Toute la réalité que tu vois”, c'est toi, tu te l'aies offerte.

« Maintenant que nous avons dit tout cela, regarde en toi, observe en toi, interroge-toi : Où est mon désir d'être ? D'où me vient-il ? Regarde la première réponse qui vient, puis va à la racine de cette réponse, puis plus loin dans la racine, et plus loin encore, va jusqu'au bout, jusque dans la graine de ce désir.

— Je voulais être, dites-vous… Mais pourquoi ? Pourquoi cette création, pourquoi les hommes ? Dans quel but ? Pour quelle raison ? Pourquoi voulais-je être ? Que m'est-il arrivé pour qu'un tel désir naisse ? repris-je dans un sursaut de résistance.

— Ha ha ! Si tu veux que je réponde à toutes ces questions, dis-moi d'abord si tu veux vivre jusqu'à demain matin ? Dis-moi pourquoi ?

— Et là, bien sûr, j'aurai répondu à mes propres questions !

— Ne t'occupe pas de mes tactiques. Regarde en toi si tu veux vivre une minute de plus.

— Il y a donc des tactiques !

— Il y a des techniques, avoua-t-il.

— Oui, je souhaite vivre une minute de plus, fis-je semblant de concéder.

— Considère ce que tu viens de dire. Dans une minute, penses-tu que tu voudras vivre encore une minute ?

— Oui.

En répondant aux questions d'Isaac on ne savait pas à quoi on s'engageait…

— Non seulement tu acceptes la vie, mais tu la désires ?

— Oui.

— C'est sur ce constat que tu bâtiras ta spiritualité.

« Dis-moi maintenant, pourquoi veux-tu vivre encore une minute ?

Isaac avait changé de ton. Il était devenu plus sérieux. Je ne l'étais pas encore…

— Parce que je suis curieux de savoir comment s'achève votre démonstration !

— Tu le sais déjà, et c'est pour cela que tu tentes de fuir. Entre dans ma question. Elle te permet d'observer et de reconnaître le désir d'être qui t'anime. Entre dans ce désir d'être. Pourquoi veux-tu vivre une minute encore ?

Je cherchai longtemps, et Rabbi Isaac ne me tira pas de ce séjour dans l'abîme de moi-même.

— Je ne trouve pas de raison. Tout à coup on dirait qu'aucune raison de vivre n'est une bonne raison, dis-je finalement. Je crois que c'est pour vivre, tout simplement.

— On peut le dire comme cela. Nous avons toujours une raison de vouloir vivre un peu plus. À la racine de nos réponses, il y a notre désir d'être, tout simplement. Si tu regardes quel espoir insensé t'anime et te fait présumer que demain tu seras ce que tu n'as pas réussi à être hier et avant hier… tu constates qu'être c'est désirer être.

« Lorsque nous disons que l'Âme de l'âme "voulait", "désirait" cette vie, nous ne parlons pas d'un temps ancien, d'un autre lieu. Il ne s'agit pas de temps. Tout est Un et dans l'Un, il n'y a pas d'avant et d'après ! Tout est toujours éternellement maintenant. Et c'est pourquoi Job peut dire : < De mon corps je verrai Dieu >.

Isaac se pencha vers moi, la poitrine appuyée sur le bord de la table, et me demanda :

— Pourquoi veux-tu vivre jusqu'à demain ? Pourquoi es-tu ici ? Où est ton désir d'être ? Que désires-tu ?

J'acceptai le jeu.

— Je désire voir Dieu !

— Ha ha ! Pourquoi ?

— Parce que je ne crois pas en Dieu ! J'ai besoin d'une preuve personnelle et irréfutable.

— Cette preuve, nous essayons d'établir en ce moment que tu n'en as pas besoin. Tu vas voir Dieu dans un instant. Que désires-tu ?

Quelle promesse ! Elle me fit sursauter. Je n'osais y croire et pourtant je voulais y croire. Allais-je *voir* Dieu dans un instant ? J'entrai alors sérieusement dans le jeu d'Isaac.

— Je suis venu pour étudier la Torah avec vous.

— Certes, mais pourquoi ?

— Pour trouver un sens à la vie.

— Que t'apporterait une réponse, sinon un esclavage de plus ? Celui qui emmure cette question dans une réponse s'enferme dans un tunnel. Il est essentiel de ne pas imposer un sens à la vie !

Isaac s'adossa, et me permit de me détendre aussi. Il souriait vaguement…

— Imagine un enfant et sa mère dans un parc public. L'enfant demande à sa mère en regardant un homme :

« – Pourquoi le monsieur il porte un chapeau ?

« – Pour se protéger la tête du froid, répondrait la mère.

« – Pourquoi ? poursuivrait l'enfant.

« – Pour ne pas avoir froid et tomber malade.

« – Pourquoi pas tomber malade ?

« – Pour ne pas souffrir et mourir.

« – Pourquoi ne pas mourir ?

« – Pour vivre !

« – Pourquoi vivre ?

« N'importe quelle série de questions commençant toutes par “pourquoi” aboutit inévitablement à une question existentielle. J'étais cet homme qui portait un chapeau. J'ai répondu à l'enfant :

« – Jadis, avant que tu sois né, tu étais, sans corps, comme un désir d'être…

« – C'est quoi un désir d'être ? me rétorqua l'enfant du tac au tac.

« – Tu vas voir… Tu étais toi, mais sans tes mains, sans tes jambes, sans ta tête, sans ta bouche et tes yeux et tes oreilles, sans ton corps. Pour être ici, dans le monde, tu avais besoin d'un corps. Tu voulais la vie que tu vis ici, en ce moment, et tu voulais un corps, et tu voulais devenir un enfant et tu voulais grandir. Tu as voulu avoir un papa et une maman, rencontrer beaucoup d'autres enfants, manger des glaces au chocolat… Alors, tu es venu dans le monde.

« L'enfant réfléchit un moment.

« – Mais pourquoi ? Pourquoi ?

« – Pour demander pourquoi je porte un chapeau et beaucoup d'autres pourquoi.

« L'enfant resta silencieux, apparemment satisfait, puis il se tourna vers sa mère :

« – Tu m'offres une glace au chocolat ?

« – Pourquoi ? lui rétorqua sa mère.

« – Parce que le monsieur, il porte un chapeau ! répondit l'enfant.

Rabbi Isaac fit une pause avant de conclure :

— Dans cette histoire, il y a l'histoire de la vie. À la fin, l'enfant ne pose plus un "pourquoi", il exprime un désir. Que désires-tu ? me demanda-t-il.

— Je désire sentir et jouir, ne plus avoir peur. Je désire vivre libre…

— Commence ton investigation par une chose simple ! Si tu as faim, tu désires manger. Sinon, tu désires peut-être une charmante princesse !

— D'accord, je désire la princesse charmante des contes de mon enfance.

— Et qu'y a-t-il sous ce désir ?

— Il y a le bonheur de vivre, de sentir, d'embrasser, de partager, d'être.

— Voilà, tu l'as dit sans peine. Vivre et le bonheur de vivre, d'être connu, de connaître, de partager, d'embrasser, de sentir… Derrière tous nos désirs, quels qu'ils soient, il y a le désir de vivre et ce désir exprime celui d'être. Derrière le désir d'étudier la Torah, celui de voir Dieu, celui de trouver des réponses, il y a le désir d'être. Ce désir d'être, YHVH, le Grand Pédagogue, nous dit qu'il existait avant même notre naissance, qu'il est la cause de notre naissance.

« Le judaïsme ne prône pas le mépris des désirs, le renoncement au corps, à être là, dans le monde, à être ce que nous sommes. Ce serait un crime contre Dieu, contre toi, contre la vérité vivante dont tu es la manifestation. Car cette manifestation, ce corps, ces désirs sont pour toi, à la fois et en même temps, le moyen d'être et celui de trouver Dieu.

« "Tout est Un", il ne faut jamais l'oublier dans nos études. Dans cet Un, ton désir d'être, ton être, toutes les expressions de cet être et Dieu sont unis. Tout est ensemble, sans séparation.

« Quelle différence entre Dieu et toi ? m'interrogea-t-il.

— Dieu, paraît-il, est omnipotent, omniscient, infini… pas moi !

— Peut-être. Mais Dieu peut-il manger une glace au chocolat ? Peut-il embrasser une charmante princesse ? Peut-il goûter à l'ivresse d'être né ? Toi, tu as un corps. Dieu n'en a pas.

— Mais tout est Un, dites-vous !

— C'est juste. Dieu connaît le monde qu'il crée à travers toi. Le Dieu-des-croyants s'occupe des circonstances – enfin, on le croit ! –, mais le Dieu-sans-nom ne rappelle que les principes.

Rabbi Isaac se lissait la barbe avec un certain délice, et parfois y suspendait tout le poids de son bras gauche, comme s'il prenait plaisir à sentir son visage en tirant dessus. Il reprit :

— Regardons l'un des grands secrets de la Torah.

« Devant le buisson en feu qui ne se consume pas, Moïse demande à l'Éternel son Nom.

« Pour ne pas prononcer le tétragramme Y-H-V-H, nous disons *Hachem*, "Le Nom". Moïse, *Moïché* (MChH), est l'envers de *Hachem*, (HChM). Ces deux mots sont en symétrie spéculaire, comme une image et sa réflexion dans un miroir. Donc *Moïché*, Le Nom à l'envers, demande à *Hachem*, le Nom à l'endroit, de lui dire son nom. Le Nom ne lui répond pas Y-H-V-H, il lui dit *éhyéh acher éhyéh* (AHYH AChR AHYH), < Je serai qui je serai [32] > : il lui répond deux noms identiques séparés par *acher*, *qui*, *cela*, *ce que*, *quand*. Par là, il lui indique que l'En-haut est comme l'En-bas, que la cause et l'effet sont identiques dans l'éternel, que la racine est dans la branche… Le premier "Je serai" est Dieu et le second est Moïse, le premier est ton désir d'être et le second est toi. Ils sont un même désir. Je serai qui je serai.

« Autrement dit, le désir d'être et n'importe quel désir ont quelque chose en commun. La princesse charmante ou la glace au chocolat, ton désir de voir Dieu ou celui de Moïse de connaître son nom, le désir de Dieu de créer une création, c'est le même désir exprimé différemment, le désir d'être qui est éternel.

« Moïse ne comprend pas. Il insiste. Le Nom Éternel lui fait alors une seconde réponse : < Je serai m'envoie. > (Ex 3, 15)

« Maintenant tu peux comprendre cette réponse. "Je serai" n'est pas une autre personne. Tout est Un. Moïse et le buisson en feu sont Un aussi. C'est en lui-même que brûle sa question qui ne le consume pas, l'éternelle question : "Qui suis-je ?" Et l'Âme de son âme lui révèle

32 Exode 3, 14. Et non *« je suis qui je suis »*. Le futur ici est essentiel. Le Aleph au début du verbe être, AHYH (*éhyéh*), introduit l'inaccompli, traduit en français par le futur. Se nommant, YHVH dit de lui-même qu'il est l'être en devenir, ainsi peut-il être pour lui-même et pour les hommes un principe dynamique, infiniment potentiel. *Éhyéh acher éhyéh* : je serai ce que je serai, je serai quand je serai, je suis l'inaccompli je serai, etc. Il n'est pas nécessaire, et il est même impossible, de savoir dans quelles conditions, selon quelles modalités. Par ailleurs, le nom YHVH décline le verbe être à l'accompli (YH), au présent éternel (HVH) et à l'inaccompli (HYH), que l'on peut rendre approximativement par « *il était, il est, il sera* ». En un mot, l'Éternel. Voir aussi chapitre 4.

que le désir éternel d'être (*Je serai*), quelles que soient les circonstances, l'envoie vers lui-même, qu'il est sa manifestation.

« L'Âme de ton âme dit : "Je serai qui je serai", et lorsque tu l'interroges, elle te répond : "Je serai m'envoie". Elle convoque son avenir, sa manifestation au futur, à l'inaccompli, et cet avenir et sa manifestation sont toi, toi aussi inaccompli, toi aussi dynamique, allant vers toi-même.

« À Abraham, YHVH dit : "Va vers toi-même". À Moïse, il dit : "Je serai m'envoie". C'est la même convocation à reconnaître l'essentiel. Elle est juste pour Moïse, pour les anciens d'Israël et pour chacun de nous, éternellement. Dieu te dit de t'interroger, toi, et de constater ce "Je serai m'envoie" au plus profond de toi.

« Regarde ce que tu désires, va à la racine la plus profonde de ce désir, vois le feu dont ce désir est une étincelle, reconnais le buisson ardant de ce feu qui ne consume pas : tu regardes Dieu.

⋆

Dieu, le monde, la vie… Rabbi Isaac renvoyait tout à moi. Il avait d'abord circonscrit Dieu dans ce désir d'être de l'Âme de l'âme qu'il avait évoqué mille fois. Il m'avait ensuite invité à examiner ce désir et il me montrait maintenant le Dieu dont j'avais toujours voulu contester l'existence au cœur de ce désir, là où, dès lors, je ne pourrais plus le nier.

En me posant presque autant de questions que je lui en posais, il m'agaçait. Mais il m'éblouissait aussi. N'aurait-il pas fait la même démonstration quelle qu'eût été ma question ? Suivait-il une sorte de plan, un programme ? Je me demandais encore, bien longtemps après, si je ne m'étais pas laissé piégé par le tourbillon de ses paroles et le déploiement sa séduction. Pourtant, il ne m'imposait rien, me prenait comme j'étais, et ce mélange de rigueur et de bonté, qui émanaient de lui, captivait mon intelligence et me charmait. Il me faisait changer plus vite que je ne m'en rendais compte.

CHAPITRE 3

Métaphysique

Premier mouvement

Avant le commencement

Rabbi Isaac habitait rue Dénoyez, juste derrière le boulevard de Belleville, un quartier en voie de « réhabilitation ». Des « résidences » de cinq à six étages, en béton et métal peint, remplaçaient peu à peu les anciens bâtiments délabrés. Rabbi Isaac vivait dans un de ces taudis. Il avait une bonne raison de ne pas le quitter.

En franchissant une porte cochère dont manquait l'un des battants, on parcourait une petite cour étroite et longue aux gros pavés arrondis qui tordaient les chevilles, et entre lesquels poussait de la mousse noircie. Au fond, le robinet de la fontaine fuyait en permanence. Il fallait ensuite traverser un bâtiment, puis une arrière-cour, et pénétrer dans un petit immeuble de quatre étages dans un état avancé de décrépitude. Des fissures ridaient la façade. Du linge pendait en permanence aux fenêtres déformées. Dans l'escalier, les marches versaient vers l'extérieur et donnaient la sensation qui précède le mal de mer. Des graffiti illisibles couraient sur les murs couverts de salpêtre qui en effaçait, ça et là, quelques lettres. Au deuxième, une *mezouzah* indiquait sa porte [33].

On entrait directement dans la pièce qui servait de salon, de salle à manger et de salle d'étude. Ici et là, les lattes du plafond apparaissaient. Autour de la fenêtre le salpêtre mangeait le plâtre humide. Des bibliothèques cachaient une partie des murs. Sur les endroits visibles…

POPLINGHER David Nâscut Bucuresti ROMANIA ; Brand Mojsze, fon 18 VII 1942, Bis 2 VIII 1942. Il y avait aussi des listes de noms des membres de mêmes familles : FAMILIE WIEDER aus Windstein – Etel, Gera, Janos. Un message: ACHTUNG ACHTUNG, GRUNFELD FAMILIE, DEUTSCH LILI Familie, GRABARNICK Jankiel Familie. D'autres noms, beaucoup d'autres noms, des dates, des lieux, en français, en allemand, en hébreu, en yiddish.

— Des gens se sont cachés ici pendant la guerre. Ils ont laissé des messages, avait dit Isaac lors de ma première visite.

— Était-ce un appel ? Ou un adieu…

— Qui sait s'ils ont au moins une tombe ! Je suis en quelque sorte le gardien de ce cimetière. J'ai ajouté moi-même le nom de mon père… car je sais qu'il n'a pas de tombe.

MOÏCHÉ GOLDMAN 1896-1942.

Et il ajouta :

33 *Mezouzah* : petit rouleau de parchemin contenant certains passages de la Torah, traditionnellement fixé sur le montant des portes.

— < La voix des sangs de ton frère crie >, a dit Dieu à Caïn (Gn 4, 10). Sais-tu pourquoi il est écrit “des sangs” ? Sans attendre, il poursuivit : Lorsque l’on tue un homme, toute sa descendance et la descendance de sa descendance protestent, toutes ces âmes qui ne vivront pas crient dans le sang répandu.

Derrière ces mots, il y avait des gestes, derniers signes qu’une main a gravés pour laisser une trace, et derrière ces signes, il y avait des cris et un silence. Le silence d’Abel.

— Le silence des fils de Job, dit Rabbi Isaac comme s’il avait lu mes pensées.

— Comment peut-on croire en Dieu après Auschwitz ?

Cette fois, et de nombreuses autres fois, Rabbi Isaac ne répondit pas.

⋆

Un juif athée cherchait un maître. Il se rendit auprès du rabbin de son quartier, mais celui-ci se déclara incompétent. « Va plutôt voir le rabbin Schteinberg. »

Il se rendit chez ce rabbin mais celui-ci aussi se déclara incompétent. Il l’envoya chez le rabbin Abramowitch, qui lui encore se récusa, etc. Un jour on le guida vers Rabbi Jacob Perelbaum, un grand maître de la tradition. Celui-ci lui demanda :

— As-tu lu la Torah ?

— Non. Je suis athée.

— Bien sûr ! Mais connais-tu le Talmud ?

— Non.

— Et la Kabbale, le Zohar, tu les as étudiés ?

— Non.

— Arch ! Tu n'es pas un athée, tu es un ignorant !

Dans les cercles un peu fermés des « maisons d'études » on dit souvent qu'il faut avoir au moins quarante ans pour étudier la Kabbale. Pourtant, Isaac Louria rédigea son *Livre du secret* bien avant. Il mourut à trente-huit ans. De nombreux autres maîtres ont écrit leurs traités très jeunes. À quarante ans la plupart d'entre eux avaient disparu. Alors, pourquoi quarante ans ? Chacun peut essayer de trouver une explication, et il en existe de nombreuses. Je tente celle-ci : celui qui étudie la Kabbale risque de devenir athée, mais un athée instruit. Car dans les spéculations métaphysiques des grands textes Dieu devient une sorte d'accessoire, un accessoire de l'étude. Il constitue un objet de recherche et perd son statut habituel de personne divine. Et c'est l'étude qui modèle la divinité. Grâce à elle, on approche l'infini, ce non-lieu hors du temps et de l'espace d'où toutes choses apparaissent sans cesse. En osant un mot d'une autre culture, je dirai que l'étude peut conduire au *samâdhi*, la rupture totale du yogi avec son environnement, là où il réalise l'union de l'objet et du sujet de la méditation, et accède à la vision de la *Réalité ultime*. Dans sa spéculation, le kabbaliste n'est plus tout à fait l'auteur de ce qu'il dit. Sa parole se dit elle-même, se meut quasi indépendamment de lui et rejoint le verbe avec lequel le Créateur fonda toute chose, réalisant, lui aussi, l'union du sujet et de l'objet, le *yihoud*, l'unification.

Pour les kabbalistes, l'étude est un jeu, un jeu sur les lettres, les mots et le sens qui reproduit celui de Dieu, et dans lequel il n'y a ni gagnant ni perdant, car la partie avec le *Sans-fin* ne s'achève jamais. Quelle part faut-il accorder au hasard, à l'humeur, au divin ? Qui est le joueur sinon Dieu finalement ? Qui est Dieu sinon celui qui le cherche ? Quel est l'enjeu sinon le jeu lui-même qui unit le divin et l'humain ?

< Que chacun de vous prononce à son tour une parole nouvelle sur la Torah >, lit-on souvent dans le Zohar. L'étude est aussi un lieu de créativité. Chacun y participe selon son tempérament et contribue à élaborer cette poésie un peu spéciale qui marie l'arithmétique, la linguistique, la métaphysique et l'amour de l'invisible. Il ne s'agit pas de rabâcher l'ancien mais de découvrir, d'examiner, d'innover, de sauter dans un monde neuf offert par la pensée, car notre monde peut changer du seul fait que nous le pensons différemment.

En apparence, Rabbi Isaac se répétait beaucoup, mais s'il reprenait les mêmes éléments d'une démonstration, il en développait une nouvelle. Il nous arrivait de reprendre l'étude d'un même sujet, et ce qu'il disait alors semblait parfois assez éloigné de ce qu'il avait avancé la veille ou quelques mois plus tôt. Dans une pratique correcte de la non-dualité, il ne pensait pas que deux idées opposées puissent ne pas être toutes deux probables.

*

Une religion sans métaphysique est comme un homme sans tête. Si nous voulons savoir où nous sommes, il est peut-être intéressant de découvrir d'où nous sommes partis. Et pour essayer de comprendre qui nous sommes, il peut être utile de chercher notre cause initiale. C'est avec cette question que j'arrivai ce jour-là rue Dénoyez. Rabbi Isaac étudiait déjà. Les livres étaient sur la table, ouverts.

— Rabbi Isaac…

— … *Arch, né m'appille pas Rabbi*, grinça-t-il.

— Commençons par le commencement, commençons par la Genèse. D'où sommes-nous parti [34] ?

— Il faut jeûner pour étudier ce chapitre. Ne mange pas, ne parle pas, ne regarde pas, ne te distrait pas, et reviens demain.

— Pourquoi faut-il jeûner ?

— Pour pouvoir se nourrir d'autre chose. L'étude est un festin, comme il est écrit : < Ils virent Elohim, mangèrent et burent. > (Ex 24, 11) Reviens demain.

Je passai la journée au lit à ne rien faire.

—Tu sais, il y a des centaines de livres là-dessus. Que pouvons-nous ajouter ?, dit-il le lendemain avec une humilité sans doute un peu feinte. Et puis, il faut attendre minuit pour étudier ce chapitre.

Nous attendîmes donc.

La pièce était sombre et poussiéreuse. Six chaises autour d'une table d'acajou, un buffet couvert d'un vieux napperon en crochet et d'un peu d'argenterie, le tout en copie regency, des bibliothèques en chêne sculpté, surchargées de livres, composaient l'essentiel du mobilier. Des rideaux de velours bordeaux, un peu passé, un caoutchouc dans un pot de grès, un tapis de Smyrne et un petit lustre en cristal évoquaient un intérieur prospère bien que sans originalité, mais qui ne rappelait en rien la vétusté de l'immeuble et la décrépitude des murs et du plafond.

Pour m'occuper, Isaac me donna le Zohar à lire.

34 Lorsque j'ai commencé à fréquenter Rabbi Isaac, nous avons étudié le chapitre des commencements, et j'ai évoqué ces jours d'étude dans mon premier ouvrage, *Dieu croit-il en Dieu ?* Dans ce précédent livre, j'avais choisi de ne pas parler de l'*Aïn-Sof*. Je retiens ici l'enseignement le plus spéculatif de Rabbi Isaac. Pour lui, la création est un jeu de mots. Nous allons voir ici ce jeu sur les lettres tel que les kabbalistes le pratiquent.

À minuit, il alluma une bougie qu'il posa à sa gauche, il éteignit l'électricité et s'installa à sa place, en face de moi. Au-dessus de la flamme, son visage changeant, éclairé d'or, dansait entre ses propres ombres et les éclats de la lumière.

Le soir, Rabbi Isaac s'autorisait parfois la pratique d'une vieille coutume des *yéshivot* de Pologne : l'étude accompagnée de quelques verres de vodka.

— Comment parler de la première inspiration de Dieu sans être soi-même inspiré !, expliqua-t-il. < Je t'avais planté comme une vigne toute entière semence de vérité >, comme il est écrit (Jr 2, 21). < Le vin et le parfum rendent l'homme plus réceptif. > (TB Yom 76a)

Il posa deux très petits verres et la bouteille de Zubrowka sortie du congélateur. Engourdi, le liquide glacé coulait comme une huile transparente. Après la *kavvanah*, le *Shema Israël* et la répétition de *Ékhad*, il commença.

— Maintenant examinons cette question, dit-il comme s'il considérait un festin.

Pour lui, les énigmes de la vie appelaient une réjouissance cérémonieuse.

— Ce n'est pas en regardant le ciel que tu comprendras le mieux ce que tu es. La cosmogonie qui t'intéresse vraiment n'est pas celle de l'apparition de l'univers, mais la tienne. C'est à toi que nous devrons aboutir. Pour le judaïsme, tout est une histoire de signes, de lettres, de mots. L'univers est fait avec des lettres. Et Dieu aussi. Donc, faire de la métaphysique, c'est écarquiller des mots, déchiffrer des lettres, pénétrer le mystère de leurs mouvements.

Les murmures de la ville faiblissaient peu à peu. Dans la maison, tout dormait. Rabbi Isaac parlait d'une voix ténue, comme s'il craignait de déranger les voisins.

— Pour commencer (et non au commencement), Dieu a inventé l'intertextualité. N'écris pas ça ! Tout ce qui va se passer sera une citation de ce qui précède sous une forme qui précise ce qui a précédé ; ce qui a précédé contenant déjà ce qui va suivre. Tout est contenu dans tout dès le commencement. Le sens s'étire.

Isaac prolongeait la dernière syllabe de ces phrases, comme s'il en éprouvait du délice.

— Dieu ne joue peut-être pas aux dès, mais il joue. Il fait des mots croisés. D'un genre un peu spécial, ajouta-t-il dans un sourire gourmand.

« Maintenant regarde bien ces mots : BRAChYT BRA ALHYM (*Béréchit Bara Elohim* ...)

Isaac posa devant moi sa vieille Torah ouverte à la première page.

— Béréchit commence par Beth, un grand Beth, la seconde lettre de l'*alephbeth* [35]. La lettre Aleph est avant, dans l'invisible. Aleph signifie mille (*éleph*), mais a la valeur numérique *Un*. Un et mille sont *ensemble* et ils sont égaux dans le monde d'avant les mondes.

« On annonce qu'Il créa d'abord mille mondes pour montrer que tout, par rapport à Lui, est néant. Mille mondes pour avertir aussi qu'il y a d'autres univers à côté de notre univers, d'autres mondes dans notre univers, plusieurs formes et niveaux de réalité dans notre monde, et que ce monde n'est pas le nombril de l'univers ni le but ultime de l'acte créateur. Cela nous suggère la modestie et la relativité.

Isaac fronça les sourcils, comme s'il était contrarié.

« Il... Nous dirons "Il" pour parler de Lui, ce quelque chose dont nous ignorons la nature. "Il",

35 *Alephbeth*, l'alphabet hébreu. Le « grand Beth » est une anomalie d'écriture qui doit ouvrir à la réflexion, car il n'y a pas de majuscule en hébreu. Aleph est une consonne.

l'inconnaissable précédant tout le pensable, le concevable, l'imaginable. < Avant le commencement Son nom était enfermé en Lui, et Lui et Son nom constituaient un seul corps >, comme il est dit (Z B II 29a, p. 164). Il est ce dont nous ne savons rien. Ce n'est ni une personne ni pas une personne, c'est l'inconnu, le secret, le caché, le voilé, l'Enclos ; on emploie tous ces mots pour le désigner. On l'appelle aussi l'*Aïn-Sof* béni, le Sans-fin, l'Infini, et ce mot le nomme le mieux.

Isaac était, en quelque sorte, en train de dresser la table, posant devant lui les accessoires qui allaient lui servir.

— Comment donc quelque chose peut-il apparaître dans l'infini ? rétorquai-je, pour la forme.

— C'est toute la question ! s'exclama-t-il. Rien n'étant en dehors de lui, l'Infini est déjà tout-incluant, contenant d'un potentiel sans fin. Il n'y a pas d'en dehors de l'Infini. Pour créer quelque chose, il lui faut d'abord entrer en mouvement, créer le mouvement. Mais où l'Infini pourrait-il bien se mouvoir sinon en lui-même ? Créer quelque chose, c'est aussi forcément agir dans le temps : créer un avant et un après cette chose créée. Enfin, l'Infini est indivisible, même une fraction d'infini est infinie. Tout est donc possible dans l'infini.

— Mais comment va-t-il créer du fini ? opposai-je, plus du tout pour la forme.

— Il a d'abord dû créer un espace en son sein. Et pour créer cet espace, il a dû entrer en mouvement. Mouvement et espace sont donc créés simultanément comme un seul phénomène.

J'ouvris la bouche, il lança :

— Je sais à quoi tu penses : Comment a-t-Il fait ?

« Il l'a fait en lui-même avec un signe, *la* prémices des lettres. Ce signe, ce frémissement de l'Infini dans l'Infini, < était une étincelle de ténèbres, une flamme obscure, une lumière si brillante qu'elle était invisible, sans couleur >, comme il est dit (Z B I 15a, p. 94). Invisible parce qu'elle jaillit dans l'enclos de l'enclos de la volonté initiale.

« Pour en dire quelque chose on rapporte que c'était une pensée, et que cette pensée devint un point, et que ce point sculpta la première lettre, signe premier, et que tout cela fut simultané. Point, signe et pensée rassemblés, c'est le Yod (י), première lettre dans l'ordre de la création [36].

— Mais avant cela, d'où l'Infini est-il sorti ?

— L'infini est issu de l'*Aïn*.

— Mais *Aïn* signifie néant. Comment quelque chose peut-il apparaître du néant ?

— C'est un grand mystère. On en discute encore.

Rabbi Isaac recensa les grandes orientations spéculatives relatives à cette question [37].

— Et vous, que dites-vous ? demandai-je pour l'amener à conclure.

Comme il le faisait souvent, il commença sa réponse par une question.

36 Le Yod est la première lettre dans l'ordre de l'apparition, différent de l'ordre alphabétique.

37 Ibn Gabriol et Isaac l'aveugle conçoivent que la volonté est première, séparée de l'*Aïn-Sof*, et la source d'où tout procède. Azriel dit que ce qui est illimité s'appelle *Aïn-Sof* et que l'*Aïn-Sof* à la fois dépasse tout et embrasse tout. Mais qu'est-ce que tout ? L'auteur du Bahir estime que c'est une pensée qui se pense soi-même à l'infini. Maïmonide affirme que la pensée de Dieu est son être. Plotin considère que même l'auto-intellection renferme une certaine dualité, et qu'on ne peut donc pas affirmer que l'infini, qui est Un absolument, se pense. « Un *est* mais ne *veut* rien », dit-il. Moïse de Léon, l'auteur du Zohar, juge cette volonté au-dessus de toute volonté, là où il n'y a ni connaissance ni limite. Certains assurent que la volonté n'a pas de commencement, qu'elle fut toujours mais sans détermination, une sorte de potentiel de volonté, indéterminé, sans objet. Cela repousse le problème. Comment la volonté indéterminée concevra-t-elle un objet ?

— Comment quelque chose peut-il apparaître d'autre chose que du néant ? Le vide contient l'Infini et l'Infini contient le vide. Chaque chose renferme et rappelle le vide initial. Il y a là une partie du secret de la Présence (*Chéckhinah*).

« Je dis de l'*Aïn* qu'il est le vide, le "sans". Job l'appelle le "Sans quoi [38]". Et c'est une excellente approche, car le "Sans quoi" attire le "Quoi", il porte en lui-même une question : qu'est-ce que ce "Quoi" dont il est "Sans" ? Il suscite le Quoi en s'interrogeant sur lui-même. Et c'est déjà un mouvement, une pensée… L'*Aïn* et l'*Aïn-Sof*, le "Sans quoi" et "Quoi", le Néant et l'Infini, le "Sans" (*Aïn*) et "Sans-fin" (*Aïn-Sof*) se suscitent l'un l'autre sans se déterminer.

J'allais poser une autre question, mais il m'interrompit.

— L'*Aïn-Sof* répond à la question de la Cause des causes, au contenant du contenant. Il sort du vide et n'est déjà plus un néant-rien-vide mais un potentiel infini contenant une volonté… Mais volonté ou même intention sont des mots trop forts… un désir… trop anthropomorphique. Disons un *frémissement*. Je pense qu'il porte une question qui n'atteint pas sa formulation, *la* prémices de la question, en quelque sorte.

Rabbi Isaac reprit son explication au point où je l'avais interrompu.

« L'*Aïn-Sof* (l'Infini, le Sans-fin) par ce frémissement initial produit un signe, une lettre, le Yod, étincelle de lumière invisible, point illuminant, subtil et puissant de la percée, caché et révélé, enclos suprême, trace de son retrait dans la transparence de l'abîme… On ne peut rien connaître de l'au-delà de ce point, car au-delà de ce point, il n'y a pas même de lumière. < Invisible, cette

38 < Il suspend la terre sur le Sans quoi. > (Jb 27, 7)

lumière était sans couleurs, transparente >, comme il est dit. Il réduisit cette lumière en l'étendant. Étendue, cette lumière demeura cependant aussi sous sa forme concentrée. C'est là la trace du retrait (*tsimtsoum*) de l'enclos de l'enclos de l'énigme de l'infini. Car < Elle s'étend et ne s'étend pas, perce et ne perce pas >, comme il est dit.

— Perce et ne perce pas, répétai-je en oscillant la tête, insatisfait. Pouvez-vous expliquer cette contradiction ?

— C'est le mystère du *tsimtsoum*, la contraction du divin : il se retire et ne se retire pas. L'Infini béni se cache pour laisser de la place à l'autre, mais en même temps il ne s'efface pas, il laisse cette lumière originelle, qui est lui. Tout est Un et Lui est Un. Elle perce parce qu'elle crée un “Autre”, et ne perce pas parce que cet autre est lui-même aussi. Et c'est pourquoi je suggère que ce frémissement a la forme d'une question, car même formulée, elle demeure en lui, elle est lui. Et toi, tu es cette question.

« Cette lumière est dissimulée dans les vases (*kélim*) que sont les lettres qui en réduisent l'intensité et permettent la limitation et les différenciations inhérentes à la création, car les lettres vont écrire des mots et ces mots vont créer les choses [39].

39 Il faut remarquer que Rabbi Isaac ne suit pas les notions de *chevirah* (brisure des vases) et de *tiqqoun* (réparation) introduites dans la Kabbale par Isaac Louria Achkenazi (1534-1572). Isaac Louria appelle *tsimtsoum* le mouvement initial de création d'un espace vide au sein de l'Infini, par un processus de contraction du divin sur lui-même. Dieu en quelque sorte s'exila d'une partie de lui-même. Dans cet espace, le processus de création prit la forme des *séphirot*, ces sphères d'énergies qui décomposent la lumière primordiale en une chaîne de causalité. Mais, selon Isaac Louria, ces sphères, qu'il nomme « les vases », ne purent contenir la lumière, se révoltèrent et se brisèrent. Isaac Louria postule un antagonisme entre le bien et le mal au sein de la divinité, et donc une divinité dualiste, ce que Rabbi Isaac Goldman ne peut pas accepter. Pour lui les *kélim* sont les lettres.
Selon Louria, enfin, l'homme doit aider Dieu à réparer (*tiqqoun*) les vases et réaliser son unité en luttant contre le mal et en observant la *Halakhah* (les Lois traditionnelles).

Deuxième mouvement

Béréchit, le commencement du désir

Rabbi Isaac n'a pas commenté l'œuvre du commencement en s'appuyant sur les exégèses talmudiques et midrachiques, mais en utilisant directement les méthodes kabbalistes de lecture des lettres et des mots. Il me semble évident que les disputes des rabbins concernant la création *ex nihilo* par un Dieu tout puissant ne l'intéressaient pas. En revanche, il s'est amplement servi des apports des maîtres du Zohar, qu'il a développés de manière originale.

Ces maîtres ont ajouté l'*Aïn-Sof*, l'Infini, aux noms de Dieu et le placent plus haut que tout autre nom bien qu'il ne figure pas dans la Torah. Mais ils précisent que celui-ci n'est pas un nom et nous ne pouvons pas en comprendre grand-chose. Aucune pensée ne peut appréhender l'Infini, car la pensée détermine et limite. Un infini appréhendé ne serait donc plus infini. Rabbi Isaac l'appelait aussi le Dieu-sans-nom, l'Infini béni ou la question initiale.

Il se pencha sur la table et, dans un murmure, il raconta le moment qui précéda le commencement.

— L'infini béni projeta une étincelle de lumière, la lettre Yod (י), conséquence de son frémissement. Ce Yod fit la lettre Aleph qui, par sa forme, annonce le principe de la dualité : un Yod au-dessus et un Yod au-dessous, à l'envers, séparés par une barre transversale (א), un avant et un après, un mouvement, une séparation d'avec l'immobilité, un En-haut et un En-bas. Cet Aleph, qui est une consonne qu'on ne prononce pas et dont la valeur numérique est *Un*, représente l'espace écarté du dedans de l'Infini. On l'appellera la matrice, "l'abîme cerclé d'un anneau informe". Il précède tout et symbolise l'unité de l'Infini et de tout le créé. < Toute unification reposera sur la lettre Aleph seule >, comme il est dit (Z P 3b).

« Yod et Aleph, les deux premières lettres, précèdent le commencement.

« L'Aleph-Un (א) compose le Beth, première lettre du premier mot : Béréchit (BRAChYT). La barre transversale devient verticale, les Yod s'y accolent, l'un en haut et l'autre en bas (ב). Sa forme est celle d'une maison ouverte vers l'avant, elle indique une direction [40]. Sa valeur numérique est *deux*. Les univers qui apparaîtront seront marqués de ce sceau du *deux*, de la dualité dans l'En-bas et de la polarité dans l'En-haut. < Deux est le commencement >, comme il est dit (Z B 2 31b).

« Voilà ce qui est en place.

Les deux mains posées à plat sur la table, le corps penché en avant, la tête couverte de son éternel chapeau

40 N'oublions pas que l'hébreu se lit de droite à gauche. Beth est ouvert vers l'avant dans le sens de la lecture. Toutes les lettres dont il est question sont des consonnes. Les voyelles ne sont pas des lettres à proprement parler.

mou gris clair, et comme une séduction dans la voix, il poursuivit :

— Nous sommes dans une matrice et c'est en elle que va se passer la suite. La suite, c'est le commencement, Béréchit. Tout s'écrit par lui. < Il annonce dès le commencement ce qui doit arriver >, comme il est écrit (Is 46, 10). Si tu pénètres ce mot, en l'écartelant, tu découvres tout ce qui doit arriver, car il recèle les principes dynamiques de la création.

« Le mot *lettre* en hébreu (*ot*, AVT) signifie également *signe*. Les lettres sont des signes, la prophétie de ce qui vient. En les agençant, Il fait apparaître ce qui existe.

« Béréchit (BRAChYT) : en étirant ce mot, tu lis B-BRA-RACh-RAChYT [41].

« La lettre Beth s'étend, *bara* (BRA), créer, *roch* (RACh), tête, et *réchit* (RAChYT), commencement, tête du commencement [42], puis Béréchit (BRAChYT), premier mot, contenu contenant ; contenu dans l'abîme, contenant les univers.

« Beth : lorsque tu prononces cette lettre, c'est une maison : *Beit*. Il y installe toutes les lettres, la semence des mondes, comme il est dit. Beth, le Deux, s'étend en *bara* (BRA), de *baro*, créer, qui se déploie, *roch* (RACh), la tête, puis *réchit* (RAChYT), un commencement, qui font ensemble Béréchit : "La maison du deux en tête crée un commencement" ou "Deux est le principe du commencement".

« BRAChYT : de l'Aleph initial, précédant Béréchit, au Tav final du mot nous avons la première et la der-

41 Je n'écris pas ici la translittération de ces consonnes parce qu'elles vont être animées de différentes voyelles.
42 Rabbi Isaac ne choisit pas, il additionne les sens.

nière lettre de l'*alephbeth* qui, ensemble, symbolisent tout ce que les lettres peuvent écrire, toute la création. Entre ces deux lettres, Il trace *bara* (BRA), créer, et *roch* (RACh), la tête, et *réchit* (RAChYT), un commencement. Béréchit : "Avec les lettres en tête, dans la matrice du deux Il crée *la* prémices d'un commencement."

J'avais l'impression d'écouter une symphonie syllabique. Béréchit, le leitmotiv, réapparaissait comme un refrain, thème central du modèle, déplié, brisé, reconstruit d'où allait jaillir un nouveau mouvement, un élan.

— BRA, *bara*, de *baro*, plus précisément que *créer*, signifie *couper*, sculpter, *choisir*, *sélectionner*, *faire exister*. Il sculpte d'abord les lettres, les fait exister, puis les sélectionne… Il écrit. Le monde est un livre.

« "*Béréchit bara Elohim* (BRAChYT BRA ALHYM)." Regarde bien ces mots. Béréchit (BRAChYT) contient *bara* (BRA), créa : le commencement renferme le verbe qui le crée et lui permet de se poursuivre. Béréchit expulse *bara* (BRA) de son sein. BRA-ChYT BRA : le commencement créa.

« Beth est une maison, *Beit*. Elle n'est pas encore habitée. Il va s'y installer sous le nom d'Elohim (ALHYM) : < Dans le commencement Il a créé Elohim >, comme il est dit.

— L'Infini crée Elohim, c'est-à-dire Dieu ? m'étonnai-je.

— Elohim figure la qualité agissante de l'Infini béni, ce qui va produire la nature. Elohim et *hatéva* (H^TBA), la nature, ont la même valeur numérique, 86.

« Béréchit. Coupe ce mot. BRA-ChYT : Il créa *Chit*, les six, comme il est dit, les six directions de l'espace, avec les six lettres de Béréchit (suk 49a).

« Permute les lettres, Brit-éch (BRYT-ACh) : *Brit*, l'alliance, *éch*, le feu, l'alliance de feu (Z LL 89a, p. 440).

Comme dans < *El Brit* (AL BRYT) le Dieu de l'alliance > (Jg 9, 46), qui est le Dieu de la circoncision (*Brit Milah*), étant le Dieu de la coupure ou de la séparation nécessaire à l'apparition d'un *Autre*.

Rabbi Isaac semblait jongler avec les lettres, les lancer dans les airs et les rattraper pour former d'autres mots. Il s'était adossé à son fauteuil et souriait vaguement, le regard un peu transparent de celui qui regarde sa pensée et ce qu'elle produit.

— Les lettres dansent et forment des mots qui féconderont des choses. Jusqu'où veux-tu aller ? On peut continuer longtemps.

J'ignorais où tout cela allait nous conduire et j'étais déjà un peu perdu. Rabbi Isaac le sentit sans doute ; il ajouta, avant d'achever cet exercice de dissection des mots :

— Autre interprétation : *réchit*, signifie prémices. On peut donc traduire : en premier. Mais prémices évoque aussi l'offrande : < Vous prélèverez les prémices de votre pâte >, comme il est écrit (Nb 15, 20). Ici, l'*Un* se fait à lui-même l'offrande de la création dont l'initiale, le Beth, est *la* prémices de la dualité. Il se divise en lui-même.

« Arrêtons ce jeu des lettres et avançons. Mais avant, disons ceci : Dieu n'est pas un sculpteur, bien qu'il sculpte les lettres, c'est un écrivain.

— Un écrivain dont les personnages sont vivants !

— Les personnages sont vivants… répéta Isaac pensivement. Sont-ils vivants ? s'interrogea-t-il. De quoi vivent-ils ?

« Regarde les premières lettres de cette histoire.

« Yod, Aleph et Beth, dans l'ordre chronologique de leur apparition, écrivent *Yaav* (YAB), désirer. < Et j'accomplirai tous mes désirs >, comme il est écrit. Tout ce qui se passe étend le désir de l'Infini. Son premier nom est é*hyéh* (AHYH), “Je serai”, “Je suis inaccompli [43]”.

« Regarde comme ce désir se retrouve partout.

« On le voit une deuxième fois en permutant les lettres de Béréchit (BRAChYT) : < Dans le chant (*chir*, ChYR) du désir (*téév*, TAB) créa Elohim les ciels et la terre [44]. > (Z Midrach Ha Neelam 5d, p. 516)

« On le voit une troisième fois. < Dans l'enclos du mot *bara* les lettres se retournèrent pour se féconder [en permutant] et il en surgit la colonne génitrice, le Membre (*avar*, ABR), sur lequel tient le monde >, comme il est dit [45] (Z P 3b).

« Et une quatrième fois. À partir de l'Aleph manquant, précédant Beth dans l'invisible, avec Beth et Rèch, les deux premières lettres de Béréchit, *avar* (ABR), enfler, autre sens de membre [46].

« Tout ceci indique fortement que le désir est à la source de tout. Et si ce n'est pas encore assez, on le voit une cinquième fois. En permutant autrement les trois premières lettres de Béréchit, on écrit *beer* (BAR), un puits, qui est comme l'anneau cerclé des premiers instants, symbole féminin de la matrice. C'est dans ce puits (BAR) que *créa* (*bara*, BRA) a surgi.

« Un sixième indice concordant. Avec BRA, le verbe créer, il créa *Bar* (BR), un fils : l'univers et toutes *ses*

43 La lettre Beth se prononce parfois comme un B, parfois comme un V. Dans l'arbre des *séphirot*, la carte du schéma de contraction du flux divin, *éhyéh* est le premier nom de Dieu. Il est posé au-dessus de Keter, la couronne, première *séphira*. Au-dessus de l'arbre, avant donc la contraction du flux, se trouvent, dans l'ordre ascendant : *Aïn-Sof Or*, la lumière infinie, *Aïn-Sof*, l'Infini, puis *Aïn*, le néant.

44 TAB et YAB signifient tous deux *désir*.

45 Les trois premières lettres de Béréchit (BRAChYT) écrivent *bara* (BRA), le verbe créer. Permutées, elles écrivent *avar* (ABR), le membre masculin.

46 Mais aussi dans les trois premières lettres de Béréchit (BRAChYT) permutées.

armées [47]. Où cela ? Ajoute la lettre suivante, le Chin, tu lis *Baroch*, dans la tête. L'univers est une pensée.

« De quelque façon que tu tordes ces mots, ils disent encore la même chose : désir, membre, enfler, matrice, fils. L'univers écrit une histoire d'amour et de désir, conclut Isaac.

— Si l'Infini désire, il lui manque quelque chose ! protestai-je. Comment peut-il manquer quelque chose à l'Infini ?

— C'est un paradoxe saisissant. Que peut-il manquer à l'Infini ? me demanda-t-il.

Cette habitude de renvoyer une question à ma question ! Mais j'allais bientôt en comprendre le sens. Nos questions n'étaient pas seulement les nôtres, elles étaient aussi celles de l'Infini… Je renvoyai la question :

— Quel désir l'Infini peut-il exprimer ?

— Comment ce désir s'exprime-t-il ?

— Il se manifeste dans cette création, avançai-je prudemment.

— Et pourquoi ?

Je restai muet. Il ajouta :

— Qu'est-ce que la création sinon une limite dans l'Infini…

Rabbi Isaac me laissa y réfléchir puis enchaîna :

— Le désir qui s'expose dans le mouvement de l'Infini est sans doute celui de se connaître… Avec une question…

— Quelle question ?

Isaac prononça lentement, comme s'il soupesait chaque mot :

47 Allusion à Gn 2, 1 : < Ils sont achevés, les ciels, la terre et toute leurs armées > (tous ses hôtes).

— Je ne peux imaginer qu'une seule question que l'Infini se poserait : où est la limite ?

Cette idée produisit sur moi un effet de lumière, comme si tout s'éclairait soudain dans une logique et une évidence que je ne saisissais pourtant pas encore tout à fait.

Rabbi Isaac le constata et attendit.

— Avant d'aller plus loin dans cette direction, regardons encore un peu ce qui s'écrit.

Troisième mouvement

Elohim

Rabbi Isaac prononçait *Aïn* et je cherchais un extérieur vide à l'univers. Il murmurait *Aïn-Sof* et je comprenais l'univers à la manière des astrophysiciens, comme un vaste vacuum indélimitable contenant les galaxies et les astres. Il disait « Béréchit, En-tête » et je pouvais croire que la Bible parlait de mes neurones ; l'univers était dans ma tête, comme une construction mentale. Je m'imaginais comme un cerveau dans un corps, puis comme un corps dans un cerveau ; ce corps, jailli d'un désir, ce cerveau, surgi d'une pensée ou d'une question…

La bougie éclairait tout juste un peu autour d'elle et nous plongeait ainsi dans l'environnement de ténèbres d'où une lumière originelle perça.

— Le commencement se déploie alors, se déplie, s'étend, s'allonge en son sein même : les lettres composent un mot, ce mot engendre les mots, des paroles parlent…

Rabbi Isaac chuchotait, comme s'il conspirait ou révélait des secrets, ou peut-être comme s'il voulait que Dieu s'approche plus près pour l'écouter…

« *Béréchit bara Elohim* : < Dans le commencement Il a créé Elohim >, comme il est dit (Z BI 15a, p. 94). Regarde Elohim (ALHYM). Si tu coupes ce nom en deux syllabes et lis la première à l'endroit et la seconde à l'envers, tu vois *éléh* (ALH), *Cela*, et *ym* (YM) qui à l'envers écrit *mi* (MY), *Qui*. C'est là le secret de son nom. Il fut révélé par Rabbi Siméon.

Rabbi Isaac souleva le livre du Zohar et le pencha vers la flamme. Il leva les yeux vers moi, puis les baissa et lut :

— La première moitié du nom Elohim, *Éléh*, *Cela*, < est la limite inférieure du questionnement, contenu dans le *Quoi*. Il désigne ce qui est révélé >, comme il est dit (Z Pré 1b, p. 32). *Cela* ou le *Quoi* désigne la création, les choses : qu'est-ce que *Cela* ? C'est le *Quoi*.

Il approcha plus encore le livre de la flamme.

— < Il est un espace éminent et inaccessible qui demeure inconnu et se maintient dans la question, qui se tient en tant que question. Il est si profond et si enclos qu'il est sujet d'étonnement. On l'appelle *Qui* >, comme il est dit (Z Pré 1b, p. 32). *Qui* est enfoui et enclos dans le nom Elohim. Enfoui parce qu'écrit à l'envers, et enclos parce qu'à l'intérieur du nom [48]. "*Qui* est la limite supérieure du questionnement. Il est l'enclos indévoilable." *Qui* désigne le sujet, l'observateur du *Cela*. Mais lorsqu'il s'interroge sur lui-même, au plus profond, il atteint la limite du questionnement : Qui suis-je ?

Rabbi Isaac leva le visage :

— Lorsque les compagnons d'étude de Rabbi Siméon entendirent ces paroles, ils se prosternèrent devant lui, éperdus de reconnaissance…

48 Enclos aussi parce que dans Elohim, la lettre Mem, finale, est fermée. On écrit מ dans le corps du mot et ם en fin de mot. < La lettre Mem finale est formée de deux Noun (נ) réunis dont l'un est mâle et l'autre femelle. > (Z III 156b)

« Tu vois ? Vois-tu ? L'indévoilable *Qui* et le révélé *Cela* (Quoi) forment ensemble le nom Elohim, créateur des ciels et de la terre, comme il est dit, ajouta Isaac en insistant, comme s'il me montrait le plus beau joyau de la création. (Z Pré 2a, p. 33) *Béréchit bara Elohim* : Dans le commencement Il créa Qui-Quoi : *Qui*, sujet du questionnement, *Quoi*, objet du questionnement.

« Vois ceci aussi…

« Elohim rassemble en son nom la dualité sujet-objet, les limites inférieures et supérieures du questionnement.

« Lorsque Qui et Quoi sont unis, il y a une création. S'ils s'écartent, il y a…

Il m'interrogea du menton : Qu'y a-t-il ?

— Deux questions ? Les deux questions essentielles…

— Oui, mais pas tout à fait ! fit-il dans un sourire indulgent. Une question contenant sa réponse. *Bara Elohim* (créa Elohim, BRA ALHYM)… Permute les syllabes : *Mi bara éléh* (MY BRA ALH) : La question "Qui a créé Cela ?" et la réponse "*Qui* a créé Cela" (Is 40, 26). *Bara* signifie *couper*, sculpter, *choisir*, *sélectionner*, *faire exister*. L'observateur crée l'objet observé. Le sujet du questionnement crée, choisit, sélectionne, fait exister l'objet du questionnement, conclut-il, sentencieux.

— Voulez-vous dire que je crée ce qui m'entoure ? hésitai-je à comprendre…

— Le monde existe lorsque tu l'interroges.

— Et si je cesse de l'interroger ?

— Alors, il n'existe pas, et toi non plus !

« Qui suis-je ? s'interrogent tous les hommes depuis le commencement des temps en se grattant la tête. La Torah nous répond : < Elohim conçoit un Adam à son image et selon sa ressemblance. > (Gn 1, 26) Nous sommes image du *Cela* et ressemblance de *Qui*, les limites inférieure et supérieure du questionnement. Nous sommes toute la question.

Rabbi Isaac recréait devant moi la pensée par laquelle tout *originait.* Il versait la vodka assez irrégulièrement et nous étions très loin de l'ivresse, mais grâce à elle une généreuse chaleur pénétrait mon corps, envahissait mon âme et m'aidait à transformer les concepts qu'il égrainait en une sorte de vision. En tant que *Quoi*, j'étais le monde, en tant que *Qui*, j'en étais le créateur dans un instantané et répétitif commencement. Ayant reposé la bouteille, il expliqua :

— Moïse interroge le buisson en feu qui ne se consume pas : < Quel est ton nom ? > Autrement dit : Qui es-tu ? < Je serai QUI Je serai (*éhyéh acher éhyéh*) >, lui répond le feu dans sa tête [49]. *Éhyéh* est le verbe être à l'inaccompli, au futur en français : je suis l'inaccompli de l'être qui demeure inaccompli. < Qui suis-je ? >, questionne encore Moïse (Ex 3, 11). Je serai *Qui.* Il n'y a pas d'autre réponse. < Montre-moi ta gloire >, supplie Moïse. < Aucun homme ne peut me voir et vivre >, lui répond "Je serai Qui" (Ex 33 20). Car, au-delà de *Qui*, la limite supérieure du questionnement, il n'y a plus de questionneur. Le questionneur, le questionné et la question sont Un. < *Qui* ôtera la poussière de tes yeux >, comme il est dit [50].

49 Mi (MY) est le pronom interrogatif de personne *qui*, comme Ma l'est de chose, *quoi. Acher* (AChR) est le pronom relatif qui, quoi, que, ce que, aussi utilisé comme adverbe ou conjonction, quand, où, car, de façon à, etc. Le feu dans sa tête, AChR, peut être décomposé : *éch* (ACh), feu, R, comme *roch* (RACh) – *acher* permuté –, tête.

50 Lv R 25, 2 ; Z P 41a, p. 222. Il n'y a pas de point d'interrogation en hébreu. Rabbi Isaac lit la question comme une réponse, prenant *Qui* comme sujet. *Qui* a créé Cela. *Qui* ôtera la poussière de tes yeux.

Isaac s'adossa et respira profondément.

— Maintenant, intègre ce que nous disons. Qui es-tu ?

— Moi ? demandai-je comme m'éveillant d'un rêve. Me posez-vous cette question ?

— Oui, toi, qui es-tu ?

— Je ne suis pas sûr de le savoir…

— Comment te présentes-tu ?

— Je dis mon nom, ma profession, mon âge. Je parle de mes activités…

— Mais entre dans la profondeur de cette question : Qui es-tu, non seulement pour tes contemporains, mais pour toi-même ?

— Je suis un homme…

— Et qu'est-ce qu'un homme ?

— Je n'en sais rien.

— Bien sûr. Nous ne pouvons pas savoir qui nous sommes. Et Dieu non plus n'en sait rien ! C'est pourquoi il dit : on verra, je verrai qui je suis… "Je serai"… < *Qui* n'a d'existence que pour le questionner. Il n'y a pas de savoir en Lui >, comme il est dit (Z B II 30a, p. 171). Si ce savoir existait, il rendrait tout complètement déterminé. Il ferait de Dieu un objet, du monde un fossile et de nous des zombies. C'est pourquoi la Torah fait parler Dieu à l'inaccompli : Je serai.

« Si tu ajoutes quelque chose à "je suis", si tu fais cette faute considérable, dit-il dans une sorte d'avertissement, ce péché contre l'essentiel, tu te rapetisses à la dimension de ce que tu ajoutes. Si tu dis : "Je suis français", tu te réduis à être français. Si tu dis : "Je suis un homme", tu te limites à ce que tu penses qu'être un homme signifie. Quoi que tu dises, tu te diminues. "Je serai" *t'indétermine*, c'est-à-dire te laisse libre et te permet de frôler l'Infini béni.

« Nous sommes toujours infiniment plus et infiniment moins que ce que nous croyons être : plus dans le monde social, et moins dans l'Infini. Plus dans le monde, car si tu associes quelque chose à "je suis", il te faut ajouter d'innombrables déterminations (français, juif, brun, aux yeux sombres, de taille moyenne, qui aime la glace au chocolat et la vodka, etc.). Moins dans l'Infini, car rien de ce que nous pouvons dire ne nous qualifiera mieux que "je suis" sans caractéristique. Et si tu ne dis pas même "je suis", mais "je serai", tu t'approches encore plus de la couronne du Roi, tout près de l'Infini béni [51].

« Pour pénétrer le monde, tu associes *Qui* et *Cela*, même si tu ne le sais pas. Tu te poses comme sujet devant un objet. Pour en sortir, dissocie *Qui* et *Cela* ! Tu regardes alors le monde sans qu'il y ait une personne regardant. *Cela* observe *Cela* et *Qui*, l'indéterminé, la limite supérieure du questionnement, s'accroche à l'indéfinissable infini.

« L'homme fut créé à l'image et à la ressemblance d'Elohim, comme deux questions, *Qui* et *Quoi*. Nous sommes questions qui doivent demeurer questions.

51 Allusion à *Keter*, la première séphira à laquelle est associé le nom « Je serai ». Au-dessus de *Keter* se trouvent l'*Aïn-Sof* puis l'*Aïn*.

Quatrième mouvement

La parole

Je croyais être quelqu'un en arrivant. Je ne serai plus personne en sortant de là ! Est-il possible de vivre sans se définir le moins du monde ? En se satisfaisant d'être deux questions sans réponse ? Cette inquiétude encore diffuse commençait à poindre dans ma conscience…

Notre unique lumière vacillait. Rabbi Isaac emporta ce qu'il restait de la bougie pour aller en chercher une autre dans la cuisine. J'étais plongé, comme l'Infini, dans le noir d'avant la création. Après un long moment et quelques bruits de casseroles, il revint avec un verre rempli d'eau dans lequel flottait, sur un volume d'huile, une mèche allumée.

— *Béréchit bara Elohim eth ha-Chamaïm veth ha-Érets*, au commencement créa Elohim les ciels et la terre. "Les ciels et la terre" sont les premières manifestations de la dualité, ils symbolisent l'espace et la surface, deux opposés qui, ensemble, forment un tout [52].

52 Deux mots très différents évoquent la terre et deviennent invisibles en traduction : *érets*, la surface de la terre, le pays ; *adamah*, la matière dont la terre et le corps de l'homme sont faits.

« < La terre était *tohu vabohu* et ténèbres sur la face de l'abîme et le souffle (*ruah*) d'Élohim se mouvait (planait) sur la face des eaux. > (Gn 1, 2)

— Quelles eaux ? D'où les eaux viennent-elles tout à coup ? interrompis-je.

— Ce sont les eaux de la matrice, l'encre avec laquelle il va écrire le monde. Regarde, me lança-t-il pour faire cesser mes questions.

« *Tohu* : informe, cacophonie, vacarme, ténèbres de sons. *Bo-hu* : “en lui est”. La terre était dans les ténèbres d'un vacarme informe, sans consistance, comme l'encre qui est encore dans l'encrier n'est que matière brute avant de former des lettres.

« Autre interprétation : la terre était tout étonnée (*tohu*) et elle protestait (*bohu*) (Z B II, 31a). Comme un bébé qui sort du sein maternel, la terre crie. Elle proteste son étonnement d'être dans un grondement qui n'est pas encore articulé.

« “Le souffle (*ruah*) d'Élohim planait sur la face des eaux…” : *ruah* incarne l'âme associée à la voix, la parole ou mieux, l'âme de la parole encore silencieuse qui va aller dans l'étendue. Elohim n'a encore rien dit. On pourrait croire qu'il prend son souffle pour parler… mais c'est une image trop anthropomorphique. Il va ajouter des voyelles aux consonnes pour leur insuffler le souffle de vie.

Rabbi Isaac avançait, un mot après l'autre, dans les premiers moments de la Genèse.

— < Et Elohim dit (*amira Elohim*). > (Gn 1, 3) À qui parle-t-il ? Qui est là pour l'entendre ? Il est seul ! Il se parle donc à lui-même. Il y eut d'abord une lettre dans l'Infini (le Yod), puis une autre (le Aleph), puis un mot (Béréchit), puis des mots, et seulement après “Elohim dit”. Dans ce processus, la parole suit l'écriture, et l'écriture précède le monde.

« “Elohim dit.” En hébreu, parole et chose sont un seul mot, *davar*. Ces mots qui n’ont jamais été prononcés ont la puissance d’un acte, de l’acte de créer, de faire apparaître dans la pensée. La parole crée, coupe, distingue, choisit et donne aux choses l’âme de celui qui parle. Dans ce moment fondateur, il n’y a pas de différence entre la parole et la chose.

Soudain, Rabbi Isaac s’interrompit. Il murmura un « mmm » méditatif et concentré. Il le répéta comme pour prendre un élan, et en même temps pour le ralentir. « Mmm. » Je savais qu’il entrait dans le rythme du délice des mots qui le conduisaient à la béatitude, une béatitude physique. L’élan à venir gonflait son corps d’un bonheur qui l’allégeait et transportait son esprit dans la lévitation des sphères célestes, dans le monde sans forme des concepts qui modèlent la Création. Sa pensée irradiait son visage d’une lumière intérieure, et de ses yeux, les rayons diffus du soleil des idées éclairaient la page du livre ouvert devant lui.

Vous pensez que j’exagère ? Pas tant que cela ! Il ne me regardait plus alors. Ses yeux étaient dirigés vers la table, sur la page, mais ils n’y lisaient rien. Ou alors ils regardaient vaguement vers le plafond, comme tirant de l’En-haut la substance de l’En-bas, « comme il est dit ».

Tout à coup, Isaac sursauta, les yeux écarquillés comme s’il était surpris par sa propre pensée.

— *Yéhy or* (YHY AVR) : < Qu’il y ait lumière. > (Gn 1, 3) *Yéhy* révèle le secret de la création. Le premier Yod, le point du frémissement de l’Infini béni, et Hé, le fini – ou Yod, le père, et Hé, la mère –, s’unissent pour faire le second Yod de *yéhy* : *qu’il y ait*… un nouveau frémissement dans un nouveau déploiement, un monde ou un nouvel être. Jouissance ! (Z B I 16b, p. 99)

« Encore sur *yéhy* : Le Yod, c'est YHVH, le Hé, c'est Elohim, comme il est dit. Ensemble, ils forment *Yah*, un autre nom de Dieu, celui par lequel la création le reconnaît et chante sa louange : *Hallelou Yah* ! YHVH et Elohim se joignent pour créer, et c'est le deuxième Yod de *yéhy* (YHY), *qu'il y ait* : l'Infini béni se manifeste dans une création. Lumière !

« < Qu'il y ait lumière ! > (Gn 1, 3) : ce n'est pas la lumière des astres, qui n'apparaîtront qu'au quatrième jour ! Le vacarme qui a rempli l'espace va devenir une parole balbutiée et hésitante, une phrase. Et cette phrase, qui dicte, est en même temps l'annonce et l'annoncé, le dit et le fait. Elle articule le vacarme en dissipant les ténèbres des sons qui ne font pas des mots. Elle éclaire l'étonnement d'être (*tobu vabohu*).

« Les ténèbres ne s'opposent pas à la lumière comme, disons, le bien au mal. Elles se complètent comme l'encre et la feuille, comme la graine et la terre, comme le mot et le sens. Pour nous, le noir des mots écrit dans la Torah est ténèbres, et entre les lignes, le blanc de la page est la lumière du sens, l'interprétation.

« As-tu remarqué comme l'autre lumière, celle du soleil, nous enferme sur nous-mêmes, dans ce monde ? Lorsqu'elle disparaît, la nuit nous ouvre sur le reste de l'univers et parfois même sur l'infini. C'est la nuit que nous voyons le mieux ce qui est très grand et très loin.

— Est-ce la raison pour laquelle nous étudions la nuit ?

— C'est une raison, répondit-il. La nuit est plus propice à la fréquentation de l'Infini. Ses mystères appellent les mystères.

« Une *michnah* enseigne que tu peux chercher ce qu'il y a dans les limites définies par le verset :

< Interroge les temps anciens depuis le jour où Dieu créa l'homme sur la terre, mais n'interroge ni ce qui est au-dessus, au-dessous, avant et après > (TB Hag 11b sur Dt 4, 32). Ce qui est interdit indique, par déduction, ce qui est permis. Si on ne peut pas chercher ce qui est au-dessus, au-dessous, devant, ou derrière, que reste-t-il ?

Je fis un petit croquis, quatre points en forme de croix. Isaac me regardait faire.

— Interroge est au singulier, dans le verset. Entre le dessus, le dessous, l'avant et l'après… qu'y a-t-il donc ? demanda-t-il.

— Moi ?

— Ne cherche pas ce qui est au-dessus, au-dessous, devant ou derrière toi, cherche en toi-même les secrets de l'œuvre de la Création. La nuit, nous pouvons mieux regarder au fond de nous-même.

« Où en étais-je ?

— Qu'il y ait une lumière !

— < Alors, Elohim voit *ki tov* ! (quel bien, KY ^TVB). > (Gn 1, 4) *Tov* est un mot révélateur. Il signifie bien, bon, bonheur ; mais dans le contexte de sa première apparition, il a un sens beaucoup plus vaste. Fondateur. Que cela soit, *ki tov*, cela est, cela existe [53]. Ce qui accède au nom peut exister. Si la lumière est *tov*, c'est parce que la parole est *tov*. < Toutes les profondeurs encloses qui surgissent du sein de la pensée, et que la voix ressaisit, ne sont dévoilées que lorsque le mot les met à découvert. Et qu'est-ce que le mot sinon la parole ? >, comme il est dit. (Z B II 32a, p. 180)

« Ciels et terre formaient un tout informe et cacophonique. Il fallait parler pour les distinguer. < Le *ruah* d'Elohim plane >, il plane depuis et il plane encore. < Le

53 Nous reviendrons sur l'analyse du mot *tov* au chapitre 7, 1er mouvement.

monde ne subsiste que sur ce souffle >, comme il est dit. < Il renouvelle chaque jour, constamment l'œuvre du commencement >, écrit David (Ps 104, 30). “Le *ruah* d'Elohim, l'âme de la parole, séparant le *Qui* et le *Quoi*, amène la création continuellement du néant à l'existence et lui permet d'exister[54].” “La création est une création continue[55]”, ininterrompue et inachevée. Ce souffle est toujours présent et actif. Il est en nous aussi.

« C'est pourquoi la parole est sacrée ; elle crée la réalité et peut la détruire. < Celui qui dit des mensonges ne subsiste pas devant mes yeux ! >, comme il est écrit (Ps 101, 7). C'est comme s'il s'effaçait lui-même du monde et comme s'il détruisait le monde.

En observant Rabbi Isaac décortiquer les mots ou évoquer les paroles de rabbins qui vécurent des siècles auparavant, j'imaginais ces maîtres ancestraux dans leurs *yéshivot*, qui devaient ressembler à des granges, courbés sur une table autour d'une lampe à huile diffusant une mince lueur dorée sur l'écriture brillante de parchemins jaunis, scrutant avec crainte et curiosité les livres de la Torah ou quelque autre texte ancien composé par les ancêtres, pour y découvrir de nouveaux secrets, ponctués de longs silences : < Cesse de parler, dit Rabbi Siméon dans le Zohar, pour que se révèle le clos du secret suprême ignoré des fils du monde. > (Zohar, Préliminaire, 1b) Je les concevais au fond assez peu différents de Rabbi Isaac dans son modeste appartement au cœur de Belleville. Sans doute étions-nous les acteurs d'un geste éternel qui, du fond des âges, reproduisait sans cesse, quels que soient l'époque ou le lieu, la discussion sur les origines et le mystère de Dieu.

54 Rabbi Schneour Zalman de Liadi, *Chaar Hayi'houde Vehaémounah*, chap. III.
55 Rabbi Yehuda Halévy, Kuzary III 11.

— Et alors, poursuivait le murmure d'Isaac, Elohim ne *dit* pas que la lumière est *tov*, il *voit* que la lumière est *tov*.

— Comment fait-il pour voir ?

— Voilà la question qu'il fallait poser ! Devons-nous imaginer Elohim avec des yeux, et pourquoi pas alors avec des mains, des orteils en éventail et une calvitie ! Elohim *voit* sa voix comme les Hébreux < virent des voix > au pied du mont Sinaï (Ex 20, 18). Il *voit* ces mots qui sont eux-mêmes la lumière.

« < Et Elohim sépare, divise, distingue, différencie (*badal*, BDL) la lumière des ténèbres. > (Gn 1, 4) Il y a une grande proximité de sens entre ce verbe et *bara* (BRA), créer, sculpter, distinguer, choisir, diviser. Il a choisi des lettres, puis a tiré de l'espace entre elles pour en faire des mots, et il constate que cela est bon. Sans cette coupure, les lettres ne détachent pas les choses.

« Et alors, ayant commencé à parler, il nomme : < Elohim appela la lumière jour, et il appela les ténèbres nuit. > (Gn 1, 5) Jour pour lumière et nuit pour ténèbres ; ténèbres et nuit pour silence ou vacarme, lumière et jour pour paroles.

« Et ensuite, il parle, nomme et sépare encore et encore. Soir et matin, les eaux d'En-haut et les eaux d'En-bas, mouillé et sec, mer et terre, verdure selon son espèce, arbres selon son espèce, astres, petit et grand luminaires… Il le fait avec des mots qui créent les séparations, creusent les distances dans lesquelles ils peuvent exister. Avec les mêmes lettres, il écrira d'autres mots, créera et séparera d'autres choses.

« < Elohim a fait l'un comme (aMH, *imah*, contre, avec) l'autre. > (Ecc 7, 14) < Tout ce que le Saint a créé, il l'a créé double >, comme il est dit. Elohim *dualise* le réel. < Il annonce dès le commencement ce qui doit arriver >, comme il est écrit. Dès le commencement, avec le Beth de Béréchit, il a annoncé le *deux* de cette dualité.

« Mais il inscrit l'*Un* dans le souvenir de la séparation. < Elohim appela la lumière jour et les ténèbres nuit. Ainsi il y eut un soir et il y eut un matin, jour Un. > (Gn 1, 5) Il les réunit au sein d'un mot : *Èkhad* (A^HD), Un.

« Les opposés sont comme *Un* parce qu'il n'y a d'obscurité que par la lumière et de lumière que par l'obscurité, pas de jour sans nuit et pas de nuit sans jour. < Il sépare pour que les opposés en viennent à fusionner l'un dans l'autre >, comme il est dit (Z B II 31a, p. 175). De l'union à la séparation puis de la séparation à l'union, voilà la direction que prend le réel !

« Tu crées une création en parlant et nommant. Tu t'en retires par le silence.

Cinquième mouvement

L'homme est le temple

Lorsque je trouve une question iconoclaste, blasphématoire ou simplement embarrassante, je ne peux pas ne pas la poser. Celle-ci me brûlait la langue depuis une heure :

— Mais Rabbi Isaac, les lettres n'ont pas vraiment créé l'univers ! Je ne peux pas croire qu'un “Il” a formé des lettres dans l'infini et que celles-ci, agencées par Elohim, ont fait apparaître le monde !

Je redoutais que ma question ne brise son élan, mais ma raison exigeait que je la pose. Et elle n'était pas inutile. Rabbi Isaac pivotait la tête de droite à gauche et pinçait ses lèvres comme s'il désapprouvait ma remarque.

— *Pour toi céla il a ine importance ? Il té manque enkère la poésie di kabbaliste !* répondit-il amusé, soulevant un sourcil.

« Béréchit : tu peux lire “à un commencement”, comme une façon parmi d'autres de dire notre histoire. Nous ne sommes pas astrologues ou physiciens, notre univers ne se limite pas à ce que nous observons dans le ciel ou dans la matière. Il se dévoile surtout dans ce que nous découvrons dans les mots qui nous conduisent à regarder à l'intérieur de soi.

« Dans l'enclos de l'enclos du mystère, tu voulais être et le frémissement de ce désir, exprimé comme une étincelle de lumière, Yod, est sortie de l'Infini *Aïn-Sof*, pour étirer l'espace de la matrice, Aleph, et y construire la maison du réel, Beth. Ce désir, *yaav* (YAB) s'appelait "je serai".

« Ensuite, dans l'En-bas, un Yod de semence masculine est sorti de ton père et il est entré comme une étincelle de lumière rayonnante dans la matrice de la semence maternelle Hé, où ils ont fait un autre Yod. *Yéhy* (YHY) qu'il y ait – toi.

« Tu étais alors dans le sein maternel, la maison du commencement, le *Beth-Beit*.

« Puis, lorsque tu es né, l'univers t'est apparu. C'est de ce *big-bang*-là dont nous parlons. Cet univers a d'abord été toi, avant que tu le sortes de toi et qu'il devienne un objet. Tu l'as d'abord vu comme un *tohu vabohu*, et tu étais toi-même un *tohu vabohu*. Ensuite une lumière s'est manifestée : tu as repéré un ordre – la lumière et l'ombre, le sec et le mouillé, le haut et le bas… Et cela s'est passé dans ton *roch*, ta tête, en *Béréchit*, au commencement.

« Et alors *cela* a commencé. Béréchit contenait *bara*, créer. Et tu t'es créé *bara-chit*, comme un monde, avec un volume, six directions. Tu étais *réchit*, *la* prémices offerte en offrande. Tu t'es offert à toi-même comme un sacrifice sacré. Et tu as créé Elohim, une association intime de Cela, *éléh*, un objet (ton corps), et de Qui, oui, un sujet. Et cette association de *Qui* et de *Cela* a créé un monde entier : les ciels et la terre, de ta tête à tes pieds.

« Tu as d'abord fait apparaître le monde en toi en le nommant et, pour le nommer, tu l'as fractionné. Bien après, tu as appris à parler, puis à interroger.

« Que tu aies ou non été créé avec des lettres, les lettres expliquent très bien comment tu t'es créé, puis comment tu as construit la réalité autour de toi.

Rabbi Isaac se tut. Dans la maison et dans la rue, l'immobilité était totale. Sporadiquement, quelques craquements et le grésillement de la mèche révélaient le silence compact que le chuintement de la voix d'Isaac n'altérait pas. Lorsque YHVH parlait à Abraham ou à Moïse, sans doute n'était-ce pas de la voix grave, solennelle et tonitruante des péplums hollywoodiens, mais dans un murmure infiniment ténu venu du plus profond de leur être…

— Dieu est-il autre ou non finalement ?

— Ni autre ni pas autre. L'Infini béni a creusé un espace en son sein pour qu'il y ait un “autre”. A-t-il réussi ? Cet espace et ce qu'il contient sont-ils *autre* que Lui ? Oui. Cet espace est-il lui-même ? Oui aussi. Ainsi ceux qui disent que Dieu est un autre se trompent et ne se trompent pas. Et ceux qui disent que Dieu n'est pas un autre aussi se trompent et ne se trompent pas.

« Regarde !

Rabbi Isaac feuilleta son Zohar dans la pénombre et trouva rapidement ce qu'il cherchait :

— < Le point du jaillissement Yọd est appelé “Je”, comme il est dit, et celui qui est suprêmement inaccessible et indévoilé, YHVH, repose sur lui. Je (Yod) et être (*hovéh*, HVH) ne font qu'un : YHVH. “Je suis YHVH” > (Z Pré 6a, p. 51 sur Lv 19, 30).

« Aïn, Aïn-Sof, Yod, Aleph, Beth, Béréchit sont en nous, dans la tête, à la fois au commencement et comme principes.

« < J'ai fait de vous mon sanctuaire >, comme il est écrit (Ex 25, 8 ; Jr 7, 4). < L'homme est le temple de Dieu >, comme il est dit. Dans ce temple, il y a Dieu. À toi de l'y découvrir.

La vodka commençait à faire de l'effet dans mon corps affamé et fatigué. J'étais épuisé, mais je continuais à poser des questions.

— Dites-moi encore : pourquoi y eut-il un frémissement dans l'Infini ?

— Tu le sais en négatif. De même que toi, le fini, tu cherches l'Infini, de même l'Infini béni a dû chercher ou concevoir le fini… son opposé, le seul miroir en quelque sorte dans lequel il peut se *voir*. Nous voulons connaître les deux bouts de la verticalité : l'Infini et le fini, le désir d'être et l'être [56].

⋆

Je me suis mis à l'étude des traditions religieuses et spirituelles avec la question humaine la plus universelle, bien qu'elle ne soit jamais banale : « Qu'est-ce que cette vie ? » Et bien sûr, au-delà : « Comment la vivre ? » Bien que me déclarant athée, farouchement, j'espérais trouver auprès des maîtres que j'avais choisis quelque chose comme des réponses ou des indications qui ne soient pas aliénantes.

Dieu m'était insupportable et, au début, je ne distinguais pas le Dieu-des-croyants, comme disait Rabbi Isaac, de l'*autre*, et je cherchais vaguement aussi de bonnes raisons de m'en moquer.

J'étais donc arrivé chez Rabbi Isaac athée et un peu arrogant. J'aimais bien ma position d'opposant que Dieu, le Dieu-des-croyants, me permettait de sauvegarder. J'aimais bien aussi mon courage de vivre sans Dieu.

Peu à peu mes questions dessinaient une carte que je pouvais considérer, *a posteriori*, comme celle de mes

56 Un autre jour, il dit : « Nous sommes à la fois le désir d'être et l'être qui désire ».

curiosités, pour ne pas dire de mes inquiétudes. En y répondant, Rabbi Isaac construisait un système, une métaphysique de l'être qui, bien que n'étant pas scientifique et objectivement vérifiable, n'en était pas moins cohérente et utile : je pouvais aller en moi y rechercher les éléments et confirmer leur pertinence.

Rabbi Isaac m'avait dit que j'étais la manifestation de mon désir de vivre, que j'étais ainsi mon propre père et le reflet de l'Infini... Et je l'avais accepté comme une façon originale de voir le monde. Cela pouvait être vrai. « Est-ce trop lourd à porter ? Es-tu sûr que tu veux devenir kabbaliste ? », m'avait-il demandé, déjà un peu plus narquois que moi.

J'avais demandé : « Comment cela a-t-il commencé ? » et il avait échafaudé sa réponse en allant de l'infini, origine du désir, à Béréchit, sa première manifestation, puis à Elohim comme principe du *Qui* et du *Quoi*. La parole avait ensuite fondé le réel en le *dualisant*. Il me disait maintenant que j'étais le temple de Dieu ! Et il ne posait aucune condition de pureté ou de perfection à cet état. À quoi pouvais-je m'opposer ?

Sans rien imposer qui soit de l'ordre de la croyance, il me donnait l'entière responsabilité de moi-même, de mon être, et même du monde entier. Il m'avait pris à mon propre piège. Il m'avait proposé une réponse religieuse pour mécréant en construisant une métaphysique avec un Dieu qu'il n'appelait pas Dieu, mais l'Infini, qu'il bénissait, et qui était si mince, si éthéré, si insaisissable et si semblable à moi que je ne pouvais m'opposer à rien. Et en me privant de la possibilité de m'opposer, il me déséquilibrait, me brisait. Je tombais dans un gouffre qui, bien qu'il l'appelât *lumière*, n'en était pas moins un abîme, « l'abîme sans fond ». Il me fallait réviser mes idéologies, reconsidérer les fondements sur lesquels j'avais construit ma façon de vivre dans le monde. Difficile à faire pendant qu'il parlait …

A-t-il perçu mon désarroi ? Il se pencha vers moi pour me regarder dans les yeux, et dans le chuintement de son murmure il poursuivit comme s'il racontait une histoire.

Sixième mouvement

La question

— Pour comprendre le Dieu d'Abraham, le Dieu d'Isaac et le Dieu de Jacob, il faut comprendre Abraham, Isaac et Jacob. Ces hommes étaient des bergers. Moïse, le Moïse du buisson ardent, était aussi un berger. Que savons-nous de la vie de ces Patriarches qui ont construit une religion ? Ils vivaient dans de grands espaces ouverts un peu désertiques, marchaient quelques jours avec leurs troupeaux puis s'arrêtaient près d'un puits, campaient.

« Que faisaient-ils à longueur de jours ? Garder des chèvres, c'est surtout passer de longues heures à ne rien faire. Ils observaient sans doute le lointain. Qu'y voyaient-ils ? Le ciel ! Pour eux, le ciel n'était pas seulement au-dessus de leur tête, comme dans les villes, il était aussi devant eux, vers l'horizon. Ils contemplaient la ligne où le ciel rejoint la terre… cette ligne qui se déplace à mesure que l'on avance vers elle… Ils s'interrogeaient sur cette ligne.

« Notre religion est une religion de nomades des déserts qui ont bâti leur réflexion sur l'idée que Dieu a sans doute quelque chose à voir avec cette union du ciel et de la terre, cette ligne qui unie les opposés, ce lien qui fait que tout est Un. Ce point qui en unissant annule…

« Les kabbalistes ont regardé au-delà de cette ligne, au-delà de cette intuition. Derrière cet Un, ils ont vu que l'*Aïn-Sof* (l'Infini), jailli de l'*Aïn* (le néant), s'est lui aussi interrogé sur la limite et que, de cette seule action, a jailli *comme un rayon de lumière.* Nous sommes ce rayon de lumière produit par cette question. Rappelle-toi ce qu'ont dit les maîtres : “Le point suprême, c'est la lumière intérieure qui n'a pas de mesure…” Nous sommes *Adam* (ADM), un homme fait de *adamah* (ADMH), de la glèbe. Cette glèbe est la matière même de cette question : *A Dam Mah*, l'Un (*Aleph*), dans le sang (*dam*), qui se pose une question (*mah*), ou la question vivante de l'Un. Nous sommes cette limite sur laquelle l'infini s'est interrogé.

« La question que pose aux bergers la ligne de l'horizon est dès lors en soi. Nous sommes cette création dont le créateur est en nous. Ce renversement du regard de l'horizon extérieur à la question intérieure, c'est le monothéisme. Le Dieu unique est le Dieu de l'Un. Le néant, l'infini et la limite sont Un. Ils sont Un dans la question qu'ils se posent. Et ils sont Un dans la question que nous leur renvoyons.

Infatigable, Rabbi Isaac parlait encore plus vite, comme s'il craignait que le jour se lève top tôt.

— La seule question que je peux imaginer l'Infini se poser est : “Où est la limite ?” Et du seul fait qu'Il s'interroge, il se passe quelque chose. Je ne sais pas comment, par quel moyen, l'Infini s'est posé cette question, mais je la prends comme la Source ultime, la lumière première.

« Notre univers et moi, l'homme, sommes l'une des manifestations possibles de cette question.

« J'existe entre l'infiniment grand et l'infiniment petit. Je me pose deux questions : où est la limite et où est l'infini ? La limite, je la connais par le *Quoi* ; j'observe ce qui m'apparaît par les sens et l'intelligence. L'infini, grand et petit, je ne le connais pas objectivement, mais je le bénis, parce que la question qu'il me pose me transporte au-delà de mes limites, dans l'inimaginable, dans l'abîme sans nom.

« Nous sommes absolument libres parce qu'à l'intérieur de la question, et non dans une réponse. Tant que tu laisses la question ouverte, tu es libre, libre comme l'Infini.

— Libre mais frustré. Frustré de ne rien pouvoir saisir.

— Il y a de la frustration et même une certaine souffrance dans la question sans réponse, mais ce contrepoids de ce que serait la vie si elle était une réponse plutôt qu'une question est le prix de la liberté. Liberté qui ouvre l'espace du manque et des désirs, et donc aussi de la possibilité de la jouissance.

« La question nous tend, nous tire, nous étire comme un *i*, comme le *i* de l'infiniiii. La réponse nous écrase, elle nous transforme en pierre accablée par la pesanteur. La question conduit au vertige et suscite le plaisir. La réponse est mortifère, elle supprime la question, tue l'Infini. Elle matérialise l'illusion qui meurt avec la mort. La question demeure toujours vraie, elle vit éternellement.

— Comment la question est-elle jouissance ?

— Il y a une certaine exaltation dans une question, une allégresse que je ressens devant la moindre énigme que me pose la Torah. L'ivresse du jeu. La création est un jeu. Je suis le jeu et le joueur. Accepte qu'il n'y ait pas de réponse pour que le jeu soit infini et te porte dans l'Infini.

« La question ouvre l'espace du manque et peut être vécue comme une frustration lorsque tu refuses qu'il n'y ait pas de réponse. Tu contestes alors le jeu. Elle peut aussi se présenter comme l'expression de la nostalgie de l'Infini pour l'Infini. Dans ce transfert de la frustration sur la nostalgie de l'Infini, tu rejoins l'Infini. Tu deviens l'Infini s'interrogeant sur lui-même. Accepte le jeu.

« Je suis aussi insaisissable par Dieu que Dieu m'est insaisissable. Je suis tout autant insaisissable pour moi-même, et Dieu est également insaisissable pour lui-même. Comment l'Un pourrait-il se saisir ? C'est un jeu de miroirs. Moi et l'Infini sommes Un. Nous sommes unis dans la même question. Ma raison d'être est d'être cette question.

« L'Infini béni est partout. Toute chose dans la création, chaque être, du moustique à la moindre pierre, portent en eux les principes de la sainteté ou du divin parce qu'ils sont aussi la manifestation de l'Infini et de sa question. Lorsque tu unis tout en Un, tout devient saint. C'est une façon comme une autre de voir le monde…

« Je le sais d'une autre façon.

« Je suis la question de l'Infini béni et puis j'agis, je choisis, je me réduis dans mes choix. Parmi ces choix, il en est qui limitent et d'autres qui *illimitent*, qui m'ouvrent à l'infini, l'Amour. L'Amour est si savoureux qu'il vaut la peine de vivre et de connaître la frustration éventuelle à laquelle nous ouvre la question sans réponse. Comme l'Infini, l'amour m'est insaisissable, mais parce qu'il est insaisissable, il me permet de connaître quelque chose d'infini.

— L'amour aussi fait mal !

Dans un élan de tendresse paternelle, il me corrigea avec délicatesse :

— C'est le choix dans l'amour qui fait mal. Ce sont l'attente et l'espoir qui fécondent l'insécurité et engendrent les tourments. En somme, tout ce que tu ajoutes de conditions à l'amour attire la possibilité du malheur. Mais l'Amour, avec cette majuscule qui en fait un état libéré de la contingence et des conditions, n'engendre pas de souffrance. L'amour ultime est l'amour de l'amour ! On se guérit du manque et de la frustration en aimant tout, tout ce qui se présente.

— Comment entrer dans cet amour ?

— Observe quelque chose que tu aimes assez intensément. Entre dans cette affection, pénètre au fond de ce sentiment qui est en toi et qui naît dans ta conscience de la fragilité que l'on nomme *crainte* [57], puis, une fois que tu sens ce qu'est ce lien qui te saisit et que tu ne peux saisir, étends-le, grossis-le comme un espace pour y inclure tout. L'autre et toi-même, vous êtes Un. Transforme les êtres en étincelles de lumière, regarde-les avec le cœur. Quand tu aimes, il n'y a pas d'extérieur à l'amour. Lorsque tu aimes tout, l'amour s'aime soi-même.

⋆

Je m'étais levé. Devant la fenêtre, je regardais le ciel de la nuit étoilée, et je ne savais plus si, dans ces étincelles de lumière, je voyais les astres et les galaxies ou mon cerveau de l'intérieur. C'était là une expérience troublante. Le vertige de l'infiniment grand, qui me renvoyait jadis au vertige d'être infiniment petit, s'était transformé en expérience d'être infiniment petit et grand à la fois.

57 Voir aussi chapitre 2, 4ᵉ mouvement.

L'aube perça, pâlit le ciel et enferma le monde en lui-même.

Je ne sortais pas indemne de la rencontre de cette nuit mémorable. Je croyais aller chez Rabbi Isaac pour trouver quelques réponses, il me proposait quelques pistes de réflexion et, plus souvent que je ne l'eusse souhaité, encore plus de questions. Je me croyais athée, il me disait que l'incertitude était le fondement de la connaissance. Je ne voulais pas qu'il assénât ces postulats insatisfaisants sur un Dieu incroyable dont les religions sont si prolixes, il ne le faisait pas, et j'en étais quand même un peu déçu. J'aurai voulu pouvoir tuer Dieu-le-Père, à travers lui. Il ne m'en laissait aucune chance.

Peu à peu, je découvrais un univers à la fois intellectuel et charnel, métaphysique et sensuel, qui ne correspondait pas à mes préjugés sur les religions.

Et peu à peu aussi je changeais. Mon rapport au monde et à autrui devenait remarquablement plus doux. Imperceptiblement, j'intégrais les enseignements de Rabbi Isaac dans ma vie quotidienne. J'observais dans mon comportement ce qui n'était que réflexes anciens d'identifications, de refus, d'appropriation… et les remplaçais par les nouvelles vigilances qu'il me prescrivait à travers les méditations égrainées au fil de ses analyses.

Je prenais soin d'éviter de me définir, de croire ce qu'il m'arrivait de dire de moi-même. Je constatais que ma réalité n'était qu'une idée, qu'une construction de mots et de concepts qu'il était aisément possible de modifier en les remplaçant par d'autres mots, d'autres jugements. J'incluais la méditation sur le feu dans mes étreintes, la *crainte* dans mon regard, le désir d'être dans chacun de mes actes.

CHAPITRE 4

YHVH

Premier mouvement

La signature

Rabbi Isaac était en grande forme. Son chapeau poussé en arrière, un grand sourire aux lèvres, il m'accueillit avec cette question :

— Imagine que ton grand-père t'ait laissé une montre en or et une lettre. Laquelle aurait pour toi le plus de valeur ?

— La lettre ! répondis-je en ôtant ma veste. Il ne perdait pas de temps, ce jour-là !

« La montre n'est qu'un objet, expliquai-je. Même si elle lui a appartenu, il ne l'a sans doute pas fabriquée lui-même ; elle ne représente pas son être. Tandis que la lettre porte sa main, son message, son esprit…

— Bravo. C'est exactement ce que je voulais que tu dises. Le monde représente la montre de Dieu. Sa lettre, qui a bien plus de valeur, il l'a laissée avec la Torah. Aujourd'hui, nous allons examiner la signature. < Lui et son nom sont Un. > (PRE 3)

C'était un samedi de printemps, et le jour de *chabbat*, c'est lui qui proposait le sujet de la discussion.

Avant de poursuivre notre étude du nom divin et méditer sur ce qu'il indique, il nous faut examiner le problème de la transmission, du droit de transmettre ce que les rabbins et les exégètes appellent les *secrets*, car < le Saint ne veut pas que ses mystères soient divulgués dans ce monde > (Z I 118a).

Le maître qui écrit doit s'exprimer en énigme. Moïse Maïmonide le précise dans l'introduction à son *Guide des égarés*, mais il n'est pas le seul à prendre d'infinies précautions : « Mon but est de faire en sorte que les vérités soient entrevues et qu'ensuite elles se dérobent [...]. Tu ne me demanderas donc pas autre chose que les premiers éléments [...]. Il convient de s'adresser à chacun selon ce qu'il peut supporter [58]. »

Cependant, s'adressant oralement à une personne qu'il connaît, le maître s'entoure de moins d'allusions ou d'énigmes. Il enseigne *phé el phé*, de bouche à bouche, comme il est dit de YHVH parlant à Moïse sur le mont Sinaï, et non pas de bouche à oreille comme on aurait pu s'y attendre. C'est comme s'il insufflait *un souffle de vies* avec ses explications et ses commentaires.

Se pose donc pour moi le problème d'écrire ce que Rabbi Isaac enseignait. Si j'adoptais les recommandations de Maïmonide, je n'en aurais théoriquement pas le « droit ». Mais le Zohar, l'un des grands livres de la Kabbale, postérieur à Maïmonide, expose plus complètement qu'il ne voile : < Malheur à moi si je révèle ces mystères et malheur à moi si je ne les révèle pas >, se lamentait Rabbi Siméon (Z 127b). Et Rabbi Hayyim de Volozhyn ou Schneour Zalman, ces maîtres hassidiques du XVIIIe siècle, sont plus explicites encore. S'il n'écrivait

58 Moïse Maïmonide, *Le Guide des égarés*, puis *Épître sur la résurrection des morts*.

pas, Rabbi Isaac enseignait clairement et non par allusions, et il savait que je notais tout ce qu'il disait. Il justifiait cette audace inhabituelle en précisant que, depuis la shoa, nous étions dans une nouvelle ère, sinon dans une nouvelle alliance. La nature de ce temps nouveau était pour lui celle du dévoilement. Tout devait être dit.

Il y a des années que je milite auprès des enseignants du judaïsme pour une plus simple et plus accessible diffusion de la Torah, des commentaires et de la Kabbale tant auprès des juifs que des goyim. Car il n'y a pas de goyim ! < Et je dirais à pas-mon-peuple mon peuple… >, prophétise Osée (Os 2, 25). Mais je n'ai de succès que du bout des lèvres. On me dit que j'ai raison, mais rien ne change ou pas grand-chose [59] !

*

Nous nous étions installés autour de la table, l'un en face de l'autre.

— Il y a deux aspects de Dieu, commença-t-il, l'Infini totalement fermé sur lui-même dans une unité absolue, et l'Infini qui se manifeste en créant quelque chose.

— Vous avez déjà dit que nous sommes l'Infini. Y a-t-il une différence entre moi et Dieu ?

Rabbi Isaac me regarda comme s'il était content que je relève ce point. Mais il répondit par une question :

59 Il y a des exceptions remarquables. Il me fait plaisir de citer notamment Marc-Alain Ouaknin, dont les livres et les conférences permettent à beaucoup d'approcher l'étude du judaïsme en profondeur. Par ailleurs, on ne louera jamais assez les éditions Verdier pour leur excellent travail de traduction et de diffusion des grands textes de la tradition juive. Enfin, les traductions de la Torah, du Nouveau Testament et du Coran d'André Chouraqui font partie des merveilles de notre époque.

— Quel Dieu ?

— L'Un.

— Eh bien tu as déjà répondu à ta question ! Dieu suscite la dualité, mais reste lui-même Un, au-delà de toute détermination. Voilà la différence ! Pour toi le monde est duel, pour lui il est bipolaire.

« L'*Aïn-Sof* et Dieu, quel que soit son nom, ne sont pas différents. Ils sont *Un*. Cet Un les unit et unit toutes choses.

« L'Un dépasse tout et embrasse tout, et donc tous les contraires s'annulent en lui. Rien n'est hors de lui, et lui-même n'est pas existant – exister (*existere*) signifiant sortir de sa position, or il n'y a pas d'extérieur à l'Un. Puisque rien n'est hors de lui qui n'a pas d'existence, toute chose porte ce même principe de non-existence fondamentale. < La création, tirée du néant, y retourne à chaque instant, pour en être tirée à nouveau >, comme il est dit [60]. Tout vient de l'Un, même Dieu, et tout y retourne. < Il rassemble le tout et le condense en son sein > (Z B II 29a, p. 166). Rien ne l'a jamais quitté en fait. Dieu a créé la création, mais il ne s'en est pas trouvé changé. < Il était le même avant que le monde fût créé, il est le même depuis que le monde fut créé [61]. >

— Je n'existe pas, le monde n'existe pas, et Dieu non plus ! m'exclamai-je un peu incrédule.

Isaac sourit en m'observant longuement, puis il dit en articulant chaque mot :

— Comme le dit fort bien Moïse de Léon, "La création et la vie sont, en fin de compte, un mouvement de l'Infini hors de lui-même allant vers lui-même".

60 Rabbi Schneour Zalman de Liadi, *Chaar Hayi'houde Vehaémounah*, chap. III.
61 Liturgie. Au sein de l'Un, il n'y a pas de dualité mais une bipolarité.

— Pourquoi ? Pourquoi l'Infini ferait-il quelque chose ?

— Pour être, répondit Isaac comme une évidence. Il exprime le mouvement du désir d'être.

Il me laissa considérer cela un moment, puis poursuivit :

— Parmi tous les Noms, il en est un plus cité que les autres dans la Torah, l'ineffable Yod-Hé-Vav-Hé. YHVH [prononcer *Hachem*, le Nom], il ne faut jamais le perdre de vue quoi que nous en disions, est indéterminé. Il n'a pas de sens. Et la Création n'en a pas non plus. C'est nous, les hommes, qui désirons du sens et tentons de déterminer l'indéterminé.

« Pour que le monde demeure indéterminé, c'est-à-dire qu'il reste dans la sphère indéfinie de la liberté, il faut qu'il s'appuie sur quelque chose de totalement libre. Le Nom nous donne cette référence, et tous les sens que nous lui trouvons – et qui sont bien peu de chose – ne sont que des artifices qui nous permettront peut-être d'effleurer l'Être, la Cause, la Source l'Abîme. Notre méditation sur le Nom doit nous porter à retrouver l'indéterminé. L'indéterminé n'est pas une réponse. C'est une question. Elle nous servira de clé.

Deuxième mouvement

La glorification de la liberté

Le samedi n'était pas un jour comme les autres chez Rabbi Isaac. Les amis arrivaient l'un après l'autre, transformant peu à peu son salon en *yéshiva*. D'abord Moïché, proclamant un « *Chabbat Chalom* » tonitruant. Puis Thibaut nous rejoignit. Ce jeune homme de vingt-cinq ans, bien que chrétien, et sans doute par respect, portait la *kippa* au moment de s'asseoir à table, ce dont, frondeur de nature, je me dispensais. Il venait chez *monsieur* Goldman irrégulièrement, mais manifestait un grand intérêt pour l'étude du judaïsme, n'ayant cependant aucune intention de s'y convertir. Parfois, il introduisait Jésus-Christ dans la discussion, rappelant à Rabbi Isaac que le Nazaréen était juif. Isaac approuvait, en précisant que si Jésus était juif, il n'était pas chrétien.

Joseph, le fils aîné de madame Benguish, la voisine du quatrième, passa aussi. Il avait une vingtaine d'années et étudiait la philosophie. Il écoutait attentivement, mais avait la bougeotte. Il entrait et sortait souvent et intervenait rarement.

Trônant sur son fauteuil, plus droit que d'habitude, Rabbi Isaac résumait ce qu'il avait dit pour chaque nouvel arrivant, poursuivant à la deuxième personne du singulier, comme s'il s'adressait à chacun de nous individuellement.

— < Moi-je YHVH ton Elohim qui t'ai fait sortir de la terre d'Égypte, de la maison de servitude, il ne sera pour toi pas d'autre Elohim *devant* ou *contre* mes faces [62] >, cita Rabbi Isaac.

Il poursuivit l'étude du Nom en commentant ce verset de la Torah.

— YHVH est quasi synonyme de liberté. C'est lui-même qui l'annonce dans ce préambule "des Dix Paroles".

« Il ne commande pas à l'impératif : "N'ai pas d'autre Elohim, il n'y a pas d'autre Elohim". Ici – Isaac avait le doigt sur le verset –, le verbe être est à l'inaccompli, qui fait une sorte de futur, en français : "Il ne sera pour toi pas d'autre..." Ce n'est donc pas un ordre ou une sommation ! YHVH fait une proposition, indique un chemin, une direction, un projet. D'ailleurs, en hébreu, ce passage s'appelle "les paroles" (*dibrot*), et non les commandements.

« Ce préambule fonde d'abord la liberté... Affranchi de tes maîtres égyptiens, tu ne te soumettras pas à un autre maître que ton libérateur qui n'est pas un seigneur, puisqu'il n'ordonne pas. Il affirme donc que tu seras libre. Ton Elohim, ton Dieu, sera l'indéterminé

62 Ex 20, 3. Elohim est le nom de l'activité créatrice de Dieu au premier chapitre de la Genèse. Il fut créé par *Béréchit bara* : « Le commencement créa Elohim... » Elohim signifie Dieu ou dieux, divinités ainsi que Seigneur, mais aussi, par extension, maître ou juge ; c'est un titre honorifique que l'on donne à un roi ou à un patriarche. YHVH dit à Moïse : < Tu seras pour Aaron Elohim > (Ex 4, 16).

YHVH, car < YHVH est Elohim, il n'y en a pas d'autre >, comme il est écrit (Dt 4, 39).

Rabbi Isaac parlait fort, s'exclamait, passait de l'emphase à la confidence, puis au murmure.

— Cette instruction est nécessaire parce qu'elle va à l'encontre du naturel. L'homme aime avoir des maîtres, ajouta-t-il en grossissant les yeux, comme s'il faisait semblant de le découvrir et d'en être effrayé. Il adore les veaux d'or, les rois, les chaînes, les lois, les directives. Il glorifie sa soumission. Il appelle Dieu *Père* et croit pouvoir rester enfant toute sa vie. Cela le rassure. Il affectionne ses liens et, s'il ne trouve rien d'autre, il s'asservit à des dogmes dont il fait sa foi. Il vénère sa dépendance, et sa docilité lui fait haïr la liberté. "Tu ne t'attacheras pas à ce qui attache ou capture !"

— David aussi appelle Dieu *Père*, dit Thibaut qui avait retenu l'allusion qui lui était sans doute destinée. Et ce nom, qui fait de nous tous des frères, peut nous inspirer des rapports humains plus bienveillants…

— David se sert de nombreux noms, rétorqua Isaac en se tournant vers lui. Il ne s'arrête pas à celui-là. Si Dieu est Père, nous sommes ses fils avant d'être frères. Mais ce n'est pas si simple. Au niveau où nous parlons, Dieu n'est pas Père, il est principe. La Torah n'est pas une affaire de famille. Dans l'Un, il n'y a pas d'autre. Tu es partout. Le monde est ton miroir.

« Poursuivons d'abord sur la liberté.

« YHVH nous parle de nos maîtres et nos maîtres les plus durs sont souvent en nous-mêmes. Le premier d'entre eux, c'est l'image que l'on se fait de soi-même… Nous sommes esclaves de cette image. Ne fais pas non plus de toi-même ta divinité ! YHVH, seigneur de l'Absolu, Éternel absent, se place au-dessus de tout afin que rien ne prenne cette fonction. Ceci a une portée immédiate et pratique : se libérer de l'esclavage, c'est aussi s'affranchir de sa propre image.

Isaac reprit son souffle et ajouta en me regardant :

« C'est pour cela que je refuse que tu m'appelles Rabbi.

— Je ne dis pas Rabbi comme maître ou seigneur, mais pour faire de vous un enseignant, pour honorer l'étude.

— Mmm. (Il fit mine d'en douter.)

Il enchaîna.

— La liberté est exigeante. N'avoir aucun *autre* Elohim que YHVH exige de ne rien ajouter au nom de Dieu, n'associer aucune valeur *devant*, *contre* ou *à côté de* la face de *Moi-Je YHVH*, aucune religion, aucune doctrine, aucune ambition, aucun projet, aucun objet, nulle puissance. YHVH interdit la réduction de l'ineffable à un attribut, une croyance ou une idée. Car si tu imposais une qualité à Dieu, tu réduirais Dieu à cette qualité et tu deviendrais idolâtre. Si tu dis que Dieu est grand, cela signifie qu'il n'est pas petit. D'abord qu'en savons-nous ? Qu'est-ce qui est petit pour Dieu ? Ensuite, tu poses Dieu, qui est Un, dans un des pôles de la dualité grand/petit. YHVH demeure toujours au-delà de ce qui le nomme ou le qualifie. Son nom, imprononçable, l'atteste.

— Mais, objectai-je, les religieux s'approprient Dieu et l'associent à un peuple et à un livre, des prophètes et des lois. On trouve de nombreuses apologies de cette attitude dans la Torah où Dieu parle à *son* peuple !

— Dieu transcende ce que nous disons et ce qu'en révèle la Torah dans le langage des hommes, affirma Isaac avec force. Dans la tradition exotérique, YHVH parle, agit, bénit, maudit, condamne, fait trembler la terre, amène la pluie ou la tempête, noie l'humanité sous un déluge, promet des fils à ses serviteurs, requiert des sacrifices, contracte une alliance avec Abraham, Ismaël, Isaac, Jacob… Il promet à ces nomades une terre de lait et de miel qui est déjà habitée ! Il détruit Sodome ou pardonne Ninive, perce les murailles de Jéricho, recensait Isaac, demande à ses fidèles de le servir, de le bénir, de le louer. Il accomplit des miracles : les plaies d'Égypte, le partage de la mer rouge, la manne… Il prononce les Dix Paroles et les inscrit sur des tables de pierre.

De la poussière blanche tombant du plafond laissait Isaac parfaitement indifférent.

— Il est omnipotent, omniscient, éternel, infini… égrainait-il. On emploie pour parler de lui des verbes tels que voir, marcher, entendre, sentir. Il a des émotions et des sentiments, il est courroucé ou apaisé, vengeur, jaloux. Cela, c'est la *haggadah*, la petite histoire. Il ne faut pas s'y arrêter.

De la main droite, Isaac chassait la poussière et semblait aussi balayer l'inventaire des hauts faits de Dieu.

— Il est dit que < La Torah parle le langage des hommes > (Iébanoth 71a), justement pour relativiser ces tournures humaines. Maïmonide assure que les expressions anthropomorphiques associées à YHVH dans la Torah doivent être comprises comme des métaphores et des allégories ou des allusions destinées au vulgaire. Il ne faut pas les prendre au sérieux.

Isaac pencha la tête pour lire encore :

— <Tu ne feras pour toi ni sculpture ni image de ce qui est dans les ciels en haut, ou sur la terre en bas, et dans les eaux sous terre ; tu ne te prosterneras pas devant elles. > (Ex 20, 4)

— Cela se rapporte aux idoles, ajouta Moïché.

— Et au veau d'or que les Hébreux sont en train de fabriquer pendant que Dieu parle à Moïse, précisa Joseph.

— Oui, oui, évidemment, mais plus loin, répondit Rabbi Isaac avec une patience affectée, “tu ne te prosterneras pas” s’applique aussi à ce à quoi tu crois devoir t’identifier, nom, famille, clan, tribu, pays, classe, métier, couleur de peau… ou ce que tu affectionnes. Tu ne seras pas de ceux qui vénèrent les choses comme d’autres jadis adorèrent un veau d’or. Ni ta voiture, ni ton compte en banque. Rien que tu crois posséder et qui te possède bien plus.

« En excluant de se prosterner devant quoi ou qui que ce soit, cette parole repousse l’idée de chercher Dieu dans un objet et dans la soumission. Elle évoque Dieu en spécifiant où YHVH ne se trouve pas et ce qu’il n’est pas. Pas dans la création, ni en fraction ni en totalité. Le créateur de toute chose n’est pas la chose créée ; < Le Saint, béni soit-il, est le lieu du monde, mais le monde n’est pas son lieu [63] >, comme il est dit. L’objet n’est pas Lui et pourtant Il n’est pas différent de l’objet.

— Je ne comprends pas, interrompit Thibaut.

— Dieu est Un. *Un* inclut tout objet mais ne se limite pas à l’objet. Il n’est ni dans une image – ni Père ni frère –, ni dans les astres, ni dans aucune représentation, pas même celle d’un homme, fût-il conçu à l’image de Dieu. Que reste-t-il ?

— Il reste Dieu seul, intervint Moïché.

— Nous essayons de percer ce mystère, Moïché !

— Il est dit que “rien n’est en dehors de lui”, Yitzhak ! insista Moïché. Il n’y a donc que Dieu.

— Mais comment le connaître ! Que nous reste-t-il pour le *voir* ?

Isaac s’adressa à moi : — Que reste-t-il ?

63 Genèse Rabba 68, 9 ; Sepher Ha Bahir 14.

— Rien ? répondis-je un peu hésitant et sans trop y croire.

— Pas tout à fait rien. Il reste la vanité, la méditation sur la vanité des choses du monde : < Tout est vanité (*havel*, buée, nuée, vapeur, vacuité…) > (Ecc 1, 2). Il reste aussi le souffle que < YHVH-Elohim insuffla dans les narines de l'Adam > et qui est en nous. Il reste la lumière intérieure qui n'a pas de mesure…

« Regarde.

« Elohim est le Nom de Dieu associé à l'activité de création de la nature. Celle-ci est sortie de Béréchit qui est le sceau de la dualité. Tout ce qui est créé < est créé double >, comme il est écrit : le haut et le bas, le jour et la nuit, le mâle et la femelle, etc. Les lois de la nature sont relativement fixes et laissent peu de liberté. En dernier, Elohim a conçu un Adam, l'idée, le projet d'un homme, à son image et selon sa ressemblance. Ensuite il l'a créé à son image seule. La ressemblance est abandonnée au moment du passage à la réalisation.

— Comment cela ? protesta Moïché.

Rabbi Isaac lui tendit la Torah fermée. Moïché l'ouvrit et lut, relut, scruta le texte silencieusement :

— C'est vrai, admit-il. < Elohim créa l'homme à son image. À l'image d'Élohim il le créa. > Mais alors, où est la ressemblance ?

— Je vais te la montrer Moïché, promit Isaac avec jubilation. Entre le premier et le deuxième chapitre de la Genèse, le nom de Dieu change. YHVH, associé à Elohim, va bousculer un peu le déterminisme de la création d'Élohim en introduisant de la liberté dans l'univers. C'est son rôle.

— < Il souffle dans les narines de l'Adam une *néchamah…* >, lut Moïché.

—YHVH, qui est libre parce qu'infini et indéterminé,

insuffle son propre souffle dans le visage de l'Adam. YHVH mêle sa liberté à la matière-terre. La voilà, la ressemblance ! Il insuffle sa propre indétermination à la terre dans une *néchamah 'haim*, un souffle, une haleine, un esprit, une conscience de *vies*. *Vies* n'a pas de singulier en hébreu, et ce pluriel est l'annonce de la liberté. L'homme vit plusieurs vies simultanément : il peut être à la fois fils, mari, père, maçon, mystique, amant, député, croyant et voleur…

« Nous le savons autrement. < YHVH-Elohim forma (*vayyitser*) l'Adam de poussière séparée de la *adamah* > (Gn 2, 7) : dans ce verset *vayyitser* est écrit exceptionnellement avec deux Yod, au lieu d'un seul normalement. Nous en déduisons que le second Yod indique que nous portons en nous l'initiale de YHVH. Yod est le symbole de l'Infini. Une part de l'Infini est en nous. Mais comme l'infini n'est pas divisible, une fraction d'infini étant infinie, c'est l'infini tout entier qui est en nous. Nous sommes fils de ce Yod et nous sommes ce Yod, et en cela nous sommes notre propre père, insista Isaac en regardant Thibaut.

Isaac s'interrompit. Cette démonstration nous laissait muet.

— Donc, conclut-il, tu ne chercheras pas YHVH dans une chose créée, ni dans l'image que tu conçois de toi-même, mais *en toi*. Tu chercheras en toi, dans un toi… sans image, sans description, au-delà, transcendant le moi de l'identité.

— Mais qu'y a-t-il dans ce moi sans identité ? interrompis-je.

— Dans le moi qui se décrit, il y a la vanité. Au-delà du moi de l'identité, il y a la liberté. < Qu'il n'y ait pas en toi de dieu étranger >, comme il est écrit (Ps 81, 10). C'est "en toi" l'important. En toi, il n'y aura qu'un *Moi-*

Je, ce sera YHVH, celui qui délivre des esclavages. Dans le moi sans identité, sans description, tu trouveras l'indéterminé “Je serai”, l'autre nom de YHVH.

Je repris ma première question. J'avais découvert alors qu'il n'est pas inutile d'interroger les maîtres, quelles que soient leurs traditions, plusieurs fois sur un même sujet. Il est bien rare qu'ils répondent de la même façon. Peut-être même un maître est-il reconnaissable à cet indice.

— Qu'ont Dieu et l'homme en commun ? Et en quoi sont-ils différents ? Quelle est cette image ? Quelle est cette ressemblance ?

Il me répondit par une question :

— < Il est celui à qui rien ne ressemble > (Jr 10, 6). Un Dieu sans image a conçu l'homme à son image. À quoi l'homme ressemble-t-il ?

— C'est une charade !

— Une énigme à percer. Nous pouvons la poser autrement. Il est écrit : < Faisons l'homme à notre ressemblance > (Gn 1, 26). Mais il est aussi écrit : <YHVH, nul (*aïn*, rien, néant) n'est semblable à toi > (Ps 86, 8). À quoi l'homme ressemble-t-il ?

Isaac me donna quelques instants pour résoudre ce problème.

— Bien sûr, proposai-je, l'homme ne ressemble pas à la silhouette ou au visage de Dieu, qui n'a ni silhouette ni visage. Leur ressemblance est métaphysique. Nous sommes à la fois à l'image de la nature et à la ressemblance de l'indéterminé sur lequel il est écrit : < rien n'est en dehors de lui [64] >. C'est en l'homme que YHVH

64 Dt 4, 35. Rabbi Hayyim de Volozhyn, *Nefesh Hahayyim, l'âme de la vie*, troisième portique, chap. 11 ; Rabbi Schneour-Zalman de Liadi, *Likoutei Amarine (Tanya)*, chap. 21 ; Zohar, Béréchit III, 48a.

se lie à Elohim, que l'Infini et la nature se sont unis, comme une question, comme une réponse, ou peut-être comme une hypothèse.

— Comment le sais-tu ?

— Il insuffle le principe de la conscience vivante dans les narines de l'homme qu'il a formé de la poussière de la *adamah* qui est elle-même le principe de l'homme s'interrogeant (*adam-mah*, homme-question). < Celui qui souffle le fait du dedans de lui-même [65] >, comme il est dit. Il insuffle sa propre question à l'homme qui en devient l'incarnation. Il n'y a rien en dehors de cette question.

— Pas mal ! s'exclama Isaac en s'illuminant. *Ti séras péut-être ine Rabbi !*

— Yitzhak, tu es sûr qu'on peut dire ça ? demanda Moïché inquiet.

— Comment se lier à YHVH sinon en se posant des questions sur lui et sur soi ? lui répondit Isaac avec un regard amusé. L'homme ressemble à la question que Dieu se pose. En elle, ils sont unis. < L'homme est un temple >, comme il est dit. Et qu'est-ce qu'un temple sinon le lieu où l'on s'occupe de Dieu ?

Le samedi, on ne devait pas chauffer l'eau, et donc prendre de thé. J'allai préparer des jus de fruits et des gâteaux. De la cuisine, j'entendais Thibaut reprenant la question :

— Si la ressemblance renvoie à la question, que suggère l'image ?

— Maïmonide propose d'y voir la compréhension intellectuelle que nous aurions en commun avec Dieu. Et qu'est-ce que la compréhension intellectuelle sinon

65 Zohar cité par Rabbi Schneour-Zalman de Liadi, *Likoutei Amarine - Tanya*, chap. II.

l'exercice du questionnement et de l'interprétation ? C'est la langue française qui nous le dit le mieux : nous sommes à l'image de Dieu lorsque nous le réfléchissons. À l'infini.

« Notre tradition valorise l'étude, mais pas une étude sans acte, sans vision ou sans cœur !

On fit de la place pour le plateau en écartant quelques livres. Isaac s'interrompit. Une conversation animée et détendue succéda à la rigueur qu'il imposait naturellement.

J'appris que Thibaut venait ici depuis un peu plus d'un an. Il avait rencontré Isaac dans un restaurant africain du quartier, où ils avaient été voisins de table. Ils avaient longuement discuté du péché… « La culpabilité, dont l'Église fait porter le fardeau, pèse sur l'homme dès sa naissance. Pour le christianisme, nous sommes pécheurs, tandis que pour *monsieur* Goldman, il n'y a pas de pécheur et un seul péché, l'oubli que tout est Un. »

Sans renoncer à sa foi, au contraire, il tentait de l'approfondir en étudiant avec Rabbi Isaac. Son christianisme n'était pas tout à fait canonique, mais il pensait que les Églises ne représentaient pas tous les chrétiens. « Qu'a vraiment dit Jésus ? Entre Jean, Matthieu, Thomas ou Paul qui ne l'a pas connu, lequel parle de lui le plus fidèlement ? »

J'aimais bien ce garçon franc et intelligent avec qui je parlais des autres religions et des maîtres que j'avais rencontrés.

Troisième mouvement

Les secrets de YHVH

Rabbi Isaac était un maître exigeant à bien des égards. Lui pour qui la parole était un des moyens d'entrevoir le sacré ne supportait pas qu'on ne fît pas ce qu'on avait dit qu'on ferait. « Si tu ne respectes pas ta parole, comment croirais-tu toi-même ce que tu dis ! »

En ce qui concernait la pratique de l'étude, il ne s'agissait pas du tout de venir se divertir un après-midi ou une soirée en essayant de percer un secret ou deux de la Torah. Une fois la question posée, et s'il était en forme, Isaac pouvait la travailler pendant cinq ou six heures. Nous devions demeurer dans une vigilance constante. Pour nous y maintenir, Rabbi Isaac posait une question soudaine et inattendue, bien plus souvent qu'il n'y paraît à travers ces pages dans lesquelles je n'ai pas voulu inclure les longues digressions de mes errances. Et il prétendait que je répondisse intelligemment et dans la forme prescrite des niveaux [66]. Si je n'étais pas à la hauteur de ses espérances, bien qu'il fût foncièrement bienveillant, il faisait d'atroces grimaces

66 Nous les étudierons au chapitre 6, 2e mouvement.

qui exprimaient le mépris, le dégoût, la moquerie ou la banalité.

Il nous demandait aussi de contester ce qu'il venait de dire, de jouer avec lui à ce jeu dialectique de la controverse qui, par « friction », stimule la croissance spirituelle de ses participants, et sans laquelle le maître n'est pas un maître.

Il prenait souvent un ton léger, presque badin, pour parler de l'essentiel, puis soudain, avec son sourire un peu carnassier et me fixant droit dans les yeux, il me posait la question qui bouleverserait mes certitudes. Je craignais surtout ces moments où il me demandait d'entrer en moi-même et d'examiner ce qu'il me montrait. On était alors très loin d'un simple jeu intellectuel. Dans ces introspections, qu'il provoquait, j'étais sommé de regarder ce qui allait me faire changer, ce avec quoi j'allais dorénavant voir le monde autrement.

Il s'attendait surtout à ce que ses paroles ne restent pas des paroles, à ce que je transforme en actes les notions que nous avions ouvertes par le raisonnement. L'intelligence se transforme elle-même par l'étude puis modifie le comportement, le monde dans lequel nous vivons devenant différent parce que, dès lors que pensé différemment, il est perçu autrement et appelle des actions nouvelles, en correspondance. Rabbi Isaac exigeait que l'on passât du mystique à l'existentiel, ou du ciel au monde, du mental à l'action, que l'on développe cette cohérence sans laquelle l'étude n'est qu'un exercice vaguement équivalent aux mots croisés.

Je devais aussi étudier par moi-même et lui rapporter ce que j'avais commenté, ce à quoi j'étais parvenu, selon quelle démonstration, avec quelle preuve à chaque niveau, pour arriver à quelle conclusion utile, à quelle décision concernant ma vie. « Si l'étude ne conduit pas à une pratique vivante, elle est un arbre de mort, pas l'arbre de vie qu'est la Torah », disait-il.

Il commentait mes commentaires trop spéculatifs ou trop théoriques d'un : « Ce sont là des paroles froides ! », définitif et désapprobateur. Car même lorsque le raisonnement était juste, il fallait qu'il fût élégant, qu'il naquît du cœur, qu'il s'adressât au cœur et qu'il percutât l'esprit d'une lumière qui le fît *exploser*. « Paroles froides » s'opposait à « paroles chaudes », paroles qui réchauffent l'âme, la consolent, la caressent, l'appellent, l'inspirent, la convoquent à l'essentiel qui est pour elle « le désir de soi-même [67] ».

★

Une heure plus tard, Isaac renoua le fil de sa pensée.

— Dieu n'est pas visible. Et pourquoi n'est-il pas visible ? Pourquoi ne serait-il pas visible comme nous ? Pour de nombreuses raisons. Si Dieu était visible, il ne serait plus infini, mais limité dans une forme. L'infini est forcément invisible. On peut aussi dire que Dieu est invisible pour que tu le cherches. Car pour nous [les kabbalistes] Dieu est dans la recherche elle-même ! Mais la raison qui m'intéresse aujourd'hui est plus pratique. Elle s'adresse au cœur. Le visible arrête ton regard. L'invisible l'ouvre. Si tu voyais Dieu, tu ne verrais rien d'autre. YHVH est invisible pour que tu apprennes à *voir* l'invisible.

67 Toute réflexion devait naître dans l'intelligence (séphira *Binah*), s'élaborer dans la rigueur (*Gueboura*), se vérifier dans la sagesse (*Hockmah*), interroger le cœur (*Hessed*), puiser son énergie du désir (*Yessod*), s'adresser au monde (*Malkout*) et trouver l'équilibre entre l'En-haut et l'En-bas (*Tipheret*) pour jaillir enfin au sommet du crâne (*Keter*) et le percer en s'en allant dans l'Infini, et ainsi permettre, dans cet ordre ou un autre, de parcourir l'arbre des *séphirot* entier avec une seule idée.

« Les prodiges que Dieu fait sont-il des miracles ou ne sont-ils que des signes parmi les signes, que nous interprétons comme des miracles ?

— Dieu peut tout. Pourquoi ne ferait-il pas de miracles ! dit Moïché, qui souhaitait avant tout sauvegarder son idée d'un Dieu tout-puissant.

— Le plus grand miracle attend dans ton regard et il s'accomplit lorsque tu perçois soudain, au sein de la banalité, quelque chose de prodigieux, lui répondit Isaac. Tout dans la création, même la banalité, n'est-il pas merveille ?

« < Les secrets de YHVH sont pour ceux qui le craignent >, comme il est écrit (Ps 25, 14). < Le monde entier n'a été créé que pour l'homme qui craint Dieu >, comme il est dit (TB Ber 52). Ses secrets se trouvent dans l'ultime beauté et la sacralité de chaque chose. Les voir, c'est entrer dans l'amour de tout, et craindre ensuite de le quitter un seul instant. Une fois que tu es sorti du monde de la ronde des jours, de tes habitudes, de tes conceptions, de la banalité, tu crains de retourner dans ce monde-là et de ne plus pénétrer dans l'autre. Lorsque tu as vu les *secrets*, merveilles ! Tu souhaites les voir encore, et encore, tu crains de ne plus jamais y arriver, et si cela t'arrive encore, tu crains de ne pas y arriver de nouveau [68].

— Si ce que j'aime c'est aimer, peu importe l'objet de l'amour, confirma Thibaut.

Nous accueillîmes cette saisissante remarque dans un murmure d'approbation.

— Voilà ! approuva Isaac lui aussi. Mais comment aimer l'amour ?

68 Sur la « crainte de Dieu », voir aussi chapitre 2, 4e mouvement.

— Je ne sais pas.

Rabbi Isaac désigna l'unique plante de l'appartement, un caoutchouc un peu poussiéreux.

— Regarde cette plante. Regarde à l'intérieur de cette plante, regarde l'invisible qui est contenu dans la forme visible de cette plante, regarde son être, regarde la vie à travers elle. Lorsque tu l'auras vue, une seconde ou moins encore, lorsque tu auras dépassé la banalité que tu vois d'habitude, lorsque tu auras épousseté la poussière de ton regard, tu connaîtras l'infinie nostalgie de cette vision. < La crainte de YHVH, c'est la lumière originelle >, comme il est dit (Bahir 190 *in fine*). Tout porte cette lumière en soi !

Isaac s'interrompit quelques instants. Thibaut disparut dans la cuisine et en revint avec une éponge humide. Il essuya délicatement les feuilles du caoutchouc. Devenues brillantes, elles semblaient sourire de gratitude.

Avec mes compagnons d'étude, j'observai longuement ce petit arbre, sa grâce, les feuilles naissantes, les plus anciennes, l'étirement de la vie se manifestant en elles, la lumière qu'elles absorbaient, qu'elles réfléchissaient et qu'elles révélaient, et dans cette vigilance affectueuse je devinais l'intense activité concentrée dans ses moindres cellules…

— Maintenant vois ceci, reprit Isaac : L'amour, en hébreu, c'est *ahavah* (AHBH), qui a 13 pour valeur numérique. Un autre mot a cette valeur, *Ékhad* (A^HD), Un. Lorsque tu contemples avec amour, tu regardes l'Un. Si tu considères tout comme Un, tu es amour. Si tu ajoutes cet Un à amour tu trouves YHVH, dont la valeur numérique est 26. L'Amour qui inclut tout dans l'Un est équivalent à l'innommable, YHVH. < J'ai constamment YHVH sous mes yeux >, comme il est écrit (Ps 16, 8).

« Vois encore ceci. Un troisième mot a 13 pour valeur numérique : *Yaav* (YAB), le désir.

« Voilà une première méditation sur le Nom. Avec elle, tu peux, à toi-même, t'apprendre à voir la merveille cachée dans le banal, recevoir cette sagesse de l'Amour en observant qu'un même amour anime le désir ou qu'un même désir anime l'amour lorsqu'il est amour ou désir universel parce que Un.

Rabbi Isaac se tut, longtemps.

Ses silences pouvaient durer entre deux minutes et deux heures. Il restait dans son fauteuil, immobile, les yeux ouverts ou fermés. Le demi-sourire fixé sur son visage apaisait peu à peu mon agitation. Tous alors respectaient cette pause. Que contemplait-il ? Où était-il ? Dans quelle sphère céleste ? Pouvais-je l'y rejoindre ? Je me répétai ses dernières paroles pour diriger ma pensée, puis quelque chose comme mon âme, dans ma tentative de le suivre.

Quatrième mouvement

Je serai

— Tout ce qui concerne YHVH concerne aussi l'homme puisqu'il porte son souffle. Qui est YHVH ? Comment le connaître ? s'interrogea Rabbi Isaac au sortir de sa méditation.

« YHVH libère. Comment le fait-il ? Avec son nom. < YHVH et son nom sont Un > (PRE 3). Son nom à lui seul libère. Il est l'objet de sa propre connaissance, comme il est dit [69]. Le nom de Dieu et Dieu, en quelque sorte, c'est la même chose. Si nous comprenons ce nom, nous comprenons Dieu ! Mais ce n'est pas si simple, parce qu'il le dévoile et le voile simultanément. N'ayant pas de sens définitif, il est insaisissable ; il y a tant de façons de l'interpréter ! Cependant, cette imprécision permet à chacun d'en comprendre quelque chose au point où il se trouve.

69 C'est là la qualité de quiddité du Nom divin. Ce qui fait qu'une chose est ce qu'elle est ; essence de cette chose, en tant qu'elle est exprimée dans sa définition. (Dictionnaire Hachette, 1997.)

Sa voix était toute différente, atone, comme s'il n'arrivait pas à revenir dans notre monde.

— Le Nom YHVH ne peut pas être lu. Pour le prononcer, il faudrait lui ajouter des voyelles, mais même avec des voyelles il n'a pas de sens. Pour en deviner quelque chose, il faut le décomposer. Que dit-il ?

Il se redressa, se racla la gorge et reprit son air sévère.

— Les consonnes de YHVH déclinent le verbe être à l'accompli (*yéhé*, YH), au présent éternel (*hoveh*, HVH) et à l'inaccompli (*haya*, HYH), que l'on peut rendre approximativement par "*il était, il est, il sera* [70]". C'est pourquoi "l'Éternel" est une traduction relativement juste, mais mieux vaut expliquer plutôt que traduire. YHVH est l'Être absolu parce qu'il transcende les trois temps : *il était, il est, il sera*, éternel, dans le temps et hors du temps, dans le même instant.

— Qu'est-ce qui est éternel ?

Isaac corrigea la question de Thibaut :

— Que pouvons-nous découvrir en nous d'éternel ?

— Qui transcende les trois temps, ajoutai-je.

— L'amour ! reprit Thibaut.

— Mais pas l'amoureux, lui répondis-je.

— Regarde, interrompit Isaac. Yod, l'initiale de son nom, est la première de toutes les lettres dans l'ordre de la création (différent de l'ordre alphabétique). C'est un point dont on dit qu'il est "le point du jaillissement du jaillissement" ou l'énergie première du verbe créateur. Il est aussi l'initiale du désir (*yaav*), et donc de sa naissance. < Toute sa volonté se tient en ce Yod >, comme il est dit. *Hoveh* (HVH) signifie être ou exister. *Yod-hoveh* (Y-HVH) : le point du jaillissement du désir d'être.

70 Il y a trois temps en hébreu : l'accompli, l'inaccompli et le concomitant ou présent éternel.

« Le Yod devant ce verbe signe l'inaccompli, comme il est dit [71]. Devant *hoveh*, il indique que le point du jaillissement est toujours jaillissant : la pulsion d'être est continue. *Yod-hoveh* : l'être au point du jaillissement continu du désir d'être. C'est cela qui est éternel.

« Notre âme dans ce corps vit les expériences du monde. Mais l'Âme de notre âme, qui est *une* avec YHVH, ne change pas. Comme lui, elle transcende les trois temps.

« Concentre-toi sur l'être au point de son jaillissement. Voilà une autre méditation sur le nom.

Rabbi Isaac se tut et nous invita à tenter cette expérience.

Une pluie de poussière de plâtre tomba encore du plafond. Rabbi Isaac ferma les yeux. Lorsque le derviche musicien, plein d'Allah, cesse de jouer de son instrument, il laisse le silence révéler la proximité qu'il a appelée. Suivant l'épopée de la création, l'histoire du nom de Dieu ou l'aventure du projet d'être, les silences de Rabbi Isaac m'attiraient dans l'éternel moment du point de mon jaillissement.

Le cherchant, je constatais qu'il se dérobait dans des motifs qui le cachaient en le manifestant. Désirs, pulsions d'agir et pensées surgissaient dans mon immobilité en m'empêchant de saisir ce moment infime et continu, vierge de toute détermination. Renonçant à le saisir, je pouvais parfois croire l'avoir surpris.

*

71 Rabbi Schneour-Zalman de Liadi, *Likoutei Amarine - Tanya, Chaar Hayi'houde Vehaémounahh*, chap. IV, p. 30.

— Nous avons une autre information sur YHVH. Quel est ton nom ? demande Moïse à la voix qui s'adresse à lui du feu dans un buisson. YHVH lui répond : < *Éhyéh acher éhyéh* > (AHYH AChR AHYH). *Éhyéh* est la première personne du verbe être à l'inaccompli, que l'on traduit en français par le futur simple : < Je serai qui je serai >. Le nom que Dieu se donne affirme non une personne, mais un mode d'être : l'être inaccompli, l'être en devenir, l'être indéterminé, *indéterminant*, est divin, il libère du déterminisme. “Je serai le commencement de l'avenir… *Je serai* sera toujours le commencement de ton avenir quelles que soient les circonstances…” < Voilà mon nom pour toujours, pour l'éternité, *shémi leolam* >, précise-t-il [72].

Rabbi Isaac poussa son chapeau en arrière, s'adossa à sa chaise et sembla considérer ce qu'il venait de dire en goûtant l'air doux de la fin de l'après-midi. Peu après il se redressa et développa :

— YHVH invite les Hébreux à sortir de l'esclavage pénible, mais relativement sécuritaire, pour partir vers l'inconnu, dans un désert ! À travers *éhyéh*, il les exhorte à prendre l'avenir sans condition, à pénétrer l'inconnaissable de l'avenir pour accéder à la liberté. Sans condition, Dieu sera ce qu'il sera, et la liberté sera la liberté, quoi qu'il arrive, même si surviennent des difficultés.

— Mais *éhyéh*, le réduit à “Je serai” et efface “il était et il est”, opposai-je.

— Il dit “Je serai” pour dire qu'il n'est pas fini, qu'il est infini, répliqua-t-il gravement.

72 Sur *éhyéh acher éhyéh*, voir aussi chapitre 1, 5e mouvement et chapitre 2, 3e mouvement.

— Pourtant, celui qui dit “Je serai” n’est pas encore, mais pour le dire, il doit être déjà, intervint Joseph, raisonnant juste.

— L’inaccompli n’est pas exactement équivalent au futur, c’est un présent qui se poursuit, expliqua Isaac. Et en hébreu, on ne distingue pas entre être et exister. Ce *je serai* dit j’existe et *j’existerai* encore. YHVH n’est pas un absolu statique, sclérosé dans sa propre grandeur, il se révèle comme l’Être éternellement inaccompli, dynamique, encore et toujours indéterminé, *indéterminant*, l’Être en devenir. Il est, mais il n’est pas déterminé.

« Dans < *Éhyéh acher éhyéh* >, *acher* (AChR), *Qui*, est le pivot. Cette expression symétrique n’a pas de direction. < *Qui* a créé cela ? >, < *Qui* le révélera ? >, comme il est écrit (Is 40, 26, puis Pr 18, 14). “Je serai” répond à ces deux questions : Je serai crée cela et je serai le révèle.

« Permutées, les lettres de *acher* écrivent *roch* (RACh), la tête. < Le sage a ses yeux dans sa tête >, comme il est écrit (Ecc 2, 14) : il regarde la réalité par l’intérieur de son cerveau, comme sa propre création.

« Celui qui se nomme “Je serai” t’invite à t’approprier ce nom.

— Comment Yitzhak ! S’approprier le nom de Dieu ! protesta encore Moïché. Et Isaac cita la Torah lentement, en espaçant les mots :

— < Et sur la forme du trône, dessus, dans la partie supérieure, une forme pareille au visage d’un homme >, comme il est écrit (Ez 1, 26). Toi aussi dis “Je serai”. Ne sois pas si timide avec Dieu, Moïché ! N’ai pas peur de ton insignifiance. < Le trône porte ses porteurs [73] >,

73 Cité par Rabbi Hayyim de Volozhyn, *Nefesh Hahayyil, l’âme de la vie*, premier portique, chap. 5.

comme il est dit. La *Chéckhinah* (la Présence) te porte, mais toi aussi, tu dois la porter. Tu es le miroir de Dieu. *Qui* porte *Qui*. C'est une image à la Escher [74]. *Qui* est la clé. La question-clé.

Nous restâmes un moment immobiles et silencieux.

— YHVH est le modèle, reprit Isaac. Nous sommes comme le modèle à l'intérieur du modèle. < Cerveau à l'intérieur d'un autre cerveau, souffle au-dedans d'un autre souffle. Tout est construit selon cette règle, aussi est-ce dans cette ressemblance qu'est l'homme dans ce monde. Le point suprême, c'est la lumière intérieure qui n'a pas de mesure… > (Z B I 19b et 20a, p. 114)

« Il ne s'agit plus pour nous d'aller du non-être à l'être. Cela est déjà fait. Il nous faut maintenant *sauter* de l'être au non-être. Ainsi, notre chemin n'est pas celui que Shakespeare propose, le choix "d'être *ou* de ne pas être", mais être *puis* ne plus être. Et ce choix ne fait pas de la vie un drame mais un passage jubilatoire.

Rabbi Isaac se leva, hésita, alla jusqu'à la fenêtre, observa le ciel entre deux immeubles, puis, baissant la tête et la tournant vers la droite, il regarda la cour.

— < L'ange de YHVH apparut à Moïse dans une flamme du feu, au milieu du buisson >, comme il est écrit (Ex 3, 2). Un ange, une âme sans corps, une question, la question que Moïse se pose : < Qui suis-je ? > (Ex 3, 11).

Rabbi Isaac se retourna.

« Toute question profonde sur soi-même est celle de l'âme et provient de l'Éternel "Je serai". La question est son propre signe. Moïse s'interroge et sa question le

74 Maurice Cornélius Escher, peintre et graveur qui est connu pour ses images de relativité créées par des procédés de fascination alliant contradiction et complémentarité.

brûle, mais ne le consume pas ; elle est une émanation de lui-même.

« Abraham a eu l'intuition de la réponse spirituelle, l'*Un*. Moïse découvre la question. C'est un progrès en quelque sorte. La question conduit plus au fond de l'intériorité. Qui suis-je ? Je suis "Je serai".

« C'est avec cette réponse en forme de mystère ou d'interrogation qu'il accepte finalement d'aller parler aux Hébreux, ces enfants d'Israël qui luttent avec et contre Dieu. Quel autre contact est possible avec l'invisible incorporel que celui de l'intelligence qui suscite ses propres interrogations ?

⋆

Le crépuscule nous avait engloutis.

Un débordement du désir d'être, séduit par lui-même au point de créer, à partir de l'infini liberté du néant, une émanation de lui-même, produit des principes et des conséquences qui aboutissent à un discours qui le reconnaît et que nous incarnions.

Isaac retourna s'asseoir à la table et prononça les bénédictions de clôture du *chabbat* sur le vin, les épices, la lumière et la séparation. « Je lève la coupe du salut, je bénis les plantes odoriférantes, loué sois-tu Éternel qui crées les lumières du feu, sois béni Hachem qui sépare le sacré du profane, la lumière des ténèbres, le *chabbat* des autres jours… »

⋆

Lorsque tous les visiteurs furent partis, Rabbi Isaac ajouta, pour moi seul, une autre façon d'analyser le Nom YHVH.

— Lorsque tu études, tu fais l'amour avec Dieu. Quand tu fais l'amour, n'oublie pas ce que tu as étudié afin que Dieu soit là aussi.

« Maintenant, regarde.

« De l'Infini, un rayon de lumière a jailli, un Yod, le point du jaillissement. Il a produit le Aleph, la matrice des mondes dans lequel est apparu le principe de l'En-haut et de l'En-bas, une polarité, puis un Beth, l'affirmation de la dualité. Yod-Aleph-Beth écrivent *yaav* (YAB), le désir. Avant le commencement, il y a le désir, comme nous l'avons déjà vu.

« Lorsque tu fais l'amour, ta partenaire représente l'insaisissable ou l'Infini, et toi, tu es la manifestation de l'Infini, l'univers ou le monde. Mais pour elle, tu es l'Infini, et elle est le monde. Ou, à l'inverse, tu peux te représenter comme l'Infini et elle, sa manifestation, tandis qu'elle se représente comme l'Infini et toi comme sa manifestation, peu importe, l'homme et la femme sont chacun à la fois le masculin et le féminin. Votre rencontre produit ainsi celle de l'Infini et du fini. Et c'est une jubilation. < Lève-toi vers toi-même, ma compagne, ma bien-aimée, et va vers-toi-même ! >, comme il est écrit (Ct 2, 10). L'Infini va vers lui-même et fait l'amour avec l'Infini au sein de ton désir. C'est ainsi que les âmes se rencontrent.

— Et les corps ! Ne peuvent-ils jamais se lier vraiment ? Je voudrais qu'ils fusionnent, me dissoudre dans l'étreinte, mais je sens toujours un irréductible écart…

— Dieu ne peut pas te saisir et tu ne peux pas l'attraper non plus. L'autre est insaisissable, irréductible. L'écart, c'est l'amour, la place de l'amour. Sans lui, qui aime qui ? Mais ce que les corps ne peuvent pas réaliser, les âmes le peuvent et alors *Qui* aime *Qui*. Et ce n'est plus une question. L'Âme de l'âme est *une* avec

YHVH et là, toutes les âmes sont ensemble.

« Le Yod de l'Infini et le Hé, le monde, ou le masculin et le féminin, se rencontrent dans le désir. En cela, cette union est sacrée. Si on veut bien l'y accueillir, elle rappelle et reconstruit le geste de l'origine. Ensemble, ils écrivent *Yah* (YH), le nom de Dieu.

« Alors, il y a jouissance. Ce lien (Vav) que vous avez créé dans le désir puis l'exultation, ce "nous" qui est né de l'union, vous pouvez en faire une histoire, une histoire d'amour. Il y a une création à faire, un monde à construire, le second Hé, qui est ce monde-ci, comme il est dit.

« Il y a d'abord le Yod, l'Infini. Puis Yod-Hé, l'Infini et le fini, puis Yod-Hé-Vav, l'union de l'Infini et du fini, enfin, le second Hé, Yod-Hé-Vav-Hé, l'Infini dans l'être, que se soit un enfant ou une aventure amoureuse. En faisant un monde (à deux) vous faites *le* monde. Incluez le monde en vous !

CHAPITRE 5

Shema Israël

Premier mouvement

Une coquille vide…

Le judaïsme moderne regroupe une multitude de tendances dont les noms ne reflètent pas les positions exactes. Les conservateurs sont en fait assez modernes, mais moins que les réformés, cependant plus que les traditionalistes. Parmi ces derniers, on trouve des chapelles qui vont de l'orthodoxie « moderne » aux « ultras » issus des écoles hassidiques d'Europe centrale. Les réformés regardent les orthodoxes comme des obscurantistes bornés, attachés au pied de la lettre ; les orthodoxes considèrent les reformés comme des *goyim*, religieusement ignorants.

Dans cet antagonisme s'exprime la querelle entre les partisans de la « restauration » qui rêvent du grand Israël, de la reconstruction du Temple de Jérusalem, de l'application de la loi à la lettre, et les tenants du renouveau qui regardent vers l'avenir en s'interrogeant sur ce que leur religion peut représenter aujourd'hui pour les juifs et pour les nations. Ces derniers cherchent à intégrer le judaïsme au monde contemporain en préservant son essence et certaines de ses traditions.

Rabbi Isaac ne s'intéressait pas à ces disputes sur la forme. D'origine polonaise, il avait étudié dans l'une des *yéshivot* hassidiques de Varsovie. Ses références à son maître, toujours empreintes d'un grand respect, étaient cependant assez rares, et sa pensée et sa piété se démarquaient considérablement de la tradition tant rabbinique que hassidique. Distant aussi bien des conservateurs que des orthodoxes, il n'était pas réformé pour autant et confinait toutes ces tendances dans la sphère des croyances. « Le niveau auquel on étudie importe plus que la chapelle ! La religion qui répond à ta question produit le dogmatisme, tandis que la mystique ou la spiritualité interroge ta question. Tu dois chercher toi-même. »

Il n'accordait pas au Talmud et à la Halakhah [75] l'autorité qu'elles s'attribuent à elles-mêmes, force de loi. « Ce n'est certainement pas par un vote à la majorité que se décrète la vérité spirituelle ! annonçait Rabbi Isaac. Certaines décisions ont été très influencées par les circonstances du moment. Les circonstances ont changé. Pour me faire ma religion, je crois plutôt à la délibération de ma conscience. Mais les rabbins qui ont compilé le Talmud s'imaginent me l'interdire en prétendant que leur vote a établi le vrai, le bien et le juste. En écrivant leurs réponses, ils ont transgressé leur propre règle ! "Les enseignements qui ont été donnés oralement ne doivent pas être couchés par écrit", voilà ce qu'enseignait le Talmud lorsqu'il encourageait encore la discussion et la réflexion ! »

Rabbi Isaac se référait au Talmud et au Midrach pour les pistes de réflexion que ces textes lui offraient, mais,

75 Partie de la tradition orale qui traite des obligations religieuses. Elle a toujours été plus ou moins contestée par une frange du judaïsme. Voir annexe II.

osant interpréter de façon nouvelle, il pratiquait l'étude de la manière la plus traditionnelle, celle d'avant la compilation et l'édition des enseignements oraux.

Selon Rabbi Isaac, deux catastrophes intellectuelles ont profondément modifié le judaïsme. La première fut la traduction des Septante, l'autre, au VIe siècle, la transcription de la Torah avec les voyelles, par les massorètes [76]. Ces deux bouleversements, présentés comme des progrès, ont effacé un grand nombre des ambiguïtés fécondes ouvertes par la polysémie des mots sans voyelle, les faisant disparaître derrière un sens précis. Par leurs choix, forcément arbitraires et réducteurs, les traducteurs ne laissent plus de place à l'incertain dont toute la Torah est le message et le messager, à la fois par son mode d'écriture et dans son esprit. Ainsi, réduisant l'infinie richesse du sens de la Torah à une seule interprétation, ils réduisent l'Infini, présent mais non limité par le texte, qu'il était possible d'approcher grâce à lui.

Rabbi Isaac travaillait avec le texte original, sans voyelle, qui n'a jamais varié. « Lorsqu'ils ont publié la Torah avec des voyelles, les rabbins ont encore enfreint leur propre loi. Éliminer cet élément essentiel de l'incertitude est formellement un péché, car toute la Torah enseigne l'inaccompli. »

Il invoquait également les exégètes consensuels, Rachi et Maïmonide, mais aussi le Baal Shem Tov et certains de ses descendants. Je le crois plus proche de Dov Baer, de Hayyim de Volozhyn et de Schneour

76 La *Septante* est la première traduction de la Torah, en grec. Elle doit son nom au nombre de traducteurs qui y ont travaillé. Les massorètes sont des lettrés qui, du VIe au Xe siècle, ont entrepris de diviser le texte de la Torah – écrit sous forme d'une suite continue de lettres – en mots, en phrases et en sections, d'ajouter des signes vocaliques (voyelles) et de cantilation.

Zalman, fondateur du mouvement Habad et de la dynastie des Loubavitchs, qui privilégiaient le chemin de la transcendance et la connaissance de Dieu, que de Pinhas de Korets et ses disciples, dont Baroukh de Medzyboj, obsédés du perfectionnement moral.

Rabbi Isaac Goldman de Belleville n'avait pas peur de Dieu. Il ne le fréquentait pas à travers la loi ou la prière, mais dans l'étude. « La prière, les bénédictions et les *mitsvot* ne sont pas les seules manières de pratiquer le judaïsme. Dieu n'a pas besoin de prières ou de jeûnes. Ce sont là des méthodes d'approche, si on désire suivre cette voie. Mais l'étude est plus importante ! Elle équivaut, dit-on, à la pratique de tous les commandements [77]. »

Dans son estime pour l'homme et sa lucidité envers Dieu, il ressemblait à Rabbi Lévi-Yitzhak de Bertitchev, qui ne négociait pas non plus avec son intransigeance. « Il n'y a pas un seul homme envers qui Dieu ne se soit pas rendu coupable », disait ce maître. Et comme Rabbi Acher de Salouline, qui considérait, qu'« il est dans la nature des choses que tout homme ait pitié de lui-même, mais qu'il est temps aujourd'hui d'avoir pitié de Dieu », Rabbi Isaac ne courbait pas non plus l'échine devant Dieu. « Il y a le Dieu pédagogue et le Dieu dictateur, disait-il. Que veux-tu que j'aie à faire avec un dictateur ! Certains hommes sont les moutons d'un Dieu berger, et d'autres donnent des leçons à Dieu. Dieu n'est pas un monarque ou un despote. La moitié des juifs est athée ou presque, fatiguée du Dieu roi, Seigneur, vaniteux dispensateur des lois, flic de l'éternité... prêché par les rabbins. » Rabbi Isaac, tout en critiquant ce Dieu-là, jouait

77 Michnah Préah 1, 1. Rabbi Schneour-Zalman de Liadi, *Likoutei Amarine - Tanya*, chap. 37.

avec la Torah pour en montrer un autre. Il interprétait autrement, interrogeait Dieu, l'interpellait.

« Nous ne sommes pas sortis de la problématique de Caïn et Abel. Abel, c'est le mystique. C'est son nom qui le dit, il est comme de la buée (*havel*, HBL), ni tout à fait dans le monde de l'En-bas ni tout à fait dans le monde de l'En-haut. Il *tend* vers Dieu, et Dieu, nous dit la Torah, l'approuve : <YHVH regarde Abel et son offrande. Caïn et son offrande, il ne les regarde pas >, comme il est écrit (Gn 4, 4). Caïn (QYN), c'est le religieux, il s'appelle *rigidité*. Bien qu'il prie, qu'il apporte une offrande, qu'il accomplisse les gestes qu'il croit devoir faire, Dieu ne le regarde pas. Pourquoi ? Parce qu'on ne s'approprie pas Dieu avec une offrande ou un rituel, parce qu'on ne trouve pas Dieu dans la rigidité glacée d'une certitude ; Dieu est la question, pas la réponse. Dieu regarde Havel (Abel), le vaporeux, celui qui n'est sûr de rien, celui qui constate la vanité (*havel*) des choses… Dieu approuve Abel *et* son offrande car < Abel avait apporté *aussi lui* (*gam hy*, GM HYA) avec les prémices de son troupeau >, comme il est écrit. Tout est dans la qualité du geste, dans la pensée qui l'accompagne, dans ce que suggère cet *aussi lui*, ce quelque chose de lui qu'il met en jeu. Comme toujours depuis, le religieux tue le mystique, l'écrasant du poids de son Dieu omnipotent et de sa foi. Et il ne reste que la rigidité ! »

⋆

Lorsque j'arrivai ce jour-là, Rabbi Isaac conversait avec la voisine du quatrième, sur le palier du second, devant sa porte. Madame Benguish, une femme fort large et de petite taille, gigantesquement généreuse et maternelle, et dont la voix portait sur tous les étages, se faisait une tragédie de ce que son fils, Tobby, le frère cadet de Joseph, sortait avec une fille *goy*. Roméo et Juliette, les Sépharades contre les Françaouis.

— *Quelle importance qu'il ipouse ine goy, s'ils s'aiment ?* lui répondit Isaac, conciliateur.

— Et les enfants, monsieur Goldman, ils seront quoi ?

— Rachel était idolâtre, madame Benguish, et aussi Jéthro et sa fille Séphora, qui devint l'épouse de Moïse. Ruth était une fille moabite et elle fut l'ancêtre de David, le grand roi David ! Nombreux parmi les sages du Talmud étaient convertis ou fils de convertis.

Madame Benguish ne pouvait pas répondre à cela, mais elle n'en fut pas satisfaite pour autant. Alors, Rabbi Isaac lui asséna le coup de grâce, en susurrant :

— *Votre fils n'i pas tellement juif, madame Benguish. Qué lui avez-vous enseigné di jidaïsme ?*

— Coooomment mon fils il est pas juif ! s'écria madame Benguish outrée. Quand ils sont venus nous chercher pour nous brûler dans des fours, ils ne nous ont pas demandé si nous étions tellement ou juste un peu juifs, monsieur Goldman !

— *Ci vrai, mais ci n'est pas lé mîme problime.*

L'accent pied noir répondait à l'accent yiddish polonais dans cette dispute sur la conformité et l'orthodoxie au cœur de Belleville.

— Répondez-moi, que lui avez-vous enseigné du judaïsme ?

— Mais… le *chabbat*, la *cacheroute* et *Pessah* et *Yom Kipour* [78]. Il est juif mon fils !

78 Le *chabbat* et les restrictions à l'activité qu'il impose le samedi ; la *cacheroute*, l'obéissance aux règles alimentaires ; *Pessah*, la fête du saut, Pâques, la commémoration de la sortie d'Égypte ; *Yom Kipour*, le jour du Grand Pardon.

— Le *chabbat* en théorie, lorsqu'il n'y a rien de mieux à faire. Mais le samedi, ne faites-vous pas vos courses et la cuisine, n'allez-vous pas prendre le café *chez Benish* pour papoter avec vos amies ? La *cacheroute* de temps en temps, *Pessah* et *Yom Kipour* une fois par an ! Vous croyez que c'est cela le judaïsme ? Vous voudriez que votre fils épouse une juive pour que leurs enfants soient juifs. Mais quel judaïsme transmettraient-ils à leurs enfants ? Une coquille vide ! Une histoire de persécutions et de mépris. Un motif de souffrance et de culpabilité sans raison d'être. Des obligations et des contraintes dépourvues de sens ! L'identité ou l'appartenance sans aucune justification, juif de naissance, non juif de connaissance ! Bien sûr que les enfants ne pensent qu'à fuir cela ! Le judaïsme, pour le transmettre, il faut l'étudier.

— Un peu de judaïsme vaut mieux que pas du tout ! répondit-elle, sûre de son coup.

Rabbi Isaac restait étonnamment calme, tandis que madame Benguish s'échauffait.

— « Ton fils ne sera jamais ton fils, il sera le fils de son temps », disait Confucius. La nouvelle génération veut vivre dans son époque et dans sa culture, c'est-à-dire sans ces frontières que sont les religions.

— Et Dieu ! Je lui ai inculqué Dieu, monsieur Goldman.

— Mais quel Dieu, madame Benguish ?

— Comment quel Dieu ! Le seul, le nôtre !

— Les églises sont vides et les synagogues aussi. Nos enfants ne sont pas plus bêtes que les autres ! Ils repoussent violemment ce Dieu qui n'est pas crédible, justement à cause des persécutions et des violences liées à son nom. Cette histoire n'est pas la leur ! On croit qu'en enseignant la forme les enfants iront d'eux-mêmes vers le fond. C'est le contraire ! Il faut enseigner le fond. Ils pratiqueront la forme si cela leur plaît, mais ils auront au moins reçu l'essentiel.

— Quel fond ! Quelle forme ! On est juif ou pas, c'est tout.

— Pourquoi voulez-vous qu'il prie s'il ne sait pas ce qu'il prie ? Pourquoi voulez-vous qu'il mange *cacher* s'il ne comprend pas ce que signifient toutes ces lois qui paraissent si ridicules sur la *cacheroute* ? Pourquoi n'irait-il pas voir ses copains le samedi ? L'identité tribale, l'obéissance ou les rites anciens, c'est la forme. Le fond, c'est le chemin vers ce Dieu, madame Benguish, pas la foi en lui ou les gestes stéréotypés qui sont prescrits.

★

— Les croyants, juifs ou autres, croient que le Dieu auquel ils croient est le Dieu auquel il fallait croire de tout temps, dit Isaac lorsqu'il rentra enfin chez lui trois quarts d'heure plus tard. S'ils étudiaient un peu l'histoire de leur religion, l'évolution de sa théologie et de ses dogmes, l'influence de l'Histoire sur la théologie, ils relativiseraient plus facilement leurs croyances et permettraient à Dieu d'évoluer plus aisément. Ils n'ont qu'une très vague connaissance de leur religion. Dieu a fait l'homme à son image et ils ne réfléchissent pas cette image. C'est un péché.

« Les parents ne se demandent pas ce que c'est qu'être juif, alors que leurs enfants ne s'interrogent que sur cela !

— Qu'est-ce qu'être juif, Rabbi Isaac ? lui demandai-je en le défiant d'un sourire interrogateur.

Il éclata de rire avant de répondre de plusieurs manières.

— Celui qui glorifie le Dieu d'Abraham n'est pas juif ! Il est croyant. Et il veut ignorer que les chrétiens, les musulmans et les autres sont croyants tout comme lui, autrement. Il s'estime élu, choisi par Dieu, mais les autres aussi se présument élus, choisis, tout autant que lui.

Rabbi Isaac avait ce sourire des bons jours qui annonçait son envie de plaisanter.

« Le *jéhuda* (YHVDH) a ajouté la lettre Daleth dans le nom de Dieu, YHVH. Elle symbolise une porte, *déleth*. Il l'ouvre, regarde à l'intérieur… Qui est là ? demande le juif. Qui est là ? répond YHVH. C'est un dialogue de questions.

« Être Juif, c'est aimer ce jeu.

« On est juif parce qu'on lutte “avec et contre Dieu”, comme Jacob ! Et non parce qu'on appartient à la tribu !

« On dit qu'il y a soixante-dix manières d'interpréter la Torah. Être juif, c'est les chercher, et pour cela, il n'est pas nécessaire d'avoir une mère juive.

Deuxième mouvement

Jacob – Israël

— Étudions le *Shema Israël*, proposai-je. Quelle est le sens de cette lutte de Jacob avec l'ange ?

Les livres étaient déjà étalés, pêle-mêle, ouverts les uns sur les autres. Mais Rabbi Isaac commença par m'interroger.

— Avant l'étude ou la prière, nous appelons la *kavvanah*, la concentration et l'intention. Que cherches-tu dans la Torah ? Que cherches-tu à travers ta question ?

— Je veux ouvrir ma porte dans le nom de Dieu.

— Et que crois-tu trouver derrière ?

— D'autres questions…

— Et derrière ces questions ?

— Le sens de la vie, sa cause…

— Si tu cherches un sens à la vie, tu en trouveras un, mais tu deviendras l'esclave de ta réponse.

— Je n'accepte pas encore de n'être que deux questions, comme vous l'avez déjà dit. Alors, je continue à chercher… peut-être pas le sens de la vie dont j'accepte le non-sens, mais sa cause.

— Ce qui revient à supposer un sens, puisque avec la cause tu en délimiterais un qui obturerait toute autre question, dit-il en se moquant gentiment de moi.

— Oui. Mais avec vous toute réponse reste toujours ouverte et ne peut donc pas délimiter de sens, rétorquai-je, déjà déstabilisé.

— *Arch.* Tu acceptes qu'il n'y ait pas de sens et tu continues pourtant à en chercher un ?

— Oui.

Rabbi Isaac souriait, comme lorsqu'il me fouillait de l'intérieur. J'appréciais un peu moins, mais j'aime rire de moi-même en constatant mes inconséquences.

— Alors ? insista-t-il.

— Non. Ce que je cherche est plutôt de l'ordre de l'art de vivre, une possibilité de paix et peut-être même de bonheur.

— Et tu crois trouver cela dans la Torah ?

— Je ne sais pas. Je le trouve auprès de vous grâce à votre façon de convoquer l'Infini à tout bout de champ. Votre Infini me contamine agréablement, avouai-je affectueusement.

— Pourquoi cette question sur Israël ? poursuivit-il avec bienveillance.

— Parce que vous répétez le *Shema Israël* avant l'étude et que vous avez parlé de Jacob, “celui qui lutte”. Mais avec lui ou un autre, vous parlerez de l'Infini…

Rabbi Isaac éclata de rire. Je poursuivis :

— Je vous vois et je vous écoute comme j'écoute tel swâmi indien ou tel rinpotché tibétain, pour regarder le monde comme eux. Lorsque vous m'indiquez l'invisible, je le *vois*. Votre regard me permet de voir ce que je vois mieux quand on me le montre. L'étude est votre ascèse, votre manière de rencontrer Dieu.

— Alors étudions. Lie ton âme à l'Infini, béni soit-il, avant l'étude. Garde et souviens-toi de l'Un.

Il se concentra puis commença par chanter le *Shema* : *Shema Israël, YHVH Elohénou, YHVH-ékhad* [79]. (Dt 6, 4)

— Ékhad est le mot le plus important de la Torah [80]. Maintenant, déplions chaque mot.

Il se cala dans son fauteuil.

— *Shema*, écoute. Il n'est pas dit "vois", parce que Dieu n'est pas de l'ordre de la vue, comme un objet, il est un enseignement. Il n'y a rien à voir mais tout à entendre. Écoute, comprends, sois attentif et ne cherche pas à voir.

— Mais dans le Zohar, les kabbalistes ouvrent leurs interventions d'un "viens et vois" !

— Ils invitent ainsi à observer une idée, une inspiration, une intuition. La spéculation ouvre la porte de la vision. C'est ce que nous faisons. Nous allons voir Dieu… d'une certaine façon.

« *Shema Israël.* Israël, c'est Jacob. On sait que Jacob a acheté le droit d'aînesse d'Ésaü pour un plat de lentilles, qu'il s'est ensuite fait passer pour son frère au moment de recevoir la bénédiction de son père, Isaac. À la suite de cette ruse, Jacob a fui son frère pendant vingt ans. Ésaü et ses gens sont maintenant tout près.

Rabbi Isaac racontait cela comme une histoire édifiante, avec les intonations du conteur :

— Jacob a préparé de nombreux cadeaux qui sont supposés apaiser la colère d'Ésaü, mais il n'en est pas

79 Écoute Israël, YHVH, notre Elohim, YHVH-Un (ChMa YChRAL YHVH ALHYNV YHVH A^HD).

80 Si important qu'il est conseillé de mourir en le prononçant. Voir Talmud, la mort de Rabbi Akiba, TB Ber 62b.

sûr. Il va rencontrer son frère et probablement se battre avec lui.

« Ce soir-là, Jacob cesse de fuir, et cette nuit-là, une nuit d'angoisse, il lutte avec un *Ich*, un *type*, dont il dira au matin qu'il était un ange car il lui a dit : < Tu ne t'appelleras plus Jacob mais Israël, parce que tu as lutté (*chara*, ChRY) *im* Elohim et *im* les hommes (*anachim* ; ANChYM, les *Ich*), et tu as prévalu. > (Gn 32, 28) *Im* (aM) signifie avec, contre, entre, parmi, comme, plus que. Israël (YChRAL) contient *Ich* (AYCh), le type, l'homme, la racine *charah* (ChRH), "lutter", et *El* (AL), contraction d'Elohim (ALHYM) : "le type qui lutte El". Le peuple hébreu descend de Héber, d'Abraham, d'Isaac et de Jacob devenu Israël à la fin de son combat, et il porte ce nom.

— Il faut se battre contre Dieu ! m'exclamai-je.

— Avec Dieu, contre Dieu, comme Dieu, plus que Dieu… énuméra-t-il.

« Ce n'était pas la première fois que Jacob rencontrait Dieu ou un ange. Mais dans cette histoire, Jacob lutte *im* Elohim et *im* les hommes. Toute la nuit. L'aube va se lever. L'ange veut se débarrasser de lui, mais il s'accroche, refuse de le laisser partir.

« Laissons l'anecdotique et allons directement au sens profond du mystère qui se joue ici, ajouta Isaac, tendu.

« Si Jacob luttait *im* dans le sens de *avec* Dieu, cela nécessiterait un troisième, une sorte d'ennemi commun, raisonnait Isaac. Lutter *contre* Dieu supposerait qu'ils se battent l'un contre l'autre, de sorte que l'homme et Dieu soient séparés, et donc qu'au sein de Dieu, qui est Un, demeure une dualité inhérente mais insensée, moi/Dieu. À moins que cette lutte ne les réunisse. Cela nous ouvre une troisième solution : Tout est Un. Dieu et l'homme sont Un. Dans cette intimité se joue pourtant un combat. On ne peut pas voir Dieu : < *Aïn Adam*, nul homme, ne peut me voir et vivre >, dit YHVH à Moïse, comme il est écrit (Ex 33, 20). Jacob aime la vie, comme nous. Et il aime Dieu. Il lutte en même temps contre deux aspirations aussi puissantes l'une que l'autre : rester avec Dieu et disparaître, laisser Dieu partir et vivre…

— … Mourir au monde, dit-on dans d'autres traditions.

— Mais pas chez nous, coupa-t-il. L'homme est le temple de Dieu, comme il est dit. Dans ce temple se joue la confrontation du désir du monde et de la nostalgie de Dieu.

Convoquant le mystère dans sa voix, il compléta lentement en me regardant en face :

— Dieu ne doit pas forcément gagner. Nous ne savons pas s'il est préférable d'être Dieu ou d'être un homme…

Il me détaillait du regard en hochant la tête en attendant que s'apaisât l'effet de cette parole.

— Au fond, l'idée que Dieu soit plus enviable que l'homme n'est qu'un préjugé, dis-je en réfléchissant à haute voix.

— Israël nous parle de la nature mystique de l'humanité.

« On peut le dire autrement. La lutte finale, ajouta Isaac sur l'air de *l'Internationale*, signifie trouver l'Un en soi, découvrir l'harmonie corps et âme, devenir *Un* comme Dieu, accomplir ce que même Dieu ne peut pas réaliser, être Un avec un corps de poussière. Cela explique les autres sens de *im* : Jacob a lutté *parmi* les hommes, *plus* qu'Élohim et *plus que* les hommes…

« *Écoute Israël, YHVH…* Nous avons déjà étudié le tétragramme, ce lien extrêmement complexe qui enveloppe l'En-haut et l'En-bas. YHVH rappelle aussi l'âme qu'il a insufflée en l'homme, sa conscience d'exister, l'être dans les trois temps…

« *Elohénou* : notre Elohim, est souvent traduit par “notre Seigneur” ou par “notre Dieu”. Quant à moi, je refuse d'appeler Elohim *seigneur*. Disons “ce que nous concevons de plus grand ou d'essentiel”.

« Et qu'est-ce que *Elohénou*, annonce le *Shema* ? s'interrogea Isaac avec emphase. C'est *YHVH-Ékhad* : L'Éternel-Un. L'Un dans l'être. Être uni. Être non séparé, non divisé, non duel. Être dans la cause initiale *Un*.

« Écoute (*shema*), martela Isaac, toi l'homme (*Ich*) qui t'intéresse à Dieu et qui lutte avec et contre toi-même, les hommes, et Dieu (*Israël*), ce qui unit, ta conscience d'exister, l'Éternel (*YHVH*), tout ce que nous concevons d'essentiel (*Elohénou*), c'est la conscience-Une, Être-Éternellement-Un (*YHVH-Ékhad*).

Ce jour-là, Rabbi Isaac scandait les mots avec énergie.

— Mais tu te souviens qu'on ne peut pas réduire YHVH à une quelconque interprétation. Nous aurions pu dire le “souffle de la liberté” ou “l'énergie d'être” ou “la source de l'être” ou “ce qui a été, ce qui est et ce qui sera” est Un. Nous ne devons jamais oublier que tout ce que nous venons d'exprimer et tout ce que nous pourrons encore découvrir de l'ineffable, de l'imprononçable, de l'ouverture béante du sens, n'est pas vrai, ne sera jamais assez vrai.

Il alla préparer le thé. Il en buvait à toute heure et cela nous donnait une récréation. Nous le prenions souvent silencieusement, comme respectant mutuellement le charme dans lequel chacun de nous se trouvait.

La boîte de sucre, en aluminium, avait un couvercle surmonté d'un capuchon servant à s'en saisir. Ce jour-là, le couvercle s'était collé à la boîte et, forçant un peu pour le détacher, Rabbi Isaac avait arraché le capuchon. À moins de le souder ou de l'attacher avec du scotch, c'était irréparable, et sans son capuchon, le couvercle, troué, laisserait entrer l'humidité dans la boîte de sucre.

Isaac avait un sens pratique surprenant d'astuces et de créativité pour réparer les choses. Il se servait des objets comme de la Torah et des commentaires. Il prit d'une bouteille de porto son bouchon de liège surmonté d'une capsule d'un diamètre plus large. Il l'introduisit à l'envers, par la partie intérieure du couvercle, dans le trou béant laissé par le capuchon arraché, de sorte que la partie mince, en liège, du bouchon dépassât par le haut et pénétrât dans la cavité du capuchon. Miracle ! Il avait la hauteur et la largeur adéquate, et maintenait dorénavant le capuchon au couvercle, nous permettant d'ouvrir, mais seulement avec délicatesse, la boîte de sucre.

Comme tout pouvait lui être utile un jour ou l'autre, Rabbi Isaac jetait peu. Garder un grand nombre de choses nécessite de la place ou de l'ordre, mais il n'avait pas beaucoup de l'une et consacrait très peu de temps à l'autre. La cuisine et les armoires contenaient un très grand nombre d'objets dont l'intérêt immédiat était indécryptable. Une véritable Torah dont ces choses remplaçaient les lettres et qui, au premier degré, n'avait aucun sens.

La curiosité d'Isaac n'avait pas de frontières. Il s'intéressait à tout, lisait plusieurs journaux quasi quotidiennement. Il appelait les nouvelles *le feuilleton du monde*, les querelles politiques, *la trame comique* et le dimanche était *le jour des menteurs*, à cause des nombreuses émissions d'interview d'hommes politiques de ce jour-là. Il examinait aussi les affiches publicitaires, même celles des sous-vêtements féminins, qu'il trouvait souvent jolies. Au supermarché, où il m'est arrivé de l'accompagner, il inspectait chaque article avec attention, lisait la notice de composition des aliments de toutes les marques, comparait les prix et ajoutait à cela de longues digressions philosophiques au milieu des allées. Quelle épreuve ! Lui était imperturbable et infatigable.

Plus tard, reprenant l'étude, Rabbi Isaac ajouta :

— Il y a une différence entre Ismaël, le premier fils d'Abraham dont les musulmans se réclament, et Israël, le fils d'Isaac et le petit-fils d'Abraham. Une différence de destin et de destinée qui est portée par leurs noms.

« Ismaël (YChMaAL), signifie "l'homme (*Ich*) qui écoute (*Shema*) El ou Allah". Le Coran s'adresse à ceux qui écoutent Dieu. Coran traduit "récitation" et islam : "paix, soumission, acceptation". Le musulman (*mu'min*), le croyant, le fidèle, se soumet à Allah, récite son livre et tente d'en appliquer les principes dans sa vie pour trouver la paix.

« Torah signifie "orientation". On ne la récite pas, on l'étudie. Jacob, qui devient Israël (YCHRAL), l'ancêtre dont les juifs portent le nom, lutte avec et contre El : il fuit, combat, interroge, discute, marchande, refuse, ajoute des commentaires, interprète la Parole qu'il a reçue.

« Étudier s'oppose à croire en invitant à réfléchir, à soupeser, à considérer. Ni obéir ni accepter aveuglément. Je refuse d'appeler Dieu *seigneur* parce qu'on ne discute pas avec un monarque, or tout le judaïsme s'érige comme discussion, une négociation avec une insaisissable vérité, un Dieu innommable, et d'autres érudits avec lesquels polémiquer.

Troisième mouvement

Être Un

Rabbi Isaac avait une habitude un peu spéciale, il jouait au bilboquet, et il était assez doué. Il en possédait un grand, en bois, dont le vernis coloré s'écaillait en bien des endroits. C'était pour lui une sorte d'exercice physique. Et cela le décontractait. « C'est un jeu spirituel, une métaphore de la sexualité aussi bien que de l'étude, me précisa-t-il un jour. Vois-tu, il y a un trou et un axe, il y a Dieu et l'homme, l'homme et la femme, toi et ton prochain, le texte et le sens. Il faut viser juste, mettre l'*Un* dans l'*Autre.* » Ces majuscules étaient dans sa voix, dans le court temps d'arrêt qui les annonçaient.

— Maintenant, essayons d'appliquer le *Shema* en examinant comment *faire* cet *Un* en soi, car si nous ne l'intégrons pas, ce n'est qu'un dogme !

« L'enseignement du *Shema Israël* est centré sur *Ékhad*, Un. Il affirme l'unicité absolue. Au niveau exotérique – celui du Dieu-des-croyants – YHVH-Ékhad, Dieu-un, peut signifier qu'il n'y a qu'un Dieu et non plusieurs, chacun déclare que le sien est le vrai et que les autres sont faux. C'est avec cette sorte d'arguments que l'on s'étripe depuis des siècles. On fait de Dieu une *personne* extérieure à soi, on lui attribue toutes sortes de projets, de qualités, on le déclare courroucé et bienveillant, omnipotent, la puissance-une, omniscient, la science-une, ubiquiste, la présence-une… Laissons cela.

« Pour comprendre *Ékhad*, il faut comprendre Israël.

Rabbi Isaac se pencha vers moi et raconta cette aventure comme s'il y avait assisté.

— Ésaü ne s'intéresse guère à Dieu. Il aime vivre et chasser. Il a vendu son droit d'aînesse à son frère pour pas grand-chose. Jacob (YaQB) est son jumeau. En sortant du sein de sa mère, il tenait son frère par le talon. Ainsi s'explique son nom, “celui qui talonne”, qui remplace, qui supplante. Pourtant, il est poursuivi par celui qu'il talonne, et il fuit. Dans sa fuite, il va rêver de la fameuse échelle qui conduit à Dieu, puis il va lutter avec l'ange et il pourra dire qu'il a vu Dieu face à face. Grâce à Ésaü, Jacob devient le mystique que nous connaissons.

« Au deuxième niveau, on peut considérer les deux frères comme deux aspects d'une même personne. Ésaü, l'homme ordinaire, et Jacob, son côté mystique ; une âme tourmentée qui à la fois poursuit et fuit sa vie pendant vingt ans. Il a vu l'échelle, mais il n'est pas monté… jusqu'à ce qu'une nuit d'angoisse il cesse de se fuir et affronte à la fois l'homme qu'il est et son âme, l'ange qui le saisit.

— Jacob a vu Dieu face à face. Qu'a-t-il vu ? demandai-je, curieux de ce qu'Isaac pouvait répondre à cela.

— Jacob-Israël demande poliment son nom à son adversaire : < “Dis-moi, je te prie, ton nom ?” Et il lui répond : “Pour quoi, sur quoi, vers quoi (LMH) ça que tu demandes sur mon nom ?”…

— … Il parle comme ça ?

— Il faut lire mot à mot, répondit Isaac avec impatience avant de poursuivre la lecture du verset : < Et il bénit Jacob là. Et Jacob appela le nom de ce lieu “faces de El” (*peniel*), parce que j’ai vu Elohim *faces à faces* et sauvée est ma vie (ma *néphech*, mon âme vivante). > (Gn 32, 31) En fait, Jacob n’a pas vu l’ange. Il faisait nuit. Mais il a vu ce qui n’est visible ni le jour ni la nuit. Il a vu que celui qui poursuit et celui qui fuit sont Un. Il a accepté de faire face, d’affronter les questions essentielles, et par ce face-à-face il se sent *sauvé*, il se sent mieux. Dans ce récit, tu es Ésaü, Jacob et l’ange, et tu deviens Israël, l’homme qui a compris que la lutte *avec* ou *contre* l’homme ou Dieu unit en elle celui qui combat et celui qu’il combat.

« Troisième niveau. L’homme, fait de terre et du souffle de YHVH-Elohim porte en lui la dualité et le fractionnement. Mais, au sein de sa nature duelle et fractionnée, il porte aussi en lui la nature de YHVH qui est Un. *Un* ressemble à *Un*, à l’infini et à rien d’autre, < rien n’est en dehors de lui > (Dt 4, 39) et < rien en lui ressemble > (Jr 10, 6) ou, comme le dit David : <YHVH, nul n’est semblable à toi > (Ps 86, 8).

— Il est donc deux et Un à la fois !

— Exactement. Si dans notre tentative d’entrer en rapport avec YHVH, qui transcende tout, nous le pensons extérieur à soi et au monde, nous restons dans la dualité moi/Dieu. Et nous ne rencontrons jamais notre nature profonde, YHVH-Un. La transcendance des contraires est en soi, Israël, l’homme qui lutte avec et contre l’homme et Dieu pour rencontrer l’Un.

« Tout ceci est caché dans la Torah et les commentaires sous des couches de voiles.

— Pourquoi ces voiles ? Pourquoi ce livre ne dit-il pas ce qu’il veut dire clairement, au lieu de passer par ces détours sans fin ? protestai-je, moi aussi avec impatience.

— Pour que tu cherches et t'interroges, me répondit Isaac calmement, que tu luttes toi aussi et trouves par toi-même, perçoives en toi ce qui ne t'a jamais quitté, la lumière de l'Infini. Le mystère ouvre le désir à ce qu'il est, mystérieux, comme une réponse qui cherche sa question.

Les voisins rentraient chez eux. On entendait les bruits de vaisselle, les postes de télévision clamant leurs programmes bruyants d'avant le « vingt heures », le piano du quatrième ânonnant les premières mesures de *La Lettre à Élise*. Au-dessus de nous, des enfants couraient et sautaient, faisant tomber du plafond la fine poussière de plâtre qui nous blanchissait les cheveux et les épaules. Imperturbable, Rabbi Isaac poursuivit calmement, en me fixant des yeux.

— Ceci nous conduit au sens secret. YHVH-Ékhad. L'*Un* n'est pas une quantité mais une qualité. Il ne s'oppose pas au multiple, il inclut tout, il rappelle l'union, l'unique, l'universel, et révèle ce qui permet la connaissance de Dieu. Connaître *Un*, faire cette union, c'est connaître YHVH qui est Un. Un est la clé, nous sommes la porte.

— Oui, mais où est la serrure ? questionnai-je non sans ironie. Comment donc devenir Un ?

— Tu es déjà l'Un. Moïse Maïmonide dévoile le secret de la chose. Regarde ! < Dieu, dit-il, est celui qui connaît, il est le connu et il est la connaissance elle-même, tout est un [81]. >

81 Moïse Maïmonide, *Michné Thora*, chap. 11. Cette idée est abondamment commentée par Schneour-Zalman de Liadi dans *Chaar Hayi'houde Vehaëmounah (Tanya)*, chap. VII, p. 45. Voir aussi Maïmonide, *Le Guide des égarés*, Verdier, collection « Les Dix Paroles », 1979 : « Dieu est l'intellect, l'intelligent et l'intelligible » (I, chap. 68).

— Qu'est-ce que ça veut dire ?

— Regarde ce stylo, proposa Isaac qui me voyait écrire. Pendant que tu regardes ce stylo, ce stylo est *le connu*, l'objet de ton attention. Quelqu'un le regarde, toi ; tu es *celui qui connaît*. Entre le stylo et toi, il y a ton regard, l'observation, *la connaissance elle-même*. Mais < tout est un >, rappelle Maïmonide. Pour Dieu, l'Un, il n'y a pas de différence, de séparation, de distance entre *le connu, celui qui connaît, et la connaissance*. Connaître comme Dieu, c'est aussi connaître Dieu [82].

« Cesse d'écrire deux minutes !

« Ne conçois plus quelqu'un qui regarde, ni un objet séparé de celui qui regarde. Oublie-les. Fixe ton attention sur ton regard seul, et maintiens-la dans ce constant éveil. C'est cela la *Dveqout*, l'attachement à Dieu.

« < Nul homme ne peut me voir et vivre >, répond YHVH à Moïse (Ex 33, 20). Voir l'Un, c'est ne plus voir *avec* soi.

« Lorsque tu observes l'observation, tu n'as plus conscience d'un sujet et d'un objet. Observe ton regard, regarde le regard qui se regarde. < Le sage a ses yeux dans sa tête >, comme il est écrit (Ecc 2, 14). C'est là que se trouve l'union, la Présence, la *Chéckhinah*.

« Médite là-dessus dans le métro, dans la rue, en épluchant les carottes, en regardant la télévision, en lisant le journal… Tu peux le faire à tout moment sans préparation. Tout acte peut porter une dimension spirituelle si tu te souviens de l'Un. Répète les six mots du

82 Je connaissais cette pratique de la méditation sur le regard par l'hindouisme et le bouddhisme tibétain. Par la suite, je l'ai vue aussi chez maître Eckhart (qui est contemporain de Maïmonide) et chez les soufis. Je fus surpris de l'entendre ici, mais ce n'était pas étonnant au fond. Par différents chemins, toutes les traditions font à peu près le même parcours.

Shema Israël dans les six directions, tends tes désirs vers l'ultime en allongeant le dernier mot, *Ékhad*, liant l'En-haut et l'En-bas. Prolonge le Daleth final, qui est la porte de cette unité, jusqu'à ce que l'unité soit accomplie [83].

Rabbi Isaac répéta le *Shema* plusieurs fois, puis, m'invitant à appliquer la leçon de Maïmonide, il se tut tout à fait.

Le torrent des paroles de Rabbi Isaac, ses démonstrations en faisceau, reprenant autrement, avec les mêmes éléments ou d'autres, pour arriver au même point central, me donnaient parfois le vertige, mais lorsqu'elles cessaient, dans le silence plus dense d'avoir été précédé de tant de mots, elles me laissaient au cœur de l'essentiel. Dans *ékhad*, il n'y avait plus d'autre. Je m'abandonnai à cette vision.

Un peu plus tard, il ajouta en guise de conclusion :

— N'oublie pas, toi, l'homme qui lutte, que dans cette lutte, celui qui lutte, celui contre qui tu luttes, celui avec qui tu luttes, tout est Un. Tout est la lutte elle-même. Souviens-toi, l'homme qui cherche Dieu, que celui que tu cherches, celui qui le cherche et la recherche elle-même, tout est Un.

« Il n'y a pas de jugement dans l'Un ; bien ou mal, beau ou laid, utile ou inutile n'y existent pas, seule subsiste la Présence, la Présence-une, la *Chéckhinah.* Mais ne t'interdis pas de juger non plus, n'étouffe pas ta subjectivité ni ta pulsion d'interpréter ; dans l'interdit il y aurait encore un sujet et un objet. Entre seulement dans

83 Il est intéressant de noter que la lettre Daleth finale de *ékhad* est calligraphiée en grand caractère, de même que la lettre Aïn finale de *Shema* (ChMa). Ces particularités graphiques, extrêmement rares, servent à attirer l'attention. Ces deux anomalies permettent de voir le vide (*aïn*) à la porte (*déleth*) de l'Un (*ékhad*).

cette observation qui unit *le connu, celui qui connaît et la connaissance.* Fais de tout Un. Et alors, tu auras dépassé le jugement, et comme YHVH tu seras devenu infiniment miséricordieux. Tu es le miroir, celui qui regarde et ce qui est vu.

★

Rabbi Isaac m'invitait, ainsi que tous les hommes, à lutter *avec* et *contre* Dieu, à concevoir que cette lutte devait m'unir à ce Dieu insaisissable, et finalement, dans ce combat sans adversaire, me conduire à trouver l'Un. Dans cette lutte sans *autre* dans laquelle je renonçais à *tuer* Dieu, puisque c'était infaisable, je me trouvai tout entier, avec mes contradictions, mes révoltes et un certain amour de la vie, une sorte de reconnaissance pour moi-même de participer à ce jeu incluant tout en moi-même.

La méditation sur l'observation ne me posait pas d'autre problème que celui d'oublier purement et simplement de la pratiquer, et de me constater, quand je m'en souvenais, acteur et non pas observateur des événements ou, mieux encore, observation. Je luttais avec et contre eux, selon les circonstances, mes désirs et mes intérêts. Cela me prit bien longtemps pour dissoudre « je veux » et le remplacer par « je serai ».

Chapitre 6

Lire la Torah

Premier mouvement

Les prophètes

Si YHVH est infiniment miséricordieux, pourquoi Isaïe prétend-t-il que < Sa colère est ardente, ses lèvres, pleines de fureurs, sa langue, comme un feu dévorant >, etc. (Is 30, 27). Pourquoi toutes ces promesses de châtiments dans les livres des prophètes ? Il fallait que j'interroge Rabbi Isaac là-dessus.

Ce beau jour de printemps, nous sortîmes faire une promenade. Le soleil et la brise me charmaient. Tout était éblouissant et délicieux. Rabbi Isaac regardait les jeunes feuilles aux arbres du boulevard, moi, les jeunes filles qui avaient ressorti leurs tenues légères.

J'aime Belleville. Ce quartier de Paris rassemble, dans une sorte de carrefour, une bonne partie du monde. Les Chinois, les Vietnamiens, les Sud-Américains, les Africains noirs et du Nord, les Proche et Moyen-Orientaux, les juifs originaires du Maghreb et d'Europe centrale s'y effleurent, s'y côtoient, et parfois même s'y aiment. Les jeunes Blacks, Beurs, Asiates et Céfrans s'y promènent ensemble et y découvrent la vie. L'air y est plus fraternel qu'ailleurs. Au cœur de cette communauté regroupant toutes les familles humaines, les *hassidim*, portant le *shtraymel*, ce chapeau à large bord de fourrure et le *kaftan*, la redingote noire à la mode de la Pologne du XVIIIe siècle, ne me semblaient pas plus anachroniques que les Maghrébins dans leurs djellabas scintillantes, couleurs pastel, ou les femmes africaines portant leur bébé dans un châle, sur le dos, mais leur accent parisien, le fait qu'ils conduisent une voiture ou décharge une marchandise d'un camion me paraissaient insolite.

Je prenais ce bain de visages au bras d'Isaac qui s'arrêtait tous les trois pas pour préciser une idée ou observer quelque chose. Marcher deux cents mètres avec lui, c'était une expédition !

Rue du Moulin-Joly, l'Afrique flânait paisiblement sur les trottoirs. Rue Jules-Vernes, j'eus une impression de ville bombardée. La moitié des bâtiments manquaient, rasés ou à moitié démolis.

C'est un quartier sans musée, sans cathédrale, où les habitants et leurs coutumes tiennent lieu de monuments et les noms des commerces remplacent les ambassades : *Le Hanoi*, *Restaurant Singapour*, *Club de l'Orient*, *L'Andalousie*, *Café de Fez*... Dans ses épiceries, les forts parfums d'épices vous propulsent dans les souks de Marrakech ou de Tunis, ses librairies juives ou musulmanes vous conduisent au cœur de ses âmes, les petits autels avec leurs bouddhas multicolores et ses petits cafés arabes aux décors de formica, dans la simplicité.

Un jeune homme, ayant reconnu Rabbi Isaac de loin, vint vers lui en clamant de manière tout à fait inattendue :

— Je suis un signe et je dis la parole ! Ils ne croient plus et leur châtiment sera le vide ! Ils sont dans l'abîme et ils iront dans l'abîme avec les méchants et les prostituées. L'abîme s'ouvrira pour eux et les engloutira parce qu'ils sont vides et qu'ils ne connaissent pas la fureur de sa colère et la cruauté de sa vengeance !

Il prononça encore quelques imprécations de cette sorte et nous quitta comme il nous était apparu, sans bonjour ni au revoir. Au cours des années je le rencontrerai souvent. Il ne m'a jamais rien dit de personnel. Il semblait ne pouvoir communiquer que par sentences apocalyptiques. Son regard à la fois flou et enflammé, comme captivé de l'intérieur par une force immense, exprimait un rejet incommensurable. Il avait moins de trente ans, portait les cheveux un peu longs et était toujours impeccablement soigné.

Nous poursuivîmes notre marche aux multiples haltes.

— Souviens-toi du proverbe, murmura Isaac, pensif : < Ne réponds pas à l'insensé selon sa folie de peur que tu ne lui ressembles toi-même > (Pr 26, 4).

— Se prend-il pour un prophète ?

— Quelque chose comme ça.

— Que veut-il dire ?

Rabbi Isaac me barra la route et écarquilla les yeux en me regardant en face.

— Nous sommes tous perdus ! Reprenant un ton plus anodin, il ajouta : C'est du Jérémie version XXe siècle. Les prophètes de jadis devaient ressembler un peu à celui-là. Il y en a toujours eu des centaines à chaque génération.

— Il habite le quartier ?

— On l'appelle Joe, répondit Isaac. Il dit parfois des choses étonnantes… Enfin, elles pourraient l'être… Les possédés de Dieu ne disent pas que des bêtises !

— Il est obsédé par les prostituées et les mœurs des gens. Ne se demande-t-il jamais pourquoi Dieu s'occuperait de si petits détails alors que la moitié de l'humanité meurt de faim et de misère ? Il y a des guerres et des massacres à tous les coins du monde, des déchets radioactifs polluent les mers, et les catastrophes naturelles déciment des dizaines de villes et des centaines de villages et Dieu s'occuperait de faire dire aux habitants de Belleville qu'il sait qu'ils sont pécheurs !

— C'est comme si, alors que ta maison est en feu, tu décidais de ranger ta bibliothèque.

Je ne relevais pas cette considération à double sens. J'avais récemment fait remarquer à Isaac que je rangeais régulièrement sa bibliothèque et qu'il ne lui fallait pas longtemps pour tout y déplacer. Sa maison n'était pas en feu lorsqu'il oubliait de reclasser à leur place les livres qu'il avait consultés. Il ajouta en riant, comme s'il avait senti l'écume me sortir des naseaux :

— Lorsqu'il est temps de s'occuper de Dieu, c'est comme si la maison était en feu.

La mauvaise foi de la mère juive ! Je m'y connais.

— C'est après l'étude qu'on reclasse les livres ! bougonnai-je quand même.

— Il n'y a pas d'en-dehors de l'étude. Donc, même après, il faut les laisser comme si on allait étudier encore. Les ranger, ce serait presque congédier Dieu…

Les poches de sa veste, lourdement gonflées, rythmaient sa marche. Il était remarquablement petit, et il se tenait un peu courbé en s'adressant au sol. Dans le vacarme du boulevard, il n'était pas facile de ne pas perdre quelques mots. Mais il était tout autant impossible de l'interrompre ou de lui faire répéter quelque chose. Je tentai de reprendre le cours de notre conversation.

— Les prophètes sont rasoirs, ne trouvez-vous pas ? Ils disent tous à peu près la même chose. Ils houspillent les clergés, et ils *crient* contre les infidèles — et pour eux, il ne faut pas grand chose pour être infidèle ! Toujours la morale, toujours l'obéissance, l'obsession de la chair et du vice, de la tromperie et de l'iniquité.

Un grand car de CRS, stationné en double file, réduisait la circulation du boulevard à une seule voie. Les hommes en treillis noirs dévisageaient les passagers des voitures qui passaient au ralenti. Un peu plus loin, ils contrôlaient les papiers des personnes dont l'origine étrangère était évidente.

— Tu as raison. Ils sont fondamentalement dualistes : ils jugent de tout selon leurs critères ou ceux de leur livre. Mais ils observent surtout le mal, ne remarquent que le péché, ne montrent que la face noire des choses. Ils parlent d'un Dieu qui a des émotions vulgaires et le brandissent comme une menace ou un fouet. < Non seulement ils n'entreront pas au royaume des cieux, mais ils ne laissent pas même ceux qui le voudraient y entrer >, disait Rabbi Jésus (Mt 23, 14).

Rabbi Isaac citait Jésus et les évangiles librement et il osait prononcer le nom de « celui dont le nom est effacé », comme disent les rabbins. « Rabbi Jésus n'est pas un prophète comme les autres. Il n'a pas du tout le même ton, me confia-t-il un jour, mais le christianisme, c'est très très compliqué ! » Venant d'un kabbaliste qui coupe les mots en quatre, cette remarque pouvait faire rire ou désespérer ceux qui chercheraient à comprendre les mystères de cette religion.

Nous fîmes quelques pas.

— Pourquoi Joe veut-il que nous soyons obéissants ? Pourquoi se préoccupe-t-il tant de ce que font les autres ? Ne peut-il pas se contenter d'être parfait tout seul ?

Isaac s'arrêta au milieu du trottoir.

— Il a besoin de brandir tes péchés pour pouvoir te dire la seule chose qu'il a à annoncer : tu périras pour tes fautes ! Il essaye de te persuader que Dieu t'observe et te juge pour continuer à y croire lui-même. Il ne croit pas en Dieu, il croit en sa peur ! Et ils ajoutent du sel sur les plaies de l'humanité qui les écoute, lui et ses semblables. Que disent-ils ? Ils te montrent d'abord comme le monde est malade, ils affirment ensuite que tu es la cause de la maladie afin de pouvoir enfin te proposer le remède : crois et crains. D'abord le constat de ce qui va mal, ensuite des accusations et des invectives, et enfin les menaces. Et toujours le même message, rien de très profond, rien de nouveau : "Vous êtes pécheurs ! Ayez peur !" Il n'est déjà pas si facile de vivre, et il faudrait, en plus, augmenter nos tourments du souci de sauver notre âme ! Mais la sauver de quoi ? De la vengeance de Dieu ou du désir de vivre ? Qui vit en moi sinon Dieu ? Si la source de la religion est la peur, la réponse de Dieu ne l'est pas.

Nous avançâmes un peu. Il ajouta :

— Au bout de leur logique le malheureux est responsable de son malheur parce qu'il n'a pas été assez fidèle, assez croyant, assez soumis. C'est bête, c'est faux et cette conclusion fonde l'homme sur le postulat de la culpabilité d'être – d'être un homme imparfait, insoumis, amoureux de la vie. Le malheur frappe tout le monde, même les plus pieux, même les plus obéissants !

— "Tout cela est inutile et incertain", disait Pascal, le philosophe français.

— Je sais que Pascal n'est pas qu'un agneau ! répliqua Isaac.

Il me prit le bras et nous marchâmes du même pas.

— Cela rend surtout Dieu insupportable ! Dieu en tant que juge est un flic dans le cerveau, dis-je alors que nous croisions un groupe de six CRS qui arpentaient le boulevard comme un propriétaire son domaine. Les habitants du quartier leur renvoyaient des regards hostiles.

— Si Dieu est Un, il est partout, ajouta Isaac en murmurant, aussi bien dans le péché que dans le pécheur, comme disait le Maguid de Mezerich.

Rabbi Isaac se tut longtemps. Il avait la mine tragique que provoquait chez lui le constat récurrent, mais régulièrement contesté, de ce que l'intelligence est impuissante devant l'inquiétude. Pour le tirer de son mutisme, je dis :

— Vous préférez le Dieu qui proclame la liberté en préambule des *Dix Paroles* plutôt que celui qui fait hurler Jérémie. Mais ça n'a pas marché. La liberté, personne n'en veut vraiment. La peur est plus puissante.

Comme il restait muet, j'ajoutai :

— Si la vie est fondée sur la peur, c'est un enfer ! Mais le contrepoison de la peur, quel est-il ? Où est le paradis ?

J'eus l'impression qu'il regardait derrière moi à travers moi.

— Un autre monde existe, un autre monde exactement comme celui-ci, mais différent parce que regardé autrement.

— C'est la peur de la vie qui s'exprime dans la peur de Dieu. Comment sortir de l'emprise de cette inquiétude ? insistai-je.

— Mais tu l'as presque dit ! En changeant de Dieu – de représentation de Dieu ! Le Dieu de Moïse m'intéresse beaucoup plus que celui des prophètes.

— Nous sommes politiquement et matériellement plus libres dans certains pays, mais l'âme des hommes, comme vous dites (je ne pouvais pas encore prononcer de mot sans grogner), n'a pas changé profondément. Nous avons toujours peur, de demain, de la mort…

Isaac m'écoutait-il encore ? Il examinait un CRS et son détenu.

— Regarde cet homme les menottes aux poignets, il prie. Il pense à Dieu. Mais pourquoi Dieu l'aurait-il mis dans une telle situation ?

Une tragédie se jouait là, devant nous. L'homme qui avait tout vendu pour venir ici sauver sa famille de la misère risquait d'être reconduit à la frontière…

— Observe ! Il prie et le monde ne s'arrête pas pour lui…

— Que pouvons-nous faire ? murmurai-je.

— Regarde son gardien. À quoi pense-t-il ?

— Des hommes dont la fonction sociale se définit par l'obéissance absolue et une matraque peuvent-ils entendre sa prière ? Qui peut enseigner la liberté ?

— Son prisonnier peut-être… Ou moi…

Il alla vers eux et s'adressa au CRS avec son meilleur accent français :

— Si vous êtes chrétien mon frère, rappelez-vous qu'il est dit : < Vous traiterez l'étranger en séjour parmi vous comme un indigène >, car < Ce que vous aurez fait au plus petit d'entre les miens, c'est à moi que vous l'aurez fait. > (Lv 19, 33 et Mt 25, 40)

— Nous avons des ordres, rétorqua l'homme en uniforme qui dépassait Isaac d'au moins deux têtes.

Alors Isaac dit à l'immigré :

— La terre promise, mon frère, elle est aussi au-dedans de toi.

— Circulez ! lança le CRS avec une certaine férocité.
Nous circulâmes.

— Tu vois, personne ne peut enseigner la liberté ! Souviens-toi que tu as été esclave en Égypte[84]. La liberté, il faut la prendre, sauter au-dessus de sa peur et

84 Dans la prière quotidienne, on se souvient avoir été personnellement libéré de l'esclavage en Égypte.

de l’obéissance. C’est ce qu’a fait celui qui est venu ici sans visa ! D’une façon ou d’une autre il a entendu < Va vers toi-même ! Ôte la poussière de tes pieds ! > Nous n’avons pas peur de la mort mais de la vie et de l’*autre*.

Un autre jour, nous croisâmes Joe à nouveau.

Au milieu d’un déchaînement de proclamations accusatoires, il répéta ces mots étranges en regardant tout autour de lui : « Qui-ça, qui-ça, qui-ça, qui-ça… » Ce n’était pas une question, il semblait tout nommer d’un même nom.

— Que veux-tu dire Joe ?

Il n’y avait aucune autre explication à attendre de lui.

— Voilà ce que Joe lance parfois d’étonnant, me confia Rabbi Isaac alors que nous nous étions éloignés. Qui-ça, c’est le nom d’Élohim articulé à la manière des kabbalistes : < *Qui* et *Cela* > se joignent et en eux perdure le monde [85] !

— Le sait-il ?

— S’il le sait, pourquoi condamne-t-il tant et ne dit-il jamais comment se libérer de ce qu’il appelle le péché ? Pourquoi ne parle-t-il jamais d’amour et de beauté ?

Pendant que nous arpentions le boulevard de Belleville, le chapeau d’une femme fut emporté par une bourrasque et atterrit sur la grille d’aération du métro qui était, à cet endroit, clôturée de barreaux.

Nous assistâmes à la scène : la femme bondissant après son chapeau, le chapeau voletant, hésitant puis

85 L’association de *Qui* et de *Cela* forme le nom du Dieu créateur, Elohim, selon la Kabbale qui lit la première syllabe de ce nom à l’endroit, *éléh*, Cela, et la seconde à l’envers, *mi*, Qui, et justifie cette lecture d’un verset d’Isaïe : < Qui a créé Cela > (Z Pré 1b p. 32, sur Is 40, 26). Voir chapitre 3, 3e mouvement.

tombant dans la cage d'aération, la mine interdite du mari que tout ceci avait surpris, leurs expressions déconfites à tous deux constatant l'impossibilité de récupérer l'objet perdu. Rabbi Isaac réfléchit et observa autour de lui, puis sourit.

— Le monde aussi est un livre, me confia-t-il. Un livre d'objets. Examine-le comme tu lis la Torah, mot à mot. Et cherche la bonne question !

Et il m'entraîna vers ce couple se tenant en contemplation devant la grille, impuissant.

— Madame, lui dit-il, il est temps d'offrir une rose à la boutonnière de votre époux.

Évidemment, nos deux malchanceux attendaient la suite, interloqués…

— Car il y a là-bas, poursuivait Rabbi Isaac en montrant un tas de détritus, un manche à balai jeté, et il pourrait être utile d'entrer en possession d'une tige épineuse, de rose par exemple, que vous pourrez acheter chez le fleuriste qui est juste au coin de la rue. Choisissez bien une rose épineuse. Vous ferez couper la tige, mais vous la garderez. N'oubliez pas de demander aussi quelques centimètres de ficelle. Nous attacherons la tige de la rose au manche à balai et nous harponnerons votre chapeau, je vous le promets.

Tout fut accompli dans cet ordre avec célérité. Et le mari introduisit notre outil entre deux barreaux, et la tige épineuse agrippa le chapeau qui fut attiré vers le bord où il fut récupéré en excellent état. La dame offrit la rose à Rabbi Isaac qui l'accepta avant de l'offrir à son tour au mari.

Deuxième mouvement

Des degrés d'interprétation

— Si tu lis la Torah au premier degré, c'est un livre banal ou insupportable, déclara Isaac en marchant.

« Au premier degré, Dieu crée l'homme sur la terre. On trouve cette idée un peu partout. Abraham part de chez lui. Cela est d'une extrême banalité. Un peuple tente de s'affranchir de l'esclavage avec l'aide de son Dieu. Où en est l'originalité ? Une révolution ou une tentative de révolte suit toujours une oppression et, si elle réussit, on croit que Dieu y est pour quelque chose.

— Et si elle rate ?

Isaac sourit, un peu fataliste.

— Adam est supposé avoir péché contre Dieu de façon impardonnable et irrémissible, et Dieu l'avoir condamné avec tous ses descendants : on trouve des excuses à Dieu en se cherchant des fautes.

— Où voulez-vous aller ?

— Allons *chez Benish* !

Ce café avait une belle terrasse, mais les pigeons y étaient comme chez eux, volant au-dessus des comptoirs, piétinant et picorant les pâtisseries…

— C'est l'endroit le plus sale de Paris ! protestai-je.

Finalement, nous y étions. Isaac poursuivait :

— Caïn a tué son frère Abel. Abraham a bien failli immoler son fils ; il a surtout accepté de le faire ! Comment admettre cela ? Pourquoi glorifier pour sa fidélité un homme qu'on traiterait aujourd'hui d'obscurantiste criminel ? Jacob a été complice du mensonge de sa mère et a trompé son père. Les fils de Jacob ont vendu leur frère, Joseph, en esclavage. Moïse a tué un soldat égyptien. David a envoyé son rival à la mort pour une affaire de cœur… Au premier degré, ce n'est pas brillant.

Thibaut arriva devant nous soudainement. Il avait trouvé porte close chez Isaac et l'avait cherché dans le quartier. Il s'installa avec nous sur la terrasse. Rabbi Isaac résuma et poursuivit.

— Pour libérer les Hébreux, esclaves en Égypte, Dieu envoie l'ange de la mort tuer les premiers nés égyptiens. Est-ce juste pour ces enfants ? Et il promet que les Hébreux auront aussi des esclaves. Il n'agit donc pas contre l'esclavage mais pour le peuple hébreu. Là, il n'est pas un Dieu universel mais simplement un Dieu tribal.

Thé au lait et gâteaux au miel se trouvèrent devant nous pour évoquer…

— La terre promise ! Dieu promet à Abraham un pays déjà habité ! Ça ne se fait pas ! s'exclama Isaac. Les Hébreux le conquirent cinq siècles plus tard grâce à une ruse contre l'hospitalité. Un crime ! Comment accepter que Dieu ait accompli son projet de noyer l'humanité dans un déluge ? Ou encore que Noé – l'homme juste, l'unique élu ! –, ne s'oppose pas un instant à ce sinistre dessein ? Abraham marchandera à propos de Sodome. Il y a un progrès. Mais comment prendre comme exemplaire l'homme qui renonça à lutter encore un peu avec

Dieu pour que neuf justes soient sauvés, et la ville avec eux [86] ? Et que penser d'un Dieu qui anéantirait neuf justes s'il ne s'en trouvait pas un dixième à Sodome !

« Dans tous ces exemples, en quoi la Torah est-elle admirable ?

« Au Sinaï, après que les Hébreux eurent fait le veau d'or, YHVH veut les anéantir. Moïse plaide jusqu'à offrir sa propre vie. < Efface-moi de ton livre >, dit-il à Dieu ! (Ex 32, 33) C'est comme s'il l'avertissait : "Si tu extermines les Hébreux, tu es infréquentable. Ta religion, si c'est ça, tu peux la garder !" C'est une révolution ! Dieu cède. Avec Job, on voit qu'il n'est pas juste ; il est influençable – et par Satan ! Et plus tard, dans les Chroniques, Satan deviendra un acteur important dans la création. Et puis les prophètes promettront la désolation et la mort sur tous les tons…

— Dieu vous révolte encore plus qu'il me scandalisait lorsque je suis arrivé chez vous !

— Ce Dieu-là ! corrigea Isaac. Pour excuser Dieu, le Dieu du déluge, les rabbins ouvrent leurs commentaires d'un "Dieu dans sa jeunesse…", comme s'il avait été fort impétueux, jadis, lorsqu'il était jeune créateur, et qu'il s'était assagi depuis, ajouta Isaac mêlant à son accent yiddish un ton mondain affecté. Dieu change, lui aussi évolue – enfin, notre représentation de Dieu ! Il n'a pas qu'un seul visage d'un bout à l'autre de l'histoire juive.

86 L'Éternel annonce à Abraham qu'il va détruire Sodome. Abraham lui répond : < Feras-tu périr le juste et le méchant ? Peut-être y a-t-il cinquante justes au milieu de la ville, les feras-tu périr aussi, et ne pardonneras-tu pas à la ville à cause de cinquante justes qui sont au milieu d'elle ? > L'Éternel accepte. Abraham poursuit son marchandage. < Et s'il se trouve quarante justes… >, trente… vingt… dix ? Abraham se satisfait de ce que l'Éternel lui accorde de sauver Sodome s'il s'y trouve dix justes, comme s'il acceptait que neuf justes pussent périr dans le carnage à venir (Gn 18).

Thibaut intervint :

— Dieu évolue, avez-vous dit. Après le déluge, Sodome et le veau d'or, avec Jésus, Dieu se met lui-même dans la balance du jugement et de la vengeance. Il n'est plus juge et se laisse juger par les hommes. N'est-ce pas une évolution ?

Rabbi Isaac fut étonné par cette remarque. Il réfléchit un peu et répondit :

— Je parle des hommes qui, dans la Torah, donnent des leçons à Dieu et lui permettent d'évoluer. En fait, c'est la représentation que les hommes se font de Dieu qui change. Je n'avais jamais inclus Jésus dans cette progression. Où veux-tu me conduire avec cette idée ?

— Jésus met fin à cette évolution, reprit Thibaut. Pour dire que les hommes sont Dieu, Dieu se fait homme. Il est jugé par les hommes, et il se laisse condamner. Dieu est mort. Il n'y a plus, dès lors, de Dieu *extérieur* à l'homme. Que ce soit Dieu ou sa représentation, ça a changé.

— Si Dieu est mort avec Jésus, il est ressuscité. Que fais-tu de la résurrection ?

— La résurrection est celle d'un homme. C'est Jésus, son corps d'homme, qui est ressuscité. La matière et le corps sont élevés au rang suprême. Et l'homme prend le pas sur Dieu. Du point de vue de l'homme, l'homme est plus probable que Dieu.

Rabbi Isaac écoutait attentivement, fermant un peu les yeux.

— Mais quel Dieu ? interjeta-t-il. Avec la mort de Jésus, si c'est Dieu qui meurt, il n'y a plus de Dieu. Nous [les kabbalistes] ne parlons pas de ce Dieu qui condamne ou pardonne. L'Un, l'Infini ne change pas. Les hommes quant à eux changent leur façon de réfléchir Dieu ! C'est le regard des hommes sur Dieu qui se transforme.

« Les chrétiens disent que Dieu a sacrifié son propre fils pour racheter le péché du monde. C'est “son propre fils” qui me chiffonne. < Qui m'a vu a vu le Père, dit Jésus, le Père et moi sommes un > (Jn 10, 30). Pourquoi s'est-il arrêté là ? Pourquoi n'a-t-il pas ajouté : Qui *te* vois, vois le Père, < Afin que tous soient Un > ? (Jn 17, 21) Ne sommes-nous pas tous fils de Dieu, fils de l'Un ? Si Dieu se fait homme, cela a commencé avec Adam : moi aussi, et toi et tous les autres vivants sont Dieu… Lorsque je te regarde, je vois Dieu !

— Moi aussi, répondit Thibaut tranquillement.

— En tant que Dieu puissant, Jésus a consenti à sa crucifixion. Mais en tant qu'homme il proteste : < Pourquoi m'as-tu abandonné ? > Là, il y a un problème. Dieu ne peut pas dire cela à Dieu.

— À moins que comme pour Abel, comme pour tous les innocents persécutés, Dieu n'y puisse rien. Jésus comme Christ et comme Dieu aurait montré cela, et la foi en lui serait cette manière de comprendre enfin que Dieu n'y peut rien.

— Où nous conduis-tu ?

— Jésus, l'homme-Dieu meurt. Après le déluge, Sodome et les Hébreux au pied du mont Sinaï, c'est Dieu qui devient la victime. Il montre qu'il n'y peut rien. Jésus-Christ fait prendre conscience que c'est l'homme qui peut. Après Jésus nous sommes tous fils de Dieu, nous devons tous souffrir, mourir, nous crucifier pour les péchés de tous les autres hommes. Le bien et le mal ne sont désormais qu'une affaire d'hommes.

« Dès lors, l'homme doit alimenter son espoir dans son désir d'être et s'y ressourcer pour prendre l'homme et le monde en charge, un monde sans la présence évidente de Dieu. C'est ce désir d'être qui change les choses, “déplace les montagnes”, et que j'appelle la foi.

— Il y a beaucoup de choses à croire dans ce que tu dis : que Dieu se fasse homme en un seul homme et meure puis ressuscite, puis disparaît et reviendra…

— Peut-être pas. La foi est une représentation de Dieu et de l'homme. Rien n'est maintenant plus important pour l'homme et pour Dieu que l'homme. Cette foi conduit l'homme à prendre conscience de la dimension divine de chacun de ses actes.

« À l'échelle de l'infini, Dieu est probable. Tout est possible dans l'infini. Mais à l'échelle de l'homme, il est moins probable que l'homme. On ne le voit pas intervenant, sinon dans quelques rares miracles. Depuis Jésus, Dieu – le Dieu extérieur – est mort pour l'homme dans le monde des hommes. Et il est tout entier dans l'homme. D'ailleurs, même pour le judaïsme, le temps de la prophétie est clos, Dieu est distant. Cela rejoint ce que vous dites de l'Infini qui ne sait rien du bien et du mal.

« Du point de vue de l'homme, l'homme est *du* Dieu en plus probable. Il est mieux vérifiable dans le champ de l'expérience humaine. Le fini est plus probable que l'Infini. Le seul Dieu qui nous intéresse, c'est l'homme

— *Tout* et *Un* s'égalent dans l'arithmétique spirituelle. Dans l'Un, Dieu est tout à fait probable, comme tu dis. Mais quel Dieu ? C'est la question que nous pose la Kabbale.

— Au fond, dis-je, renouant le fil de la pensée que Rabbi Isaac avait commencé à développer, les juifs se sont affranchis du totalitarisme de la révélation en érigeant l'interprétation au-dessus de la Torah. C'est une technique ou une astuce qui permet de faire dire à un verset jusqu'au contraire de ce qu'il dit. D'autant plus que vous citez les textes tout à fait hors contexte !

— La Torah recèle des nuances cachées qui n'apparaissent qu'avec l'étude approfondie, expliqua Isaac. Il ne faut surtout pas s'arrêter au sens littéral. La Torah n'est intéressante qu'à partir de l'allégorie et de l'exégèse. L'idéal, pour qu'elle devienne intelligible et fréquentable, serait de la publier en 100 volumes, avec tous les sens possibles de chaque mot et des commentaires contradictoires sur chaque verset !

« Je te l'ai dit souvent, l'important n'est pas ce qui est écrit mais ce que cela peut nous faire dire, puis percevoir, puis devenir. Car la parole révèle la pensée. La pensée, entendant la parole sortie d'elle, s'en étonne, se saisit d'elle-même pour aller plus loin, se transforme du simple fait qu'elle s'exprime, et construisant en elle ce qui la modifie, refait le monde.

« Le contexte – *phé*, la bouche –, c'est le premier degré, celui de la foi et de l'obéissance. On n'élève pas un homme par l'obéissance. < Le sens littéral, c'est l'enveloppe ; malheur à celui qui prend cette enveloppe pour l'Écriture même >, comme il est dit [87]. Les deuxième et troisième degrés sont ceux de la recherche, du doute, et de la discussion qui se trouvent dans la Torah orale [le Talmud, le Midrach, la Halakhah]. Le quatrième degré est celui du secret. À ce niveau, toute la Torah n'est qu'une seule histoire et un seul nom de Dieu. C'est pourquoi on peut citer "hors contexte", comme tu dis.

« La Torah est comparée à de l'eau (Baba Qama 17a). < L'eau est la Torah et son récipient est Israël >, comme il est dit (Z I 25a). Ton interprétation lui donne sa forme ; sans elle, elle n'en a pas…

87 Z III 152a. Suite de la citation : L'Écriture a un corps, ce sont les commandements. Elle a aussi des habits, ce sont les contes. Et enfin elle a une âme, qui constitue la partie essentielle et fondamentale. Malheur aux coupables qui prétendent que l'Écriture n'est qu'une simple narration.

— Mais les talmudistes ont changé l'eau en glace en écrivant et plombant du sceau de la *Vérité* ce qui ne devait être transmis qu'oralement, de façon plus ou moins fluide et éphémère.

— Et les kabbalistes font fondre la glace. Ils ne lisent pas la Torah, ils la décryptent. Pour approcher Dieu, ils ont transformé l'eau en vapeur ; ils sont devenus vapeur comme Abel [88].

— Qu'est-ce que ça veut dire *Kabbale* ? demanda Thibaut.

— D'habitude on dit *tradition*. Mais la Kabbale (*Qobel*) est aussi un bélier. Elle enfonce les portes fermées du Palais de la sagesse et nous invite à regarder la connaissance cachée, l'enseignement secret, "l'âme de la Torah" au-delà du corps du texte, des histoires qu'elle raconte et des préceptes qu'elle promeut. Grâce à elle nous pouvons goûter au vin qui est dans le tonneau au lieu de contempler le tonneau, comme des idolâtres. (Z III 152a)

« Moïse, dit la légende, reçut la Kabbale avec la Torah sur le mont Sinaï. La Torah fut écrite, mais la Kabbale fut transmise comme elle fût donnée, *phé el phé*, de bouche à bouche, comme un baiser, comme le souffle de l'âme que YHVH insuffla à l'Adam.

— Mais comment ne pas s'y perdre ? À quel moment cesser de manipuler les mots ? reprit Thibaut.

— D'abord, appuie-toi sur ce que quelqu'un d'autre a déjà trouvé, marche sur ce chemin déjà ouvert, puis poursuis la route ou trace un nouveau passage, un raccourci ou un détour, et alors tu découvres un paysage inattendu, une nouvelle perspective. Accepte de te

88 Le nom du deuxième fils d'Adam et Ève, Abel (HBL), signifie vapeur, vaporeux.

perdre. Mais il est recommandé d'étudier à partir d'une idée maîtresse, d'un principe conducteur, d'une question.

— Quels sont les vôtres ?

— L'*Aïn-Sof* béni ! Il y a beaucoup de pièces dans la maison de Dieu. Cette maison, c'est la Torah. Avec quelle clé la visitons-nous ? Celle du Dieu-des-croyants n'ouvre pas toutes les pièces. Elle n'explique pas le malheur et elle rapetisse Dieu à la dimension d'un seigneur acariâtre. La clé de l'éthique n'ouvre pas toutes les pièces. L'essentiel, la porte de la transcendance reste fermée. Les clés des symboles et de l'exégèse transforment la maison en labyrinthe. La clé du Dieu-Un absolument non dualiste ouvre la porte principale et toutes les pièces. L'Un est la possibilité de contact entre l'Infini et le fini, entre toi et Dieu. C'est avec cette clé que nous étudions la Torah.

Troisième mouvement

Le PaRDes

Thibaut s'en alla et nous rentrâmes rue Dénoyez.

— Étudions au lieu de dire des généralités.

Les immeubles de la rue devaient être démolis. Rabbi Isaac recevait des avis d'expulsion, mais il n'avait pas l'intention de se rendre sans lutter. Il était dans son caractère de contester. « Nous avons un devoir de résistance envers les bureaucraties. Il faudrait organiser une sorte d'*Amnesty International* des institutions. Imagine, si elles étaient bombardées de cinquante mille lettres de protestations au moindre abus… »

Des huissiers venaient assez régulièrement lui porter des assignations et des mises en demeure en tous genres. La société foncière propriétaire de l'immeuble, la mairie, le tribunal d'instance le sommaient de quitter les lieux à telle date, puis à telle autre… Il leur répondait longuement, récusait leurs arguments point par point, mais il écrivait aussi à tout ce que la République compte d'administrations : président, ministres, maire, préfet étaient gratifiés de plaidoiries rédigées avec soin, humour, dérision et flatteries. Il gagnait du temps.

Il proposa au ministre de la Culture de classer son immeuble et de faire un musée de son appartement dont les murs rappelaient un épisode dramatique de l'Histoire française. Il crut avoir gain de cause pendant un temps, mais le ministre changea. Tout était à refaire. Il se remit à la tâche. Sans espoir et sans désespoir. « Je resterai ici jusqu'au dernier jour », dit-il sans préciser s'il pensait au sien ou à celui de l'immeuble.

Je pris des photographies des inscriptions et nous constituâmes des dossiers destinés aux associations de déportés, d'anciens combattants et de sauvegarde du patrimoine.

Rabbi Isaac habitait volontairement cet appartement délabré. Il avait largement les moyens de s'installer ailleurs, mais il se faisait un devoir de conserver ce sanctuaire de noms le plus longtemps possible. Comme tous les événements de la vie, cette aventure était pour lui un jeu. Il jouait sérieusement.

★

Nous nous installâmes autour de la table.

— Aujourd'hui c'est moi qui pose une question. Nous allons étudier l'étude. Comment faut-il étudier ? Quel est le chemin de la Torah ?

« Pour cela nous allons analyser une *michnah* du Talmud. Le chapitre 14b du traité Haguiga pose une énigme concernant quatre rabbis qui montèrent au *Pardes*, le verger céleste.

Nous nous préparâmes, puis Rabbi Isaac ouvrit le Talmud à une page déjà marquée. Il me le tendit :

— Lis !

< Nos Rabbi ont enseigné : Quatre hommes pénétrèrent dans le Pardes : ben Azzaï, ben Zoma, Aher et Rabbi Akiba. Rabbi Akiba les avait avertis en ces termes : Lorsque vous parviendrez devant les pierres lisses (de marbre blanc), n'allez pas vous écrier : "De l'eau, de l'eau", à cause du passage : "Celui qui dit des mensonges ne subsistera pas en ma présence (devant mes yeux)" (Ps 101, 7).

< Ben Azzaï regarda et mourut ; à lui peut s'appliquer le passage : "Elle a du prix aux yeux de YHVH, la mort de ceux qui l'aiment" (Ps 116, 15). Ben Zoma regarda et devint fou ; à lui peut s'appliquer le passage : "Si tu trouves du miel, n'en mange que ce qui te suffit, sinon tu serais gavé et tu le vomirais" (Pr 25, 16). Aher arracha les arbrisseaux (les jeunes pousses). Seul Rabbi Akiba sortit en paix (sain) comme il était entré. >

Je lus et relus cette histoire pour lui trouver un sens mais elle me posait trop de questions :

— Qu'est-ce que cela signifie des "pierres lisses" ? Quel est ce Pardes ? Qu'y ont-ils vu ? Que s'est-il passé pour chacun d'eux ? Que désigne la mise en garde de Rabbi Akiba ? Savait-il ce qui l'attendait ?

— Cette histoire est magnifique parce qu'elle nous pose énormément de questions, dit Isaac gaiement. Elle est interprétée de différentes façons, c'est-à-dire qu'elle n'a jamais révélé tous ses mystères, mais elle nous intéresse parce qu'elle expose ce que nous faisons. *Pardes*, un mot d'origine perse (*paradesa*), signifie une orangeraie ou un somptueux jardin d'agrément. On l'apparente au paradis. < Ce jardin, indique Maharcha, est la plus haute sagesse. > Grâce à l'ascension mystique, soit au moyen de la spéculation, soit au moyen de techniques mystérieuses, on y cueille les fruits de l'arbre de vie, qui représente la Torah dans le verger de l'étude. Le but est d'aller le plus près possible de l'Infini.

J'ouvris la bouche pour poser une question sur les techniques mystérieuses, mais il m'interrompit d'un geste.

— Pardes représente l'anagramme de quatre consonnes (Phé, Rèch, Daleth, Samekh – PRDS) qui sont les initiales de quatre mots qui désignent quatre niveaux de lecture et d'interprétation de la Torah. Les quatre rabbins allèrent donc dans le *jardin* de l'étude, pour cueillir les fruits de la Torah – l'arbre de vie – et chacun d'eux incarne une manière d'étudier.

« Dans Pardes (PRDS), la lettre Phé, qui symbolise la bouche, est l'initiale de *Péchath*, le niveau de l'énonciation, le sens littéral, le premier degré. Le premier homme, ben Azzaï, regarda et mourut.

« La deuxième lettre, Rèch, initiale de *Rémez*, renvoie au sens allusif, dérivatif, ce qui est supposé être dit derrière ce qui est dit, les symboles, les allégories ou les allusions. Le deuxième homme, ben Zoma, regarda et devint fou.

« La lettre Daleth, l'initiale de *Dérach*, signale le sens dégagé par l'exégèse. On rapproche un verset de la Torah d'un autre, on analyse les commentaires contradictoires et les différentes hypothèses transmises par le Talmud, la Halakhah, et le Midrach. Le troisième homme, Aher, arracha les plantes.

« Phé, Rèch et Daleth exposent les *écorces* de la Torah.

« La dernière lettre, Samekh, indique *Sod*, le sens caché, secret ou mystique qui est lié à < la source du jaillissement de l'infini >, comme il est dit (BEK 55b *in fine*). Le quatrième homme, Rabbi Akiba, est sorti en paix comme il est entré.

« Pardes enseigne une méthode qui conduit du sens extérieur au sens intérieur de la Torah : de l'anecdote à l'allégorie, au symbole, aux commentaires et enfin au secret, mystère caché dans la lumière obscure des lettres, des mots, des allusions qui divulguent et cachent simultanément le sens. En hébreu, mystère et lumière ont la même valeur numérique [89].

Rabbi Isaac avait son ton des grands jours. Il exposait d'une voix forte et claire, sans hésitation.

— Regarde cette Michnah. C'est d'abord une énigme. À la première lecture, on ne la déchiffre pas, mais elle va révéler le système de questionnement qui est au cœur du judaïsme. On voit facilement qu'il s'agit de l'ascension mystique et que les trois premiers personnages y tiennent le rôle de l'erreur ou de la mise en garde : le premier mourut, le second devint fou et le troisième eut un comportement scandaleux. Étaient-ils des sots ? Certainement pas ! On parle d'eux par ailleurs comme de grands érudits de leur temps.

« L'énigme semble faire l'apologie de Rabbi Akiba. Il est sorti en paix comme il est entré. Il s'agit d'une allégorie et non d'un événement réel, bien que le rôle attribué à chacun des personnages corresponde à quelque chose de sa personnalité.

Rabbi Isaac regarda autour de lui comme s'il avait perdu quelque chose. Il cherchait ses lunettes assez régulièrement. Lorsqu'elles n'étaient pas perchées sur son front, il fallait fouiller l'appartement.

Dans la chambre à coucher, sur l'une des tables de nuit, une photographie des années cinquante rappelait

89 Mystère (RZ) et lumière (AVR) équivalent à 207.

le visage encore jeune et assez timide, sans fard, d'une femme aux cheveux châtains coiffés en chignon, le teint blême, les lèvres pâles ne parvenant pas à étirer un sourire, les paupières un peu baissées, le regard n'osant pas affronter l'objectif de l'appareil du photographe. Rabbi Isaac était veuf. Son épouse mourut d'un cancer assez jeune. Et ils n'avaient pas eu d'enfant.

Le long d'un mur, il y avait le piano droit sur lequel Rabbi Isaac jouait les gymnopédies de Satie ou des chansons polonaises en fredonnant… Il n'était pas virtuose mais ce qu'il interprétait était agréable à entendre. Il improvisait aussi des airs de jazz, reprenait quelques chansons des Beatles, s'amusait à rendre rock n' roll des fugues de Bach.

Quatrième mouvement

Quatre façons d'étudier

Ayant chaussé ses lunettes, Rabbi Isaac feuilleta le Talmud.

— Analyser la *michnah*, qui enseigne les quatre niveaux d'étude de la Torah, suppose de l'examiner sur les quatre niveaux qu'elle indique… Quatre hommes, pour quatre modes de lecture, cela fait seize façons de l'analyser. Tu es en forme ?

— Je suis prêt à tout !

— Alors avançons. Le Talmud parle abondamment de ces quatre rabbins. Une anecdote nous dira quelque chose de leur manière d'être.

« On rapporte ici une discussion qui eut lieu à l'école de Rabbi Elièzer, à propos de notre premier homme, ben Azzaï.

> < “Quiconque n'a pas d'enfant, c'est comme s'il était coupable d'effusion de sang”, dit Rabbi Eliézer. Rabbi Yaakov objecta en disant : “Quiconque n'a pas d'enfant, c'est comme s'il diminuait l'image de Dieu”. Rabbi Shimon ben Azzaï – le premier rabbin de notre histoire – donne raison à l'un et à l'autre :

"Quiconque n'a pas d'enfant, c'est comme s'il versait le sang des hommes et diminuait l'image de Dieu." Les sages lui répliquèrent : "Celui qui parle du commandement de se reproduire sur terre n'a pas d'enfant ! Certains parlent bien et agissent bien. Toi, tu parles bien mais ton comportement contredit tes paroles." Embarrassé, ben Azzaï répondit : "Qu'y puis-je ? Mon âme est trop éprise de la Torah." >

« Dans le Pardes, ben Azzaï regarda et mourut.

« Au premier niveau, le sens littéral, on comprend que ben Azzaï est le genre de prêtre qui ne fait pas ce qu'il dit. Sa parole ne vaut rien. À lui, qui n'était pas marié et n'avait pas d'enfant, s'applique sa propre sentence : il verse le sang des hommes et diminue l'image de Dieu. Dans le jardin, il regarda et mourut : il a étudié la Torah mais il ne l'a pas vécue.

« Le deuxième niveau, allusif ou symbolique, se réfère, dans notre énigme, au rôle que chaque rabbin incarne dans le Pardes. Ben Azzaï y tient celui du *Péchath*, le sens littéral. Sa bouche (*phé*) répète les règles de conduite, comme un automate (Zohar 26b, p. 150). Ce ne sont que des pierres lisses. Il ne se rend même pas compte qu'il ne se les applique pas. Il s'abreuve de mirages.

« Au troisième niveau, que révèle l'exégèse ? Ce jardin est celui de la Torah, n'oublie pas ! "L'étude équivaut à la pratique de tous les commandements." "La *Chéckhinah*, la Présence, est sur celui qui étudie." "Lorsqu'on étudie, les anges viennent écouter et se réjouissent."

— Avec vous, Ben Azzaï a un formidable avocat !

— Maintenant le procureur va parler, annonça Isaac gravement. Ben Azzaï aime la Torah plus que Dieu puisqu'il "diminue l'image de Dieu". Peut-être ne cherche-t-il même pas Dieu dans la Torah. Son étude est un jeu intellectuel désincarné, purement spéculatif. Il légifère et ose ne pas s'appliquer à lui-même les lois qu'il déduit des textes. Il fait de l'arbre de vie qu'est la Torah un arbre de mort ! C'est un cerveau sans corps !

— Mais pourquoi cette précision sur la mort de ceux qui aiment YHVH ?

Rabbi Isaac me jeta un regard amusé.

— Les rabbins ont de l'humour. < Précieuse aux yeux de YHVH, la mort de… >, on peut lire *Hessed* ou *Hassad*, < de ceux qui aiment, sont bons, ont de la piété et de la charité > ou < de ceux qui lui font honte. > (Ps 116, 15) Ce sont les mêmes consonnes. Dans le jardin de l'étude, il regarda et mourut : il fait honte à la Torah et à Dieu !

Il fit une pause, ferma un peu les yeux et poursuivit en baissant la voix.

— Entrons dans le *Sod*, le secret de cette *michnah*, le quatrième niveau, en faisant ce rapprochement : < La Torah ne dévoile ses mystères qu'à ceux qui l'aiment >, comme il est dit (Z II 99 a et b). Et notre énigme précise : "Elle a du prix aux yeux de YHVH la mort de ceux qui l'aiment." Ben Azzaï regarda et mourut. Sa mort prouve qu'il a vu les mystères. Cependant, nous savons aussi qu'il n'a pas d'épouse – or la femme est le symbole du monde. L'expérience du mystère qu'il trouve dans la Torah le retranche du monde, le fait mourir au monde. Il ne relie pas l'En-haut et l'En-bas. La mystique conduit certains à cette sorte de légèreté, de détachement et d'inconséquence. Et parfois même au suicide de la conscience.

Il faisait toujours un peu froid, même en été, dans cet appartement qui visait plein nord. J'allai ouvrir la fenêtre pour laisser entrer la brise chaude.

— Que nous dit-on de ben Zoma, le deuxième homme ? reprit Rabbi Isaac.

Il ouvrit le Talmud, le feuilleta, le nez sur les lignes imprimées, allant de droite à gauche. J'avisais ses lunettes et les lui tendis. Il les prit mais ne les porta pas. Il aimait bien examiner les lettres de près.

< Un jour, Rabbi Chiméon ben Zoma était assis, perdu dans ses pensées. Son Maître, Rabbi Yehoshoua ben Hananya, passa devant lui et le salua une première fois, puis une deuxième fois sans obtenir de réponse. La troisième fois, ben Zoma répondit à son salut dans l'agitation.

< – Ben Zoma, lui lança Rabbi Yehoshoua, où as-tu mis les pieds ?

< – Je méditais.

< – J'en prends à témoin ciel et terre, je ne bougerai pas d'ici avant que tu m'aies dit où tu as mis les pieds !

< – Je scrutais l'Œuvre du commencement, lui raconta ben Zoma, or voici, il n'y a entre les eaux d'En-haut et celles d'En-bas qu'un espace de deux à trois doigts ! Car le texte ne dit pas "et le souffle d'Elohim planait sur" mais "effleurait la face des eaux" (Gn 1, 2), tel un oiseau dont les ailes palpitent (au-dessus de ses petits), les touchant et ne les touchant pas.

< Rabbi Yeoshoua ben Hananya fit volte-face et dit à ses élèves : "D'ores et déjà ben Zoma s'en est allé !" Quelques jours plus tard, ben Zoma n'était plus de ce monde. > (G R II 4)

Rabbi Isaac leva les yeux :

— Dans le Pardes, ben Zoma, regarda et devint fou.

« Au premier niveau, le sens de l'anecdote n'est pas

difficile à comprendre. Ben Zoma spécule sur les sphères célestes. Il a perdu le contact avec l'immédiat, ne voit plus son prochain, n'aperçoit pas son maître qui passe devant lui. C'est une faute, une insulte. À quoi bon spéculer si tu ignores jusqu'au salut d'un homme !

« Dans l'énigme du Pardes, ben Zoma, le deuxième homme, incarne *Rémez*, la lecture allégorique ou symbolique, et dans l'anecdote que je viens de lire, il observe en effet une allégorie proposée dans la Torah. Il cherche ce que signifie < le souffle d'Élohim planait sur la surface des eaux [...] et Elohim sépara les eaux qui sont au-dessus des eaux qui sont au-dessous > (Gn 1, 2-6). Mais il la prend au premier degré ! Quelle importance que les eaux soient séparées de trois doigts, de l'épaisseur d'un cheveu ou d'un milliard d'années-lumières ? L'essentiel est la séparation, non la longueur de la distance. Il cherche à mesurer la métaphore. Il prend l'image pour la chose, les pierres lisses pour de l'eau. Pour lui aussi ces pierres sont un mirage.

— Pourquoi les rabbins citent-ils ce proverbe à propos du miel ?

— Le troisième niveau est un calembour : "Si tu trouves du miel (*debash*, DBCh), quelque chose de collant..." on peut entendre aussi : "Si tu trouves *dabar* ou *dibra* (DBR)... Si tu trouves une parole, un signe éloquent, une chose qui te colle, n'en mange que ce qui te suffit, sinon tu serais gavé et tu le vomirais" (Pr 25, 16). Ben Zoma se gave de mots, se perd dans les détails. Lui qui veut mesurer ce qui n'a pas de dimension ne connaît pas la mesure ! Quelle distance sépare l'En-haut et l'En-bas ? Se compte-t-elle en micron ou en années-lumière ? Entre ce monde-ci et l'autre, où est la séparation ? Elle n'a pas de dimension. Le fini est dans l'infini et l'infini est dans le fini. Il tente de saisir l'insaisissable.

Il regarda et devint fou. Il perd le sens de sa propre existence.

— Et le sens mystérieux de ce personnage ?

Rabbi Isaac me jeta un regard amusé, sans doute par mon impatience.

— Il est plein de Dieu, gavé de ce miel, fou, disent les rabbins, sans doute parce qu'eux ne le sont pas. Sa folie nous prouve qu'il a vu quelque chose.

— En changeant de niveau, vous interprétez de façon opposée !

— Oui, je découvre une tout autre histoire, déclara Isaac d'un air résolu. Puis, baissant la voix :

« Ben Zoma a compris ou peut-être seulement effleuré, “tel un oiseau dont les ailes palpitent au-dessus de ses petits, les touchant et ne les touchant pas”, le mystère de la séparation et de l'union. A-t-il vu que le trait d'union entre le fini et l'infini n'est que du vent, comme un souffle, une petite brise de silence… La mystique conduit parfois à cette délicatesse qui peut être une folie.

De la cour, des éclats de voix, le rire des enfants qui jouaient, la sonnerie d'un téléphone, les fragments d'une chanson à la mode, la pétarade de la mobylette du copain de Rachel, la rumeur du monde tangible en somme, effleurait aussi nos pensées, « les touchant et ne les touchant pas », les teintant de nuances de douceur charnelle.

— Le nom du troisième personnage de l'énigme, Aher, signifie *l'autre*. Il s'agit en fait d'Élisha ben Abouya qui fut condamné comme hérétique et dont le nom, que nous ne sommes pas supposés prononcer, a été effacé des livres.

« Ce récit est cité dans plusieurs livres…

< Rabbi Houtspin et Rabbi Yéhouda, des maîtres de l'époque, avaient été suppliciés par les autorités romaines pour avoir enfreint la loi interdisant d'étudier la Torah.

< Lorsque Aher vit la langue de Rabbi Houtspin sur un tas de fumier (ou celle de Rabbi Yéhouda dans la gueule d'un chien), il s'écria : "Il s'est adonné à étudier pendant toute son existence… Et voilà une langue qui a exposé les paroles de la Loi comme il convient. Est-ce là la récompense de la Torah ! Il semble bien qu'il n'y ait pas de rétribution et que la résurrection des morts n'existe pas." À partir de ce jour, nous dit-on, ben Abouya perdit la foi. >

(TJ Houlin 142, Kiddouchin 39b, TJ Haguiga 2 1)

« Il faut placer cette histoire dans son contexte historique, annonça Isaac en baissant les yeux. Les Romains occupent Jérusalem et la Judée. Ils s'opposent à la résistance et au fanatisme juif en interdisant d'étudier la Torah. Ceux qui l'étudient quand même, en secret, risquent la torture et la mort. Cinquante ans après la seconde destruction du Temple, les juifs connaissent la ruine économique, la brutalité des vainqueurs et la persécution. Ils se posaient donc de sérieuses questions sur Dieu – l'intervention de Dieu –, l'Alliance et l'utilité de la fidélité aux traditions… La génération qui souffrait de l'oppression payait pour les fautes de ses ancêtres qui avaient *irrité* Dieu. C'était injuste.

« La Loi orale fut compilée et écrite à cette époque. En concurrence avec les sectes chrétiennes, les rabbins tentent de promouvoir la foi, une foi interdisant toute remise en question de leurs réponses. Ils promettent des récompenses dans le monde futur parce que les chrétiens en annoncent aussi. Les ouailles s'envolent, le *business* est compromis.

Comme je notais, impassiblement, il me lança :

— N'écris pas ça !

Mais je notai aussi cette interdiction.

— Dans notre énigme, Aher-Élisha incarne *Darach*, l'étude des commentaires ou la Torah orale. Il arracha les jeunes pousses.

« Au premier degré, c'est un crime de lèse-majesté divine. Comment manquer à ce point de respect envers Dieu et son beau Jardin céleste !

« Au deuxième niveau, le sens allégorique, les jeunes pousses symbolisent la Michnah – la loi orale et les commentaires –, qui sont de petits arbres comparés à l'arbre de vie qu'est la Torah. Élisha les déracine. Cette image montre qu'il désavoue l'autorité de la tradition orale et conteste la hiérarchie religieuse installée dans ses privilèges.

« Élisha ben Abouya est la figure du doute et, plus que du doute, du désespoir. Il sent que les rabbins confondent trop souvent leurs points de vue avec la Vérité et la volonté de Dieu. Il est révolté par la souffrance. Et cela compromet ses croyances. Alors, il s'interroge sur ce Dieu qui laisse tuer ses fidèles, et sur les prêtres qui acceptent, sans le désavouer, que Dieu puisse être injuste.

« Pour moi, Élisha ben Abouya est le personnage le plus intéressant de l'énigme. Les rabbins l'ont condamné et cela lui donne à mes yeux une sorte de noblesse. Il n'avait plus peur, ni de Dieu ni des rabbins.

Isaac referma brutalement un livre devant lui. Un nuage de poussière m'enveloppa. J'éternuai cinq fois.

— Tu te débarrasses de la poussière de tes habitudes ! me dit-il, facétieux.

— Pardonnez-moi, mais je pense que je me débarrasse de la vôtre. Et j'en profitais pour dire : Il y a une analogie possible entre l'oppression des Romains et la shoa sur la question de l'indifférence de Dieu

— Cette *michnah* n'en devient que plus intéressante. Aujourd'hui comme jadis, le sujet est presque tabou.

« Dans notre énigme, ben Abouya incarne *Darach*, l'exégèse, le troisième niveau de l'étude.

« Eh bien regardons l'exégèse ! s'emporta Isaac d'un air de défi en se redressant. On nous dit qu'arracher les jeunes pousses signifie corrompre la jeunesse avec des idées anticonformistes (TJ Hag 2, 1). Anticonformistes pour les rabbins et Akiba en particulier ! Malheureusement, ce ne sont pas les idées d'Élisha qui sont anticonformistes, ce sont les faits qui ne cadrent pas avec la doctrine !

« Le Talmud promet : < De ceux qui étudient la Torah, il sera peut-être tenu compte. De ceux qui étudient la Michnah, il sera tenu compte. Mais rien n'est plus méritoire que l'étude de la Guemara >, comme il est dit (TB BM 33b, p. 882). C'est une illusion ! C'est de la propagande ! "Est-ce là la Torah et sa récompense !", hurle ben Abouya en voyant la langue de ses maîtres sur un tas de fumier. Les promesses concernant les faveurs divines ne sont que des affirmations sans fondement réfutées par les faits. < Quiconque étudie la Torah et la Michnah [...] héritera des deux mondes, ce monde-ci et le monde à venir >, comme il est dit (TB Houl 44b). Élisha dénonce cette doctrine de la rétribution ; elle aussi est sans fondement.

« N'oublie pas que les juifs croient en une alliance avec Dieu ! Ben Abouya n'arrive plus à y croire. Il pense que ceux qui promeuvent la foi et l'observance de la loi sont des idiots ou des hypocrites et ceux qui étudient à perdre haleine sans regarder ce qui les entoure ressemblent à des perroquets aveugles. Et il le dit ! Et, s'érigeant au-dessus des dogmes et de la loi, Élisha prouve leur insignifiance. Il saccage le jardin, il blasphème. Ceux qui obéissent sont martyrisés et celui qui outrage Dieu et ses fidèles n'est pas foudroyé par la vengeance divine. Il ne lui arrive rien. Dieu ne se venge pas de son irrévérence. Cette contradiction entre l'impunité d'Élisha, l'infidèle, et le martyre des justes est tellement insupportable aux autorités religieuses qu'il est exclu des cercles d'étude.

Isaac baissa la voix et la tête pour ajouter.

— Élisha croyait. Il imaginait que la religion transformait la réalité, il aperçoit la vanité de cet espoir. Et il veut libérer le judaïsme de ces utopies. Il veut qu'on parle de l'indifférence de Dieu.

« Il se trompe et ne se trompe pas. Son indignation est mal posée. Il ne tient pas compte d'autres interprétations, contradictoires, contenues, elles aussi, dans la tradition orale. "Est-ce là la Torah et sa récompense ?" Il se trompe. < Celui qui tire profit des paroles de la Torah ôte sa vie du monde >, comme il est dit (Avot 4, 5). La récompense de la Torah, c'est la Torah, et rien d'autre. L'étude est son propre but, sa propre rétribution. On n'étudie pas pour un bénéfice futur, mais pour le plaisir de se rencontrer soi-même en parlant de Dieu. < La Torah est un poison mortel pour qui l'étudie dans un but intéressé. > (TB Taanit 7a) Ce n'est donc ni pour vivre plus longtemps ni pour mériter le paradis que l'on fréquente Dieu à travers la Torah !

« Mais il ne se trompe pas en découvrant que Dieu n'est pas un garde du corps.

Il leva les yeux vers moi et m'interrogeant du regard :

— N'a-t-il pas raison ? La fréquentation assidue de Dieu ne protège pas de la misère. La langue de Rabbi

Houtspin sur un tas de fumier le prouve. Dieu n'est pas *toute justice* dans le monde présent – et dans le monde futur, < qui sait si le souffle des fils de l'homme monte en haut ? >, comme il est écrit (Ecc 3, 21).

— Mais là, sur place, au Pardes, dans l'extase mystique, pourquoi arracha-t-il des jeunes pousses ou des arbrisseaux ?

— Quatrième niveau. Dans le jardin de l'étude se trouvent l'arbre de vie – la Torah – et les jeunes pousses que sont l'interprétation et les commentaires. Élisha s'arrache de lui-même ces petits arbres dogmatiques et institutionnels qui l'ont mené en erreur. Il dépasse la religion et prend la liberté d'être libre. Il n'a plus peur de Dieu. Il comprend que Dieu n'est pas le Grand Comptable des Rétributions Hypothétiques. Mais au cœur du doute et du désespoir, il tente encore de l'approcher. Il interroge l'essentiel : ce qui est en haut, ce qui est en bas, ce qui est avant (le commencement) et ce qu'il y aura après (la vie ou le monde) [90]. Que s'est-il passé pour lui ? Dans l'extase mystique, il voit que le Dieu auquel il a cru n'est pas le Dieu qu'il rencontre. Mais il veut à son tour imposer son expérience de Dieu comme vérité.

90 Allusion au verset : < Interroge les temps anciens qui t'ont précédé depuis le jour où Dieu créa l'homme sur la terre d'une extrémité à l'autre des ciels > (Dt 4, 32) et au commentaire : < Peut-on s'interroger sur ce qu'il y a au-dessus, au-dessous, avant et après ? Non. Tu ne peux chercher que dans les limites définies par ce passage > (TB Hag 12a, p. 574). Voir chapitre 3, 4e mouvement.

Cinquième mouvement

Les pierres lisses

Bang, bang, bang. On frappait à la porte. Après que j'eus ouvert, madame Benguish proclama de sa voix puissante, comme si elle s'adressait à des sourds : « Vous venez ce soir pour le *chabbat*, monsieur Goldman ! »

Elle préparait souvent de bons petits plats orientaux et en apportait une assiette à son voisin. Le vendredi, elle l'invitait au repas du *chabbat*.

— Venez aussi ! me lança-t-elle puis, avisant les livres éparpillés sur la table et en imitant l'accent d'Isaac : alors, vous *itudiez lé jidaïsme* ! Dieu n'est sûrement pas si compliqué.

— Non. Il est très simple en fait, lui répondit Isaac en s'amusant. Mais découvrir comment l'approcher et le fréquenter est plus exigeant. Restez un peu, madame Bengish, écoutez ce que nous faisons…

— J'ai des casseroles sur le feu, répliqua-t-elle, comme si elle voulait nous faire comprendre que cela était beaucoup plus important.

Alors qu'elle allait refermer la porte sur elle, Isaac lui lança :

— Quand allez-vous apprendre la recette du *gefilte fish* ?

— La carpe farcie ! Quelle hôrreuhr !

Elle s'éclipsa.

Rabbi Isaac commença à fréquenter une *yéshiva* de Varsovie dès l'âge de cinq ans. Il me confia un jour que lorsque, de retour à la maison, il parlait de ce qu'il avait étudié, son père, « qui n'était pas pieux à la manière des *obsédés de la loi* », lui disait souvent que « le Dieu des juifs ne veut pas être pris trop au sérieux ». « Un jour, ajouta-t-il – j'étais plus âgé –, il m'a dit qu'un Dieu dont on ignore tout existe, en quelque sorte, d'une manière dont on ignore tout. On peut vivre avec ou sans Dieu. Mais pourquoi s'en passer puisqu'il ne t'impose rien ! Pour moi, Dieu était une énigme, un défi. »

Rabbi Isaac chaussa ses lunettes et chercha un passage du Talmud, le trouva et le lut en pointant l'index sur la page, comme s'il jurait par elle.

— Ici. Une anecdote pour comprendre un peu Rabbi Akiba, le quatrième homme.

> < En voyant le temple de Jérusalem en ruine, Rabbi Akiba riait, tandis que ses amis sanglotaient. “Dieu a tenu sa parole en nous châtiant, il tiendra aussi sa parole en nous délivrant”, expliqua-t-il. À propos de la puissance et du bonheur des Romains, il assura : “Si Dieu est tellement charitable à l'égard des païens, il le sera bien davantage envers ses enfants qui accomplissent sa volonté.” >

« Ces deux petites histoires montrent qu'Akiba a la foi, une foi inébranlable que même les plus grands malheurs ne mettent pas en question. Pour Akiba, “Dieu tiendra parole”.

Cela semblait laisser Isaac un peu rêveur.

— Mais c'était un exégète redoutable, poursuivit-il, il ralliait facilement la majorité à ses opinions. Tu verras dans le Talmud, on le cite partout ! Il ajoute des lois à la Loi.

« Il habitait à Babylone. Et à cette époque de malheurs, le Dieu d'Israël – le Dieu en qui Akiba a la foi – semblait bien distrait. Alors les juifs regardaient ailleurs, vers les autres religions professées dans cette ville cosmopolite, et aussi vers le christianisme, cette nouvelle croyance qui parlait d'un Dieu bien plus miséricordieux que *Hachem*…

« Akiba veut sauver le judaïsme qui se délite en une multitude de sectes. En le codifiant, il tentait de l'unir en un seul courant et d'en faire une religion comme les autres, avec des dogmes et des prescriptions rigides.

« Dans notre énigme, <Rabbi Akiba sortit en paix comme il était entré >.

« Au premier niveau, cela indique qu'il connaissait déjà la paix, la paix de la foi. Il est arrivé avec elle, et il en sort avec elle. Tout confirme ses croyances, le temple de Jérusalem en ruine, la victoire des Romains ou son expérience mystique dans le Pardes ne remettent rien en question, énuméra Isaac avec une certaine tristesse.

« Au deuxième niveau, Akiba incarne la sagesse des rabbins. C'est un prêtre typique qui enseigne la croyance ou la conforte. Akiba, le rabbin qui participé à la rédaction du Talmud, est bien évidemment valorisé par le Talmud ! C'est donc le personnage de l'énigme qu'il faut considérer avec le plus de circonspection. Il est au cœur de la propagande rabbinique qui veut lier la foi et la sagesse.

— Si Akiba était en paix, pourquoi a-t-il censuré Élisha ? me demandai-je. Troublait-il son inaltérable sérénité ?

— Tous deux s'opposent. Élisha refuse qu'Akiba et un collège de rabbins arbitrent sur le vrai et le faux. Il conteste les décisions "de la majorité". Akiba fera effacer son nom. Il gagna. Il fallait qu'il discréditât Élisha pour que sa façon de voir fût justifiée. C'est de la politique rabbinique, considéra Isaac avec dédain.

« Mais aujourd'hui, lequel des deux est le plus proche de nous ? Qui peut nous inspirer et nous permettre de réfléchir ? En faisant des lois, Akiba répond à nos questions, et même à celles que nous ne nous posons pas ! Tandis que Élisha s'interroge, nous propose des questions, nous anime, fait vivre la recherche.

« Où en sommes-nous ?

— Au troisième niveau, précisai-je. Que dit l'exégèse ?

— Akiba est connu pour avoir eu des visions. Il a fondé une partie de son autorité sur cette sorte d'expériences invérifiables et mystérieuses. Je peux donc aussi le considérer comme un grand orgueilleux un peu mythomane qui se sert de sa prétention à l'illumination comme un argument d'autorité.

Isaac sourit. Il s'amusait de son audace.

— Mais Akiba n'est pas un sot pour autant. Devant le temple en feu, il rit. Il trouve suffisamment de force et de recul pour rire des événements les plus graves. Il discerne d'autres sens aux catastrophes que leurs conséquences immédiates. Il ne se laisse pas assommer par le malheur. C'est un sage ! < Abraham entra dans la fournaise en paix et en ressortit en paix >, comme il est dit (GR LL 39 3, p. 399). Comme Abraham, Akiba attend le miracle. Il croit, quoi qu'il arrive [91].

91 Abraham est supposé avoir été condamné au bûcher par le roi Nimrod. Mais les flammes ne l'atteignirent pas.

« Dans notre énigme, il incarne le *Sod* de Pardes, le sens mystique, le niveau du mystère. Il a vu le mystère.

— Qu'a-t-il vu ?

Isaac me regarda dans les yeux.

— Tu vas le voir grâce à son avertissement : < Lorsque vous parviendrez devant les pierres lisses, n'allez pas vous écrier : "Des eaux, des eaux", à cause du passage : "Celui qui dit des mensonges ne subsistera pas en ma présence (devant mes yeux)". > (Ps 101, 7)

— Qu'est-ce que ça veut dire ?

— De nombreuses choses.

« < Si tu bâtis pour moi un autel de pierre, tu ne le bâtiras pas en pierres taillées >, comme il est écrit (Ex 20, 25 et Z p. 471). Les pierres lisses sont des pierres taillées, interdites parce que les idolâtres les emploient. À travers cette métaphore, qui évoque la tentation idolâtre, Akiba nous met en garde contre l'idolâtrie du sens.

« Ce n'est pas pour rien que la Torah est comparée à de l'eau (Baba Qama 17a). On croit la comprendre, on n'aperçoit qu'un tout petit peu de son sens, comme, lorsque l'on veut saisir de l'eau, on ne recueille qu'un peu d'humidité sur les mains. Elle est insaisissable. La Torah a soixante-dix faces, dit-on encore, c'est un puits inexhaustible. Elle porte un nombre infini de sens (MR NR 13, 15).

« < Les eaux se condensent comme la pierre >, est-il écrit (Jb 38, 30). On peut donc voir les pierres lisses comme de la glace, une Torah figée, gelée. Une Torah-Vérité sans ses soixante-dix faces, amputée du courant dynamique des interprétations, ne serait que mensonge. Ce que nous y trouvons n'est rien comparé à l'*inexhaustible* qu'elle contient.

— Mais, là encore, vous dites le contraire de ce que vous avez dit ! Akiba, le législateur, discrédite lui-même les interprétations définitives qu'il impose !

— Pourquoi pas ? Au niveau du mystère tout est possible, fit Isaac dans un sourire, le regard vif.

« Il y a d'autres interprétations...

Isaac feuilleta un livre, puis lut :

— < Devant les pierres lisses, n'allez pas vous écrier : "Des eaux, des eaux" : cela représente les premières tables et les secondes >, comme il est dit [92].

Il leva les yeux vers moi pour expliquer :

— Les premières tables de pierre que Moïse rapporta révélaient l'arbre de vie ou la Torah mystique. Les secondes correspondent à l'arbre de la connaissance du bien et du mal, du permis et de l'interdit. Pour trouver les premières, il faut regarder à travers les secondes, dans la profondeur (les eaux) et non à la surface (les pierres lisses). L'avertissement de Rabbi Akiba concerne alors les trois premiers niveaux de sens : les lectures littérale, symbolique et exégétique n'atteignent pas le sens secret. Ne vous y arrêtez pas ! Lisez à travers les lignes, dans l'abysse des mots, l'insaisissable qui n'est pas à comprendre.

« Il existe des bibliothèques pleines d'autres interprétations de cette *michnah*. Alors, examinons la question la plus importante, celle par laquelle tout ce que nous venons de dire se rassemblera. Quelle question ?

— Comment sont-ils allés dans ce verger céleste ?

— Exactement. < Ils sont montés au ciel par la vertu du Nom divin, dit Rachi. Ils prononcèrent un nom sacré et se retrouvèrent dans les hautes sphères où réside la *Chéckhinah* >. Le *Tossaphot* [93], plus rationnel, précise : < Ils ne sont pas effectivement montés, mais en

92 Z 26b p. 153. Moïse brisa les premières tables de la Loi lorsqu'il vit que les Hébreux avaient fabriqué un veau d'or pendant son absence de quarante jours. Il remonta ensuite sur le mont Sinaï pour apporter les secondes tables. Les premières, détruites, étaient-elles identiques aux secondes ? On suppose que non.
93 Addition, complément : collection d'enseignements complétant et commentant ceux de Rachi.

méditant sur le nom divin, les choses leurs sont apparues comme s'ils étaient montés. > Ils ont peut-être étudié un passage de la Torah et ils ont approché le mystère de la *Chéckhinah*, la Présence divine, ajouta Isaac en se balançant.

Une question me taraudait depuis le début :

— Quelles sont ces techniques mystérieuses dont parle Rachi et qui, pour lui, auraient permis aux quatre Rabbi d'aller au Pardes ?

— Elles sont mystérieuses…

— Elles m'intéressent.

Isaac hésita. Il garda un silence impénétrable pendant une minute.

— Entre nous, il n'y a pas de secret, n'est-ce pas ? plaidai-je pour le faire fléchir.

— Non, il n'y a pas de secret, mais tu dois percer toi-même certains mystères. Voici une technique, concéda-t-il.

« Tu peux prononcer les quatre lettres du Nom en les scandant quelques milliers de fois, d'abord, en les faisant monter de l'horizon vers le ciel : Yod, Hé, Vav, Hé, puis du ciel à la terre, dans ton corps : Yod sur ta tête, Hé dans la tête, Vav au cœur, le second Hé dans le sexe. Tu les prononces ensuite, de gauche à droite puis de droite à gauche : Yod, Hé, Vav, Hé.

— Cela fait la figure d'une croix.

— Non. C'est un T à l'envers. La verticalité rejoint l'horizontalité. Tu es la verticale. Tu montes vers le divin, puis tu le fais descendre en toi, et ensuite tu le répands dans l'En-bas.

« Rassemble d'abord ta personnalité en un petit point, puis pense au sens de ces lettres en les prononçant : Yod, le point du jaillissement, Hé, l'En-haut, Vav, le lien et l'espace, Hé, le monde de l'En-Bas.

Rabbi Isaac se pencha en avant en inclinant la tête comme s'il saluait cet Un, et se tut.

★

— Nous n'arriverons pas au cœur du mystère, ni de la Torah, ni du sens de l'intervention de Rabbi Akiba, et c'est exactement ce qui doit arriver, conclut-il un peu plus tard. La *michnah* du Pardes, qui veut, en apparence, nous inciter à ne pas entrer dans la Torah sans l'aide de la tradition orale, s'achève sur une énigme, et cette énigme, insoluble, incompréhensible de façon certaine, nous laisse, comme il se doit, avec plus de questions que de réponses. Et elle nous reconduit à l'étude.

« L'Infini est insaisissable. Pour nous, il est dans l'étude.

« Tu trouveras ce que tu cherches dans la Torah, et tu en sortiras comme tu y es entré. Si tu cherches un Dieu auquel croire, tu le trouveras. Si tu cherches un Dieu vengeur et insupportable, tu le trouveras. Si tu doutes avant d'y entrer, tu en sortiras avec ton doute. Si tu cherches l'extase, tu la trouveras. Mais si tu y entres, ne t'arrête pas en chemin, va jusqu'au bout, va jusque dans le sens mystique, jusque dans l'extase du Jardin de la Torah. Tu es le miroir de Dieu. Dieu se regarde en toi.

★

Le chemin de l'étude n'est pas le plus facilement accessible. Comprendre la Torah ou la Michnah requiert de décrypter le sens de chaque mot, de reconnaître les symboles, d'avoir lu et retenu les commentaires, somme toute de faire une enquête, d'avoir le goût de l'investigation. Nous n'avons pas tous l'érudition et l'élégance intellectuelle de Rabbi Isaac qui alliait dans son tempérament les personnalités du détective, du cambrioleur de secrets, du philosophe et du mystique.

Mais ce chemin m'était le seul possible. Je n'avais pas reçu la grâce, ni jamais été capable de cette foi qui permet de se dispenser de chercher et de comprendre mais qui efface parfois un facteur fondamental de la démarche spirituelle : changer plutôt que se soucier de plaire à Dieu.

Peu à peu j'apprenais. J'acceptais l'incertitude dans mon existence à travers l'indétermination du sens où Rabbi Isaac me conduisait régulièrement. J'observais ce qui m'arrivait comme nous avions décortiqué la *michnah* sur le Pardes, en y cherchant quatre niveaux et un grand nombre d'interprétations, pour finalement n'y voir qu'un mouvement ténu dans le brouhaha des choses et le murmure de l'Infini.

Je pratiquais aussi, bien qu'irrégulièrement, les exercices et les méditations que Rabbi Isaac prescrivait. L'étude, ces méditations et la fréquentation d'Isaac me changeaient. Je le constatais *a posteriori*, j'avais plus de patience et de bonté, de concentration, d'assiduité, de calme et de courage… L'Un devenait *vrai*.

CHAPITRE 7

Le chemin du ciel

Premier mouvement

Le bien et le mal

Voilà huit ans que je connaissais Rabbi Isaac. Il vieillissait. Il fallait le tirer par la manche pour qu'il accepte une promenade. Mais ses yeux clairs restaient pétillants, son esprit plein de fougue, sa répartie acerbe et tendre à la fois.

J'arrivais souvent dans l'après-midi. Nous ne passions pas tout notre temps à étudier. Nous devisions aussi sur des sujets graves, comme les conflits du monde ou la renaissance de l'extrême droite. « Celui qui n'aime pas son prochain finit par le haïr », avait-il dit sans nuance, et je ne savais pas s'il était sérieux ou s'il plaisantait.

Il avait beaucoup d'humour. Je n'ai malheureusement pas toujours noté ses jeux de mots, ses calembours et ses provocations.

— Si le péché est un symptôme, la maladie, c'est Dieu. Mais il n'y a pas de pécheur, il n'y a que des interprétations, me dit-il en m'accueillant.

Les locataires de l'immeuble, d'abord solidaires dans la lutte contre l'expulsion, s'éparpillaient peu à peu. Monsieur Oubné, qui habitait au premier, avait accepté l'offre de relogement de la mairie et allait bientôt quitter le quartier. On avait promis à madame Benguish un F5 à Sarcelles. Bien que clamant sur tous les tons, de la furie à l'apitoiement, qu'elle regretterait le quartier, on sentait qu'elle allait y succomber.

Les jeunes, qui ne voulaient pas aller en banlieue, stimulaient leurs parents à la résistance ou, lucides, leur conseillaient de négocier une HLM *à Paris*.

Bien que participant au combat, je ne croyais pas la victoire possible. Les deux extrémités latérales de l'immeuble s'affaissaient tandis que le centre ne suivait pas le même mouvement. Les planchers des appartements s'inclinaient plus qu'il était raisonnable de l'admettre. La façade se fissurait profondément. Tout tombait en ruine et me semblait vraiment irréparable.

Le quartier changeait rapidement. Il gardait sa spécificité populaire mais devenait froid. L'ambiance, qui ressemblait jadis à celle d'un petit village habité par des gens qui se connaissaient pour y être nés, ou y être arrivés en même temps d'un même village d'Algérie ou d'ailleurs, prenait rapidement le caractère austère et impersonnel des autres arrondissements, où l'on passe, en locataire, quelques années, en ignorant son voisin pour qu'il vous ignore aussi, comme une convention de politesse et de savoir-vivre. On voyait moins d'*anciens* aux cafés du boulevard. La génération qui avait connu les pays du soleil permanent était devenue très minoritaire.

Chez Rabbi Isaac, je pris l'habitude de laver la vaisselle sale, si bien qu'il en prit l'habitude aussi. La vaisselle attendait donc ma visite, parfois plusieurs jours, et dégageait alors un parfum de commencement du monde.

La cuisine n'avait pas été améliorée depuis quelques décennies. L'évier était une sorte de grande pierre plate, posée trop bas et formant une légère inclinaison avec le mur carrelé. Le robinet, trop haut, éclaboussait largement au-delà de la verticale. Il fallait se plier et se laisser arroser pour laver une tasse. Un jour, j'introduisis dans cette maison un élément du confort moderne, un embout pour robinet. Apparemment Rabbi Isaac n'en avait jamais vu.

— *Et céla il existe dépuis longtemps ?*

— Mais oui, chez tous les quincailliers.

— *Arch. Ti mé vois ? J'entre chez lé quincaillier et jé lui dimande ine prépice pour ine robinette circoncise.*

— Rabbi Isaac, circoncis n'a pas de féminin !

— *Arch, ti as raison. Robinette est déjà féminin.*

Il valait mieux parler d'autre chose.

Nous prenions le thé chez lui ou *Chez Maïcha*, un petit café du boulevard de Belleville. Il y rencontrait des amis et des voisins. Parmi eux, monsieur Benjamin, un pied noir âgé, qui se promenait souvent à la recherche de quelqu'un à qui parler. Dès le matin, il portait le deuil de la journée qui n'a pas commencé. Son rapport au monde était celui des ténèbres. Il ne voyait que le côté obscur des choses. Rien n'allait et tout le monde était dans l'erreur. Ainsi, l'école d'aujourd'hui ne formait que des automates ignorants, la drogue envahissait les esprits, les vols se multipliaient, le temps était trop chaud, trop froid, trop humide, trop court, trop sale… Lui qui avait habité une colonie pestait contre les immigrants ! Tous les sujets du journal télévisé passaient au crible de sa consternation. Et il repérait des machinations antisémites partout. Rabbi Isaac le raillait gentiment, allant parfois jusqu'à exagérer ses propos déjà très excessifs : « Il faut enseigner le judaïsme aux *goyim*. Lorsque suffisamment de *goyim* se seront convertis, les autres ne pourront plus être antisémites. Pour affaiblir ses opposants, il faut en faire des alliés », lui dit-il un jour pince-sans-rire. Souvent, il lui disait simplement : « La joie ouvre le cœur. »

⋆

L'histoire du jardin d'Éden m'intriguait depuis longtemps. Je proposai à Rabbi Isaac d'y entrer par cette question :

— Pourquoi y a-t-il un arbre de vie et un arbre de la connaissance du bien et du mal dans le jardin d'Éden ?

Comme à l'accoutumée, il réfléchit longuement et tranquillement, nous allâmes nous laver les mains, nous nous concentrâmes, il prononça le *Shema Israël* puis se balança d'avant en arrière en répétant *Ékhad.*

— Il y a mille manières d'aborder cette question, dit-il enfin. Nous allons étudier *tov vara*, le bien et le… mal. Or *bien*, pour *tov*, est une traduction beaucoup trop simpliste, et *mal*, pour *ra*, presque fausse. En fait *tov* et *tov vara* nous indiquent trois façons de voir le monde, trois modes de rapport à la réalité. Ensuite, en suivant Noé et Jacob, nous examinerons quel chemin emprunter, celui de la morale, du bien et du mal, de la Loi, ou celui du ciel, de la connaissance.

Après ce préambule, il se cala sur sa chaise et commença calmement, d'une voix douce, en se lissant la barbe.

— Tu sais que la première apparition d'un mot dans la Torah nous indique le fondement de son sens. < Et dit Elohim que soit lumière et il y a lumière ; et voit Elohim la lumière : quel *tov !* [quel bien !] > (Gn 1, 3).

« Examine ce verset. < Et dit Elohim > : c'est sa première parole. Il n'a pas de bouche et personne n'est là pour l'entendre ! Il se parle à lui-même. Lorsque

Elohim *dit*, il pense, et sa pensée n'est pas différente de la chose qui lui apparaît dans sa pensée. < La lumière demeura avec lui >, comme il est écrit (Dn 2, 22). La parole d'Elohim, ce sont des lettres qui s'assemblent, nomment et, nommant, créent. Elohim *dit-pense* "lumière" et c'est sa pensée qui est la lumière. Sa pensée produit la lumière ou la lumière produit sa pensée, c'est la même chose. Lettre à lettre, lumière, *or* (AVR), s'écrit Aleph, la lettre qui précède le commencement (Béréchit) et qui équivaut à l'Un ; Vav, le lien et les six directions ; Rèch, la tête, symbole de la pensée. La lumière serait donc l'Un allant dans l'espace comme une pensée.

« < Elohim voit la lumière > et cette lumière, il l'appelle *tov*. *Tov* n'a pas encore d'opposé. Ce n'est pas le bien qui se compare au mal, c'est la pensée qui se constate et qui constate, "cela est, cela existe" – rien de plus.

« Avec "l'arbre de la connaissance" apparaît *ra* pour la première fois. < YHVH-Elohim plante un jardin en Éden, l'arbre de vie au milieu et l'arbre de la connaissance *tov vara* (^TVB VRa) >, comme il est écrit [95]. Puis il dit à l'Adam : < Tu n'en mangeras pas. >

Isaac s'animait à mesure qu'il expliquait, fronçant les sourcils et écarquillant les yeux alternativement.

— *Ra* a un sens très étendu. Il signifie *autre*, *prochain*, *étranger*, *ce qui est autre*, *toutes choses*, *douleur*, *malheur*, *souffrance*, *mal*.

« Un arbre particulier est signalé dans ce verset par l'injonction de ne pas en manger. C'est donc celui-là qu'il faut examiner.

95 Gn 2, 9. VRa (*vara*) : Le Vav devant *ra* est la conjonction de coordination *et*. La lettre Beth se prononce parfois comme un B, parfois comme un V.

« L'arbre *tov vara* est le symbole de la connaissance duelle, *tov* et *ra*, *ce que c'est* et *autre*. Duelle, mais pas morale, s'exclama-t-il, non pas le bien et le mal mais le vrai et le faux.

— Mais qu'est-ce qui est vrai et qu'est-ce qui est faux ?

— Qu'est-ce qui est vrai *et* faux ? La lettre Vav devant *ra* (*vara*, VRa) signifie *et*, insista-t-il en me pointant du doigt.

« Une rivière, par exemple, représente une source d'irrigation ; on peut aussi s'y laver ou s'y abreuver. Mais elle constitue un obstacle pour qui veut la traverser et une calamité pour qui s'y noie. La rivière est *tov vara*. *Tov*, elle est ce qu'elle est, rivière. *Ra*, elle est aussi autre chose, irrigation, lavoir, eau, obstacle, danger… Comme source d'irrigation, on peut l'associer à récolte, richesse, travail, nourriture ; comme lavoir, à propreté, bien-être ; comme obstacle et danger, à séparation, deuil, mort, chagrin.

« Nous pouvons toujours considérer la réalité d'un autre point de vue. La réalité est “mouvante”. Tout ce que nous pouvons en dire est vrai *et* faux, incomplet, partiel.

« Ce qu'il faut comprendre, c'est que *vérité* s'oppose à *réalité*. Nous appréhendons un monde qui est réel de plusieurs manières, mais qui n'est pas vrai. Le monde *vrai* est sans qualité et sans attribut et exclut tout jugement. Est sage l'homme qui reconnaît ces deux niveaux simultanément. Il voit que le monde duel n'est pas vrai, que « tout est Un » en vérité.

« Regarde ! Tu trouves *ra* (Ra) dans un verset très connu : < Tu aimeras ton autre (*réa*, Ra, prochain) comme toi-même. > (Lv 19, 18) Ce sont les mêmes consonnes prononcées autrement. Ici, elles signifient *autre, parent, voisin, étranger, objet, ce qui est autre, toutes choses*. Autant dire : “Tu aimeras toi et tout autre comme Un”.

« *Tov* désigne donc le constat, et *tov vara*, le mode de connaissance partiel.

Isaac attendit que j’intègre ces notions en me fixant comme s’il me les insufflait du regard.

— Il y a un troisième sens, reprit-il lentement. À l’intérieur de la connaissance dualiste *vraie et fausse* apparaît un autre *tov vara*, où *tov* signifie bien, bonheur, félicité, et *ra*, douleur, malheur, souffrance. On entre donc ici dans la connaissance subjective, appropriée par celui qui est capable de bonheur et de souffrance, toi, tout homme. L’arbre de la connaissance *tov vara* signale alors l’expérience du bonheur et de la souffrance, du goût et du dégoût, du bon et du mauvais, en somme, d’un jugement sur ce qui est. < Et l’Adam et sa Icha virent que l’arbre était bon (*tov*) à manger, agréable, convoitable pour la vue, et précieux pour ouvrir l’intelligence [96]. > Ils ont mangé le fruit d’un arbre et ils l’apprécient selon les critères qui leur permettent de se découvrir soi-même en tant que personne s’appropriant le monde, y constatant leurs goûts et leurs dégoûts, l’amour et l’aversion, le bonheur et le chagrin.

« Tu as donc trois façons de considérer la réalité. *Tov* seul, le constat de *ce qui est là* – un arbre, une rivière, une lumière. *Tov vara*, l’interprétation partielle et mouvante – une rivière utile et dangereuse, un arbre dont le fruit est comestible ou non. Et ensuite l’évaluation subjective – un arbre bon à manger, j’aime ce fruit. Il n’y a pas de nuance morale.

96 Gn 3, 6. La femme ne sera appelée Ève qu’à la fin du chapitre. Avant, on la nomme Icha, la femme.

Il faisait froid. J'avais gardé mon manteau et je grelottais. Les paroles d'Isaac formaient de petits nuages laiteux devant lui. Sur les vitres, la condensation dessinait un marais de ruisseaux dans la poussière.

Il reprit autrement.

— Tout est une question de niveau.

« Au point du jaillissement, il n'y a ni *tov* ni *ra*. L'Infini ne connaît pas le bien et le mal. < Et l'obscurité n'est pas obscure pour Toi >, comme il est écrit (Ps 139, 12).

« Pour Dieu créant une création, tout est *tov* : "ce que c'est comme c'est", sans jugement.

« Pour l'homme la réalité objective (qui n'est jamais *vraie*) est perçue selon plusieurs éclairages.

« Enfin, dans un point de vue subjectif, "ce qui est" est apprécié : bon ou mauvais, j'aime ou je n'aime pas. *Tov* et *ra* deviennent *tov* ou *ra*.

« Ces différents états de la conscience ne sont eux-mêmes ni bien ni mal. Ils sont nécessaires et concomitants.

— La subjectivité n'est donc pas *mal*, dis-je pour m'assurer que je comprenais. Et il n'y a pas de pécheur, il n'y a que des interprétations, avez-vous dit avant même que j'aie posé la question d'aujourd'hui.

— Pour exister dans le monde, il faut se l'approprier et pour cela le prendre dans une certaine subjectivité. C'est ce rapport au monde qui fait que tu es un *Adam*, de la poussière *séparée* de la terre, un individu [97].

— Qu'est-ce que c'est que ce jardin d'Éden ?

— < Il rassemble le tout et le condense en son sein >, comme il est écrit (Z 29a, p. 166). L'Éden symbolise ce

97 YHVH-Elohim forma un Adam, poussière séparée de la *adamah*, la glèbe (Gn 2, 7).

point du rassemblement de tout en Un. Dans cette vision, il y a dissolution du visionnaire, comme dans l'Amour il y a, idéalement, dissolution de l'amoureux.

« Le jardin d'Éden est ici, regarde-le. Tu peux y pénétrer instantanément. Pour cela, saute de la conscience du fractionnement et de l'interprétation *tov vara* à la conscience transcendant les oppositions, l'interprétation et le jugement. Dans ce rassemblement de la conscience unifiant la conscience, sachant qu'il n'y a pas d'extérieur, tu es comme Dieu et tu peux dire de tout : *tov* !

Deuxième mouvement

Le pur et l'impur

Il fallait une forte capacité d'abstraction pour voir le jardin d'Éden dans cette pièce où les noms gravés des déportés hurlaient leurs cris silencieux. Devais-je renoncer au jugement concernant même leurs destinées ?

Monsieur Benjamin arriva. Il avait cherché Isaac dans les cafés et les salons de thé du Boulevard et s'était résigné à aller chez lui.

— Je ne vous vois plus *chez Maïcha*, monsieur Goldman !

— J'y étais hier. Asseyez-vous.

Monsieur Benjamin hésita.

— Nous étudions *tov vara*, dit Rabbi Isaac.

— Ah ! Plus personne n'étudie aujourd'hui. Les bonnes traditions se perdent, gémit le visiteur qui, je le sentais, allait nous affliger de l'énumération des catastrophes du jour et de toutes celles qu'il prévoyait dans l'avenir…

— Étudiez-vous, monsieur Benjamin ? demandai-je à cet homme dont le pessimisme chronique m'irritait.

— Vous savez, moi, je suis un ignorant, avoua-t-il sans modestie.

— Asseyez-vous, l'invitai-je à mon tour.

Il accepta finalement la chaise qu'Isaac lui montrait. Comme à l'accoutumée, Rabbi Isaac résuma ce qui avait précédé et poursuivit :

— Les prophètes et les religieux se donnent le droit de juger du bien et du mal, mais justement, selon la Genèse, c'est de l'arbre de la connaissance du bien et du mal qu'il ne faudrait pas manger.

Il y avait de l'ironie dans le ton d'Isaac.

— Ce qu'il ne faut pas faire, le mal, insista-t-il, consiste précisément à juger du bien et du mal. Il est dit qu'en dehors du jardin d'Éden, < l'arbre de vie c'est la Torah [98] >, mais les rabbins reproduisent la faute qu'ils imputent à l'Adam en faisant de la Torah un arbre de la connaissance *tov vara* dans le sens de bien et mal ! Ils n'y lisent que des commandements positifs ou négatifs et nous entraînent dans leur erreur [99].

« Je peux le dire autrement : ceux qui prennent la Torah pour un corpus de lois ne regardent pas, sous l'écorce, la Torah mystique qui nous parle de < YHVH le vivant > et de < YHVH Un > (Os 1, 10 et Dt 6, 4). Lorsque tu étudies, cherche ce qui n'est pas *tov vara*, souviens-toi que la lumière est *tov*, seulement *tov*.

Je connaissais assez bien ces chapitres de la Genèse :

— Mais YHVH-Elohim dit à l'Adam : < Du jour où tu mangeras de l'arbre de la connaissance, tu mourras. > Qu'est-ce que cela veut dire ?

— L'Adam est-il mort d'avoir mangé un fruit ?

98 Rabbi Schneour-Zalman de Liadi, *Likoutei Amarine - Tanya*, chap. 4. Voir aussi Tiqoune Ha-Zohar 24a et Talmud de Babylone, sotta 39b : *la Torah, c'est le Saint, béni soit-il.*

99 Selon le décompte de Maïmonide, il y a 613 commandements dans la Torah : 248 positifs (faire) et 365 négatifs (ne pas faire). Les commentateurs y ont ajouté d'innombrables interprétations qui augmentent largement ce nombre.

— Non. Il aura ensuite trois enfants. Mais n'est-il pas supposé avoir été immortel ?

— Il n'a jamais été dit qu'il était immortel. L'immortalité supposée, comme tu dis, est une déduction par proximité tirée du verset que tu cites : < Du jour où tu en mangeras, de mort tu mourras. > Rien n'a jamais été immortel ! La tradition enseigne : < Tout ce qui procède de l'enfantement meurt et pourrit, est créé et ne crée pas. Ce qui ne procède pas de l'enfantement ne meurt ni ne pourrit, crée et n'est pas créé. > (M R Gn R XII 7) L'homme, créé par une association de souffle et de terre, < meurt et pourrit >.

— Pourquoi alors cette menace de mort ?

— Pour te montrer ce qui est mortel !

Rabbi Isaac devint extrêmement grave, comme lorsqu'il voulait me montrer une notion essentielle.

— Ce que tu vis comme *tov vara* est mortel, proféra-t-il en soulignant ce dernier mot. Ce qui est vécu dans le jugement, ce que tu vis dans l'identification à l'opinion ou à ton appréciation mourra, disparaîtra, parce que ce n'est pas vrai. Ce qui n'est pas vrai est évanescent, éphémère. Ce que tu vis comme *tov*, dans la connaissance *Une*, non fragmentaire et non subjective, unie, est vrai, immortel, éternel parce qu'intemporel.

— Laissez-moi deux minutes pour intégrer ça ! murmurai-je. Il ajouta sans attendre :

— Souviens-toi du verset : < Celui qui dit des mensonges ne subsiste pas devant mes yeux ! > (Ps 101, 7) La parole fonde le monde et la parole peut le détruire. Ce que tu vis dans le mensonge, l'apparence et la dissimulation s'efface immédiatement, n'a jamais existé. Si tu feins, tu n'existes pas.

« Comprenez-vous, monsieur Benjamin ? ajouta Isaac en se tournant vers lui.

Le visiteur ne devait pas être habitué aux subtilités des interprétations d'Isaac.

— Je vous écoute, mais ne faites pas attention à moi, répondit-il.

— Lorsque vous juger de l'état du monde vous n'êtes jamais dans le vrai. Ce que vous en pensez est toujours partiel.

— Partiel, partiel ! soupesa monsieur Benjamin en hochant la tête, partiel peut-être, mais le monde va quand même mal !

Isaac fronça les sourcils :

— Le monde ne s'est jamais bien porté, monsieur Benjamin. Il est ce qu'il est et nous pouvons même le voir autrement !

J'évoquai un passage du livre de Margarete Buber-Neumann sur Ravensbrück qui décrivait ce qui se passait à l'infirmerie du camp. « L'infirmière chef, Gerda Quernheim, noyait les nouveau-nés, avec la complicité du médecin balte Rosenthal, elle assassinait aussi, la nuit, quelques-uns des malades pour leur voler leurs dents en or. » Margarete Buber-Neumann en parla à la *Langefeld.* « Celle-ci poussa des cris hystériques : "Ces médecins *SS* sont des criminels, etc." » Et l'auteur fit cette réflexion : « Pour cette femme, il existait encore des notions de bien et de mal, notions que ses collègues *SS* avaient depuis longtemps jetés par-dessus bord [100]... »

— Là, à Ravensbrück, dis-je, où les conceptions du bien et du mal avaient perdu presque tous leurs sens, la morale avait servi de garde-fou ultime à certaines personnes. Pouvait-on s'en passer aussi complètement que vous le suggérez ?

100 Margarete Buber-Neumann, *Milena*, édition du Seuil, 1986, p. 241.

Rabbi Isaac a refusé d'évoquer la shoa de près ou de loin pendant toutes les années de nos rencontres régulières. Sauf une fois [101].

Il répondit :

— Avec ta question, tu nous conduis dans les ténèbres des soubassements du monde. Et ce n'est pas le moment d'y aller.

Rabbi Isaac pensait-il à monsieur Benjamin, qui n'avait pas besoin d'être encouragé à regarder la face noire du monde et qui dodelinait de la tête en approuvant ma question ?

— La morale est nécessaire, d'accord, bien sûr ! N'en faisons pas une obsession, dit Rabbi Isaac avec un certain agacement. De toute façon, nous ne savons pas ce que sont le bien et le mal. N'avez-vous jamais constaté qu'un malheur ou un échec vous a finalement été profitable d'une manière ou d'une autre ! souligna-t-il en s'adressant à monsieur Benjamin. “C'est un mal pour un bien”, dit-on souvent, justement pour se souvenir que nous ne savons pas ce qu'ils sont. Cela ne signifie pas qu'ils soient égaux, identiques, semblables, équivalents. Mais très peu de choses sont clairement bien ou mal.

« Dieu a fait l'homme à son image. Lorsqu'il le créa, il n'y avait pas de miroir. Ce n'est donc pas en se regardant que le texte suggère que l'on voit Dieu, mais en regardant autrui. Il est écrit que Dieu a fait l'homme à son image afin que tu saches que si tu veux voir Dieu, il faut que tu regardes ton prochain. L'image de Dieu, c'est l'autre. Si tu tues un homme, tu détruis une image de Dieu et tu effaces aussi l'image de toi-même que l'autre te renvoie.

101 Voir chapitre 8.

— Mais les principes moraux sont quand même des repères, insistai-je.

— Il n'y a plus de morale dans le monde et vous voyez ce qu'il est devenu ! renchérit monsieur Benjamin.

— Deux chemins s'opposent dans toute religion : faut-il faire descendre le divin dans le monde ou monter vers lui ? énonça Isaac d'un air résolu. Les œuvres ou la grâce ? Le chemin de la loi (la Michnah) ou le chemin du ciel ? La voie horizontale ou l'ascension verticale ? C'est cette question qui détermine notre fréquentation du divin.

« Si tu étudies la Torah et laisses ton voisin dans sa souffrance, tu es comme ben Azzaï qui sait et ne fait rien [102] ! Mais d'où te vient l'inspiration d'aider ton prochain : d'un commandement ou de l'intuition que tout est Un et que tu pourrais aussi bien être à sa place ?

Isaac baissa les yeux et s'interrompit. Je repris :

— Pour vous l'étude doit précéder l'action ?

— Pas même l'étude, la connaissance de Dieu ! s'exclama Isaac en écarquillant les yeux, l'index levé.

Monsieur Benjamin profita de mon intervention :

— L'assassin, le voleur, le violeur iront-ils au ciel, monsieur Goldman ? Dieu n'est-il pas juste et ne nous demande-t-il pas d'être juste ?

— Certains de nos sages ont dit que toute expérience spirituelle doit nécessairement passer par le chemin moral et que tout autre chemin est idolâtre, reprit Isaac, plus calmement. Bien sûr ! ajouta-t-il, conciliant, brassant l'air devant lui. Si ta préoccupation spirituelle ne se traduit pas en actes, elle est vide, inutile. Mais je ne

102 Voir chapitre 6, 4ᵉ mouvement.

pense pas que le chemin de la Michnah conduise à la connaissance de Dieu. Ceci n'est pas non plus contraire à la tradition. Zalman le Grand le disait aussi.

« La pratique de la Michnah conduit, dit-on, < à la sainteté (*qedoucha*) qui concerne ce monde-ci et celui qui vient >. Je ne cherche ni la sainteté ni *le monde qui vient*. < Le monde tient sur trois choses, enseigne le Pirqé Avot : la Torah, le culte et la pure générosité > (Pirqé Avot 1, 2). Le monde tient là-dessus, mais pas le ciel ! Le monde n'est qu'une illusion [103].

« Je vise Dieu, comme Zalman, et je l'invoque comme lui. Isaac ferma les yeux pour dire : < Maître de l'univers, je ne désire ni ton paradis ni tes récompenses dans l'au-delà. Ce à quoi j'aspire, c'est à te connaître, toi seul [104]. >

Il souffla à voix basse d'un air de conspirateur :

— Bien qu'il soit interdit de faire une nouvelle *michnah*, je vais en faire une.

« Le ciel repose sur trois choses : la "crainte" comme nous en avons parlé, qui signifie aussi enseigner, viser, et qui consiste à retrouver les étincelles de la lumière divine en toutes choses ; l'Amour qui n'a pas de conséquence négative et qui inclut tout, le bien comme le mal, l'ami et l'ennemi, le juste et l'injuste, le proche et le

103 Dès les origines du mouvement hassidique, en Europe centrale, l'école de Pinhas de Korets s'opposa à l'école de Dov Baer et de Schneour-Zalman. Le premier privilégiait le perfectionnement moral et la lutte pour l'élévation du monde matériel. Il se fondait sur le psaume : < Détourne-toi du mal et fais le bien >. Pour les seconds, le monde n'est pas réel, et donc, lutter pour sa perfection équivaut à lutter contre une illusion. Mieux vaut voir à travers ce qui nous sépare de Dieu, son omniprésence, et du sein de cette vision intérieure les autres problèmes trouvent leurs propres solutions. Rabbi Isaac n'est donc pas seul dans sa position.

104 Citation de celui que Rabbi Isaac appelait « le grand », Schneour-Zalman de Liadi, fondateur du mouvement et de la dynastie Habad qui portera le nom de Loubavitch.

lointain ; et *Ékhad*, l'Un, qui résume tout [105]. Celui qui voit l'Un en toute chose pratique la pure générosité, non comme une obligation, mais naturellement. < Lorsque l'homme a compris que tout est Un et qu'il n'y insère plus aucune fragmentation, l'"autre coté" lui-même se retire du monde et ne l'influence plus >, comme il est dit (Z P 12b p81).

« N'écrit pas cela ! me prévint-il en me voyant noter, comme à l'accoutumée, tout ce qu'il disait. Ceux qui ne voient que des lois dans la Torah ne comprendront pas... Il réfléchit :

« Le chemin de la Michnah [l'obéissance à la loi par les actes] aboutit inévitablement au péché et à la culpabilité, parce qu'aucun homme n'est capable de l'accomplir parfaitement. < Dieu n'a pas confiance en ses saints et les cieux ne sont pas purs devant lui >, comme il est écrit (Jb 15, 15). Pendant trois mille ans la Michnah et les *mitsvot* [106] ont été au cœur de la tradition. Pour quel résultat ? Beaucoup d'appelés, très peu de justes. Plus on s'efforce d'approcher le bien, plus on observe aussi son opposé et on reste dans la dualité *tov vara.*

« < Qu'est-ce que l'homme pour qu'il soit pur ? >, comme il est écrit (Jb 15, 14). Et pour montrer que ces notions sont relatives et incertaines, le Talmud nous dit : < Rabbi Meïr avait un disciple, nommé Soumkhos, qui pouvait fournir quarante arguments prouvant qu'un objet était impur, et autant prouvant qu'il était pur. > (TB Er 13b, p. 261)

105 Sur la « crainte », l'amour et *Ékhad*, voir chapitre 2, 4e mouvement, et chapitre 4, 3e mouvement.
106 *Mitsva* (pluriel *mitsvot*) : devoir religieux commandé par la Torah et défini par le Talmud.

« Des hommes très simples peuvent prendre le chemin du ciel en sautant du monde de l'En-bas au monde de l'En-haut.

— Et comment fait-on ce saut ?

— Laisse *tov vara* et regarde tout comme Elohim, *tov* !

« La Michnah nous permet de marcher vers la sainteté. La Kabbale nous donne l'élan pour sauter dans les bras de Dieu. Je pense qu'il est temps de prendre le chemin du ciel, de la voie mystique, de fréquenter la transcendance avant de se préoccuper de pureté.

— Qu'est-ce que la pureté ?

Isaac répliqua du tac au tac :

— Le pur est sans mélange, l'impur est mélangé. Le pur suggère un degré de liberté ou d'indépendance. L'impur se réfère à une aliénation. < Qui peut tirer le pur de l'impur si ce n'est l'Un ? >, comme il est écrit [107]. Ces distinctions disparaissent dans l'Un.

« Vous, monsieur Benjamin, vous êtes un homme honnête et droit, lui dit-il avec beaucoup de tendresse, mais vous ne regardez que ce qui va mal. Vous ne me montrez jamais une lumière, un beau geste, un élan d'amour. Incluez la miséricorde dans votre regard !

107 Jb 14, 4. Traduction kabbaliste du verset : Qui peut rendre pur l'impur ? Pas un.

Troisième mouvement

Le chemin de Jacob

Rabbi Isaac recevait énormément de visites. Des Africains, qui habitaient un foyer sur le boulevard de Belleville, venaient aussi chez lui à l'improviste pour qu'il lise et écrive leur courrier. Trois d'entre eux arrivèrent ce jour-là. Isaac les accueillit chaleureusement et se mit au travail après avoir offert le thé.

Monsieur Benjamin, qui n'aimait pas *non plus* les Africains s'éclipsa rapidement.

— Que veux-tu dire aux parents de là-bas ? demanda Isaac à l'un d'entre eux.

— Dis que tout va bien, lui répondit-il, la joie sur les lèvres.

— Ça ne fait pas une lettre ! reprit Isaac.

— Dis que tout va bien, mais dis-le avec plus de mots.

— Dis-le moi toi-même. Qu'as-tu fait hier ?

— Comme d'habitude.

— Tu ne m'aides pas beaucoup ! En fait, tu n'as rien à dire mais tu ne veux pas le dire.

— Monsieur Isaac, fais comme d'habitude !

— D'habitude je te demande quand même ce que tu veux dire, et tu me réponds comme d'habitude.

Il arrachait finalement à ses interlocuteurs quelques détails de leur existence. Ils voulaient surtout paraître enviables et refusaient les idées qu'Isaac leur proposaient si elles portaient sur la difficulté de vivre en France. Le contremaître malveillant, le chômage, le racisme, les tourments administratifs, le logement étriqué n'étaient jamais évoqués. En revanche, de longues formules honorifiques adressées individuellement aux grands-parents, parents, oncles, frères aînés et cadets, très nombreux, et les louanges à Dieu devaient ouvrir la lettre et la ponctuer. Avant de la cacheter, ils y incluaient un mandat.

Rabbi Isaac leur donnait aussi un peu d'argent, lorsqu'un parent était malade ou qu'une petite catastrophe avait frappé la famille au pays. Ainsi, il recevait des bénédictions de contrées lointaines où l'on connaissait son nom et l'évoquait avec gratitude.

Lui qui parlait des notions du bien et du mal avec un certain dédain était prodigue, et le plus souvent en cachette, comme il se doit. J'ai souvent assisté à ses actes de générosité, lorsqu'il ne pouvait pas me les dissimuler. Il avait été tailleur et sa retraite lui assurait de bons revenus. Son loyer, dérisoire, augmentait encore la part de ce qu'il consacrait à la *justice*, comme il disait. Ainsi, ce qu'il disait ressemblait à ce qu'il faisait, ce qui était pour moi l'insigne de la crédibilité.

⋆

Le lendemain, Rabbi Isaac reprit notre question de la veille.

— Nous allons regarder la vie de Jacob, mais avant, parlons de Noé. La première fois que l'on trouve le mot *juste* (*Tsadek*, TsDYQ) dans la Torah, c'est à son propos : < Noé a trouvé grâce aux yeux de Dieu. Noé, homme juste, était intègre dans sa génération, et Noé marchait avec Dieu. > (Gn 6, 8)

« La Torah ne nous dit pas pourquoi < Noé avait trouvé grâce aux yeux de Dieu >. S'il avait été juste, il n'aurait pas eu besoin de la grâce. S'il a trouvé grâce, il n'était pas nécessaire qu'il soit juste. Le Midrach commente : < Et dans les yeux de Noé, Dieu n'a rien trouvé, pas même une larme >. Il y a une grande lucidité dans ce commentaire… et de l'humour parce que *aïn* (aYN), les *yeux*, signifie aussi fontaine. Dieu annonce à Noé que tous les êtres vont être noyés, et Noé ne dit rien, il ne verse pas même une larme. Rachi interprète : < On nous dit que Noé était un homme juste pour nous dire qu'il n'était pas le contraire d'un juste, un méchant. Disons que Noé n'était pas complètement perdu > (Rachi Béréchit 6, 9). En forçant un peu, les commentateurs iront jusqu'à soutenir qu'il a été sauvé parce qu'il serait l'ancêtre d'Abraham (TB Sanh 104a). Il n'avait donc pas grand mérite par lui-même. Et les maîtres de la Kabbale ajoutent : < Si Noé était un juste dans sa génération, par rapport aux générations suivantes, il est considéré comme rien >, car il n'intercéda pas en faveur du monde et le laissa périr, alors qu'Abraham plaida pour Sodome et Moïse protégea les Hébreux en s'offrant lui-même à la mort lorsque YHVH voulu les anéantir (Gn 18, 22 ; Ex 32, 11 ; TB Ber 32a ; Z Noah 67b, p. 344).

« Noé était donc juste, et juste, ce n'est pas grand-chose ! conclut Rabbi Isaac, mélodramatique.

« Maintenant examinons les mérites de Jacob.

Il se redressa pour raconter :

— Isaac était vieux et aveugle. Il fit venir Ésaü, son fils aîné, et lui commanda de lui préparer un repas fait du produit de sa chasse. Il lui annonça qu'il le bénirait ensuite, avant de mourir. Mais Rébecca, la mère d'Ésaü et de Jacob, entendit cela. Elle dit à Jacob de faire ce qu'Isaac avait demandé à Ésaü. Jacob, vêtu comme son frère, d'une peau de bête, se présenta devant son père et prétendit être son frère. Il reçut ainsi la bénédiction que son père destinait à son aîné par une ruse et des mensonges. Pourtant, ce même Jacob fit un rêve qui est l'un des grands moments de la Torah, la fameuse échelle.

Rabbi Isaac ouvrit un tome de son vieux Talmud en douze volumes aux couvertures rigides dont certaines pages étaient détachées. Il commença son balancement d'avant en arrière, en se penchant silencieusement sur les textes, se lissant longuement la barbe de la main gauche. Il lut ensuite les commentaires du Midrach et du Zohar. Cela lui prit une bonne heure. Relevant finalement la tête, il sembla arbitrer :

— Bien sûr Jacob a acheté son droit d'aînesse à Ésaü, pour un plat de lentilles ! Mais s'il avait été un juste, il lui aurait offert l'hospitalité gratuitement ! Il a aussi trompé son père pour recevoir sa bénédiction ! Ce patriarche n'était pas particulièrement moral ; alors, pour l'excuser, les commentateurs disent que Ésaü était encore plus tortueux que lui, et < qu'il usa d'une intelligence pleine de subterfuges > (Z II Toldot 138b). Ils rapprochent Ésaü de Samael, le mauvais ange, et du serpent du jardin d'Éden ; ils croient ainsi justifier Jacob en discréditant Ésaü, et évitent d'examiner son comportement.

« Je ne peux retenir aucun des commentaires qui tentent de minimiser la tromperie. Il faut accepter qu'il y ait eu imposture. Vingt ans plus tard, lorsque Jacob ira apaiser son frère avec de nombreux présents, celui-ci acceptera la réconciliation et lui dira : < J'ai amplement pour moi, mon frère, garde ce qui est à toi > (Gn 32, 9).

Ésaü n'est donc pas si vilain qu'on veut nous le faire croire !

« Faisons un détour.

Rabbi Isaac prit un air songeur.

— Tu te souviens que Moïse reçut la Torah deux fois. Les Hébreux construisirent le veau d'or et Moïse, en fureur, brisa les premières tables de la Loi. Il remonta sur la montagne du Sinaï et en descendit avec d'autres tables. Les premières étaient-elles les mêmes que les secondes ?

« Une tradition enseigne que les premières révélaient aux hommes les principes de l'arbre de vie, qui sont purement spirituels. Elles contenaient la Torah éternelle, c'est-à-dire enseignaient le chemin du ciel, la voie mystique, la sagesse de Dieu. C'est avec cette Torah que Dieu créa les ciels et la terre, comme il est dit. Les secondes tables énoncent les principes de l'arbre de la connaissance qui établissent les prohibitions et les limitations, avec ses lois et ses restrictions. Elles enseignent le chemin du monde ou le chemin de la Michnah, le bien et le mal, le pur et l'impur [108]…

« Cette tradition précise que < lorsqu'on regarde à travers l'écorce de la seconde Torah, on perçoit la première >. Cela signifie qu'il ne faut pas s'arrêter à l'écorce, et donc ne pas s'arrêter à la loi.

« Je ne pense pas que le chemin de la Michnah conduise au ciel. Alors que le chemin de ciel, c'est-à-dire le point de vue de l'Un en l'homme, produit naturellement le comportement harmonieux synonyme de

108 Nous avons dit précédemment que l'arbre de vie, c'est la Torah ; mais prise comme un corpus de lois, la Torah devient un arbre de la connaissance du bien et du mal, selon Rabbi Isaac.

justice et de rigueur qui équivaut à l'accomplissement de la Michnah.

« < Soyez saints (*qédoshim*) car je suis saint, moi, YHVH votre Elohim. > (Lv 19, 2) On interprète ce verset dans le sens d'une invitation à obéir à la Loi. Mais ce n'est pas si simple. Les patriarches, par exemple, ne sont pas si vertueux qu'on veut le croire. Nous l'avons vu avec Jacob. Et si Dieu ne nous révélait que la loi, qui indiquerait la transcendance ? Il est plus exigent et bien plus subtile. Le judaïsme ne se limite pas à l'éthique, il construit d'abord une métaphysique.

« De quelle sainteté YHVH est-il saint ? Est-il saint parce qu'il mange *cacher*, porte les *tefillin* [109], aime son prochain comme lui-même, pratique les 613 commandements ? Sûrement pas ! Il est saint parce qu'il est Un. < Lui et son nom sont Un. > La sainteté dont il est question dans ce verset est, pour l'homme, unifier toute chose, comme < moi, YHVH, votre Elohim >.

— Ce n'est pas si facile d'unifier toute chose ! dis-je toujours frissonnant [110].

En quelques gestes rapides et précis, Rabbi Isaac ouvrit la Torah et trouva la page qu'il cherchait.

— < Ôte tes sandales (*naalah*) de tes pieds (*regel*) car le lieu où tu te tiens est une *adamah qodesh* (QDCh), une terre sainte >, dit YHVH à Moïse devant le buisson (Ex 3, 5). Ne trouves-tu pas que ce verset est bizarre ?

— Il m'a toujours semblé extraordinaire que Dieu, qui va appeler Moïse à libérer les Hébreux de l'esclavage en Égypte afin de leur donner la Torah, s'occupe

109 Deux petites boîtes de cuir que les hommes portent sur la tête et le bras gauche pour prier le matin. Certains pensent que Dieu porte effectivement les *tefillin* (TB Ber 6a).

110 Rabbi Isaac a déjà abordé cette question au chapitre 5, 3e mouvement. Il répond ici autrement.

de ses chaussures ! Y aurait-il pour Dieu trois mètres carrés de terre plus sainte que le reste du désert ?

— Très juste. Ce qui est bizarre nous invite à l'examen minutieux. *Naalah* (NaL), sandale, signifie attacher, ce qui s'attache. Pied est encore plus intéressant : *regel* (RGL), le pas, la marche, le voyage. “Ôte ce qui attache tes pas, t'empêche d'avancer, de faire le pas, ôte ce qui retient ta marche...” < Car le lieu où tu te tiens est une *adamah qodesh.* > Le verset ne dit pas *érets qodesh. Érets*, c'est la surface de la terre, *adamah*, c'est la matière dont la terre et ton corps sont fait. Je paraphrase : “Car la sainteté est là où tu es, dans ton propre corps”.

« Pour unifier toute chose, ce qui équivaut à rencontrer Dieu, ôte tes sandales, c'est-à-dire laisse ton passé et ce qui te retient dans le monde ordinaire et entre en toi-même dans la terre dont tu es fait et qui est sainte, lorsque tu te débarrasses de la poussière des habitudes, de ce qui t'attache et t'empêche d'avancer. Ôte de toi ce qui n'est pas toi, laisse ton histoire, abandonne ce qui t'empêche d'être disponible. YHVH fait de Moïse un homme nouveau et libre, afin qu'il conduise les Hébreux à devenir, eux aussi, nouveaux et libres.

Isaac me tendit la Torah :

— Lis la suite du verset.

— < Je suis l'Eloha de tes pères, l'Eloha d'Abraham, l'Eloha d'Isaac, l'Eloha de Jacob. Et Moïse se cacha les faces car il craignait de voir l'Elohim. > (Ex 3, 6-7)

— Encore des bizarreries. YHVH se présente à Moïse comme Eloha, Elohim au singulier, le Dieu singulier de ses pères, le Dieu singulier d'Abraham, le Dieu singulier d'Isaac, etc. Pourquoi ?

— Je ne connais que la réponse du Baal Shem Tov. < Chacun des patriarches, interprète-t-il, était parvenu par une voie personnelle à la connaissance de Dieu, et chacun d'entre eux le servait à sa façon. >

— Ce verset insiste sur l'aspect singulier du rapport de chacun avec Dieu ainsi que sur l'unicité de Dieu. Il fonde la liberté religieuse. Rien n'est obligatoire, *chacun le sert à sa façon.*

« Moïse n'est pas devenu Moïse parce qu'il a suivi le chemin de la Michnah. Il n'avait même pas fait circoncire son fils, alors que YHVH l'avait ordonné depuis Abraham ! Et il n'était pas lui-même circoncis. Moïse est devenu Moïse parce qu'il a rencontré Dieu, YHVH-Un, son Eloha. La rencontre avec Dieu sanctifie un homme. C'est Dieu qui rend saint, et non la Michnah.

Quatrième mouvement

Le chemin du monde, le chemin du ciel

— Jacob trompa Isaac, son père, pour obtenir sa bénédiction. Ensuite, il eut peur de la colère de son frère et il s'enfuit, et c'est durant son errance, une nuit, près de Charan, qu'il rêva de l'échelle.

Rabbi Isaac lut dans sa Torah : < Là, il eut un songe [...] Une échelle était appuyée sur la terre, et son sommet touchait au ciel. Et des anges montaient et descendaient par cette échelle > (Gn 28, 12). Au matin, < il prend la pierre dont il avait fait son chevet, il la dresse pour monument et il verse de l'huile sur son sommet. Il donne à ce lieu le nom de Béthel (BYT EL), la maison de Dieu > (Gn 28, 16-20). Il bâtit un temple ! Dieu n'a évidemment pas besoin de maison.

« Si tu veux contempler Dieu, me dit Isaac solennellement, ne t'enferme pas dans un temple ! < Le ciel est mon trône >, comme il est écrit (Is 67, 1). Regarde le ciel ou ta lumière intérieure.

« Jacob dit encore : < Si YHVH est avec moi et me garde dans ce chemin [...] en me donnant du pain et des vêtements, alors YHVH sera mon Elohim. > (Gn 28, 20) Il prend YHVH pour un garde du corps et une mère nourricière ! Il a vu Dieu au sommet d'une échelle verticale, et il pose encore des conditions ! s'exclama Isaac d'une voix aiguë.

« Vingt ans après, à la suite de son combat avec l'ange, une autre expérience mystique, Jacob deviendra un juste. < Ouvrez-moi les portes de la justice ! >, comme il est écrit (Ps 118, 19). Il en ouvrira effectivement la porte en allant se réconcilier avec son frère, dont il a détourné l'héritage.

« Il y a trois étapes dans la vie de ce patriarche. Il achète le droit d'aînesse pour un plat de lentilles et usurpe la bénédiction de son père par la ruse. Ensuite, alors qu'il n'était pas particulièrement méritant en ce qui concerne la bienfaisance et la justice, il rencontre Dieu dans un rêve, voit l'échelle d'ascension, lutte avec l'ange qui lui donnera le nom Israël. Enfin, il va vers son frère pratiquer la justice.

« C'est à partir du ciel que Jacob est devenu un juste, et non par la pratique de la loi ! Voilà pourquoi je préfère le chemin du ciel plutôt que celui du monde !

Il reprit à voix basse :

— Nous pouvons lire cette histoire autrement, au niveau du secret. Là, elle prend tout son sens.

Ouvrant grand les yeux et regardant droit dans les miens, Rabbi Isaac dit avec une gravité enthousiaste : « Demandons à la sagesse de nous inspirer ! » Il garda le silence quelques instants avant de poursuivre sur le ton d'une confidence :

— La lutte des deux jumeaux, Ésaü et Jacob, qui commence dès leur naissance et probablement avant, personnifie celle de l'En-haut et de l'En-bas, de la terre (le corps) et du ciel (l'âme), de la *adamah* et de la *néchamah*, de la matière et de l'esprit, de la personne (*Ich*) et de Dieu (*El*), du moi et du rien, en somme de toutes les dualités qui vivent en chaque homme. Cette lutte illustre le combat métaphysique dans une allégorie. Son dénouement, match nul, montre que l'un ne doit pas dominer l'autre. Le souci de son âme ne doit pas conduire l'homme à mépriser son corps et le monde.

« Jacob sera transformé par sa rencontre avec l'ange. Il devient Israël. Il a vu que celui qui lutte, la lutte et l'adversaire sont Un, qu'il n'y a pas d'*autre*. < Tout est un seul secret >, comme il est dit.

« L'ange le frappa à l'emboîture de la hanche, dit-on pour ne pas lire ce qui est écrit. Il faut traduire : "Et l'ange attrapa le creux mou de sa cuisse", qui est un euphémisme pour le sexe, lui-même symbole du secret et de l'union mystique. L'ange le saisit donc là où s'éveille un jour le secret de l'unité [111]. Ensuite, il est écrit que Jacob boitera, comme s'il ne marchait plus que d'une seule jambe, métaphore pour nous faire comprendre que, dès lors, il se souvenait toujours de l'Un.

« Israël désigne le peuple qui suit la voie du chemin mystique, celle de la lutte de l'homme avec et contre Dieu. Est Israël l'homme qui trouve son unité dans la confrontation, en lui, de toutes les dualités.

Rabbi Isaac se tut, reprit son souffle, puis, levant les yeux au plafond, il me lança :

— Examine cette échelle.

— Comment puis-je l'examiner ?

— Lis ce qui est écrit si tu ne la vois pas encore sans le Livre !

111 Dans l'arbre des séphirot, le sexe a la position du *yessod*, le fondement.

— < Des anges montaient et descendaient de cette échelle. >

Il interrogea mon regard pour y vérifier si j'avais compris. Il ajouta :

— Les anges nous montrent la voie n'est-ce pas ? Elle est verticale. D'abord ascendante puis descendante. Monte vers la Présence en toute conscience, puis fais-la descendre par l'action.

« Tu montes en te servant de l'étude ou de la contemplation. À mesure que tu gravis cette échelle, tu approches du *aïn*, le néant, dont ton *ani*, ton “moi” est fait [112]. Tant qu'il y a encore toi et Dieu, ce n'est pas Dieu, ce n'est pas l'Un. Lorsqu'il n'y a plus de “moi” du tout, tu es En-haut, et s'il y a encore quelque chose, c'est Dieu.

« Sa Présence (*Chéckhinah*) désigne l'absence de soi. Ce n'est donc pas une expérience au sens strict, car sans soi, qui la vit ? La Présence est présente à elle-même. C'est pourquoi Jacob dit : < comme ce lieu est redoutable ! > (Gn 28, 17) Il a découvert la Présence dans son absence à lui-même.

« Du haut de l'échelle, tu peux descendre et agir. Sans ce “moi”, qui est l'auteur de tes actes ? Qui se ferait juge ? Tu ne vois plus le bien et le mal, tu ne sais plus qui est juif ou *goy*, bon ou méchant, agréable ou déplaisant. Comme Elohim, tu vois tout, *tov*, “ce qui existe”. Et tu es *Av ha rakhamim*, comme Dieu, père miséricordieux et matriciel, père et mère pour tous. Et tu peux être utile, généreux, clairvoyant, sans limites, acheva Rabbi Isaac d'une voix emphatique dans un certain lyrisme maîtrisé.

Isaac parut réfléchir un instant.

112 *Ani* (moi) est l'anagramme de *aïn* (rien), une sorte de construction vide.

— La voie horizontale est plus tortueuse. En suivant le chemin de la Michnah – les bonnes actions et les *mitsvot* – tu risques de mépriser ceux qui ne le suivent pas, ne pratiquent pas ta religion, ne partagent pas tes valeurs. Cela se voit partout !

« Les religions, lorsqu'elles ne forment qu'un ensemble de contraintes et d'obligations dont le but est de plaire à Dieu, ne conduisent qu'à l'illusion du bonheur, bonheur de plaire, bonheur de soumis qui tire son plaisir du plaisir supposé de Dieu… mais non au bonheur d'être. Dieu ne nous dit pas : "Viens à moi", il souligne : "Va vers toi-même !"

« Tu fais des *mitsvot* et tu es content ou même fier de toi et te voilà tombé dans le piège. Tu te crois plus ou moins saint, proche du Seigneur, du Roi de l'univers… mais tu n'es qu'un courtisan de Dieu. Les *mitsvot*, il faut les faire pour rien, pour *aïn*, et si tu les fais pour toi, pour Dieu (ton idée de Dieu, ton Dieu idole), tu crois sanctifier le monde, tu ne fais que le fragmenter en bien et mal, pur et impur, saint et injuste… Il eût mieux valu que tu ne fisses rien.

« Comment expliquer cela à un groupe de papillotes en furie ! Que Dieu leur pardonne ! ajouta Isaac, fataliste et amusé.

— Mais chaque *mitsva* n'a-t-elle pas une dimension mystique ? demandai-je en me souvenant avoir lu cela quelque part.

— Chacun conçoit Dieu selon son degré d'asservissement ou de liberté : il y a le Dieu qui juge et se fait serviteur de la loi, le Dieu qui libère des esclavages et le Dieu qui est au-dessus, au-delà, en dehors de la loi et des actes. Celui-ci est seulement miséricorde.

Isaac se souriait tendrement. Il regardait dans le vague, puis poussa un léger soupir.

— Les *mitsvot* ne sont que les habits de la lumière. Ce n'est pas en marchant dans les ténèbres que l'on illumine quoi que ce soit. L'étude et la contemplation produisent cette lumière qui dissipe les ténèbres. Une fois éclairé, marche dans le monde et illumine-le.

« Qui est un juste ? Celui qui pratique la Michnah en besogneux, fait des *mitsvot* comme on accumule des sous, ou celui qui cherche l'Un dans chacun de ses souffles et atteint le niveau de la miséricorde infinie ? Dans l'état mental et spirituel de la miséricorde, il n'y a pas de pardon, parce qu'il n'y a pas d'offense. Tout est *tov* dans l'Un. Entre dans ce deuxième état. Là tu ne risques pas d'être injuste.

« Dans l'En-haut, la *kavvanah* (l'intention) est plus importante que l'acte. Dans l'En-bas, l'acte est prépondérant. Va d'abord dans l'En-haut, purifie tes intentions dans le feu de la lumière primordiale, et ensuite descends dans l'En-bas et agis. D'abord connaître l'Un, ensuite agir avec l'Un dans les yeux.

Il laissa passer du temps, puis acheva en concluant :

— Noé était sans mérite et il fut sauvé. Moïse était sans mérite et il fut choisi. Jacob était sans mérite et il rencontra Dieu plusieurs fois. < Non, il n'y a point d'homme juste sur la terre qui fasse le bien et qui ne pèche jamais >, comme il est écrit (Ecc 7, 20). Ce ne sont donc pas le mérite, la sainteté, la pureté, la justice qui conduisent à Dieu, mais un bond, le saut d'un état mental à un autre, une expérience de la conscience *Une*. Tous les hommes la reçoivent un jour ou l'autre. Il s'agit de la reconnaître, comme Moïse la reconnut, comme Jacob finalement la comprit aussi.

Rabbi Isaac s'étira, ôta ses lunettes et, souriant, comme satisfait de lui-même, me regarda en se lissant la barbe.

Je pris mon souffle et ouvris la bouche pour dire quelque chose, puis y renonçai.

— Tout est Un, souffla-t-il.

La buée de nos haleines se rejoignit devant nous.

*

Je me retrouvais assez bien dans cette mise au second plan de la morale et des directives religieuses.

Nos religions sont très anciennes. À l'époque de leur élaboration, elles réunissaient des préoccupations d'ordre hygiénique, alimentaire, social, psychologique, pédagogique, moral… et les justifiaient d'un Dieu directif, impérieux et autoritaire. Sans ces masques, le Dieu de Rabbi Isaac prenait une dimension beaucoup plus spirituelle. Et la *liberté d'obéir*, prônée par les religions et qui m'a toujours révolté, devenait une liberté de choisir, un véritable chemin de déconditionnement et une éthique de la conscience. Mais, pour le parcourir, il fallait sans cesse déborder le cadre de la vie banale sans tomber dans la banalisation de l'extraordinaire.

Chapitre 8

La shoa

Premier mouvement

Job

Rachel, la fille de la voisine du premier, sortait avec Jacob, un garçon du quartier. Mais madame Abitbol, la mère, ne le croyait pas fréquentable et n'approuvait pas cette idylle.

Les fesses rebondies, un bassin de femme et une poitrine de jeune fille rangée surmontés d'une frimousse sérieuse aux cheveux noirs mi-longs, assez jolie dans une douceur renfermée, Rachel portait en permanence un jean très ajusté qui épousait la moindre de ses formes. Elle était à la fois docile et entêtée, bien et mal élevée, et la moindre émotion la rendait provocante.

Madame Abitbol la regardait comme la petite fille qu'elle avait désirée mais oublié de voir grandir. Elle ne se rendait pas compte que cette petite femme avait envie de conquérir sa place dans le monde tel qu'elle se l'imaginait.

Une nuit, je reçus un coup de téléphone de sa mère :

— Venez s'il vous plaît.

Il y avait du drame familial dans l'air.

Rachel avait toujours beaucoup d'égards pour moi, me gratifiait d'un magnifique sourire pour me saluer dans l'escalier. J'étais dans cette maison l'image même de l'honorabilité, de l'équilibre et de la retenue. Personne n'y aurait imaginé que je pouvais faillir à ma parole ou succomber à la colère. J'étais celui qui venait écouter Isaac et prenait des notes, et cela me conférait l'aura du futur sage ! Allez savoir. Moins âgé que les parents et plus vieux que les enfants, j'étais un intermédiaire acceptable des deux camps, et sans doute chacun pensait-il faire de moi son allié.

Trois quarts d'heure plus tard, je grimpai l'escalier qui avait perdu l'horizon. Rabbi Isaac, en pyjama et robe de chambre, m'attendait sur le palier.

— Elle s'est enfermée dans sa chambre. Elle a fait sa valise et attend le matin pour partir !

Bien entendu, on souhaitait que j'intervienne.

Je frappai à sa porte.

— Oui, je suis seul. Parlons un peu.

Elle consentit à m'ouvrir.

— Disons à Isaac de venir aussi…

Elle consentit encore à cela.

La chambre avait visiblement connu le grand bouleversement du remue-ménage, chaque chose ayant, semblait-il, changé de place au cours d'une prise de décision concernant tout. Mais la valise était fermée, debout et prête au départ.

— Est-ce un exil ou un exode ? lui demandai-je.

Elle réfléchit, puis renonça à réfléchir :

— Quelle différence ?

Je me tournai vers Rabbi Isaac pour qu'il réponde.

— L'exil est un départ forcé. L'exode est un départ nécessaire mais volontaire.

— Moi, je veux être libre ! dit Rachel avec détermination.

— Bien sûr, moi aussi, reprit Isaac, mais la liberté n'est pas une sinécure.

— Ma mère non plus n'est pas une sinécure !

— Une fois dans la rue, tu vas t'apercevoir que tu es encore moins libre qu'avant. C'est cela le problème.

— C'est quoi la solution ?

— Négocier. Ton siècle est celui de la négociation ! dit Rabbi Isaac résolu. Négocie ton départ ou négocie les conditions de ton non-départ. Ta mère est très émotive, possessive… un peu fusionnelle et tout et tout…

— Oui, c'est ça, fusionnelle, répéta-t-elle comme si ce mot lui permettait de prendre conscience du problème et donc de découvrir la nature du différend. Elle croit qu'elle et moi nous sommes… nous sommes forcément d'accord sur tout, qu'il n'y a que nous deux dans le monde… Elle doit aimer les garçons que j'aime ! Ou plutôt, il faut que j'aime les garçons qu'elle aime !

— Les mères juives sont ainsi. Elles croient embrasser, elles étouffent ce qu'elles étreignent. Mais ta mère est foncièrement gentille. Et toi, tu n'es pas bête. Arrondis un angle ou deux, enrobe un peu tes paroles et négocie. Et pendant que tu négocies, rappelle-lui qu'elle doit céder quelque chose. Mais ne fais pas le procès des quinze dernières années. Toi aussi tu dois céder quelque chose.

Mère et fille se rencontrèrent finalement dans la cuisine et commencèrent à se parler. Le ton passait rapidement de la conciliation à la dispute, aux cris puis de nouveau à la conciliation pour un nouveau cycle de querelle. Deux heures plus tard, nous pouvions nous éclipser.

*

— Il est trop tard pour dormir. Viens.

Rabbi Isaac m'entraîna chez lui. Je fis du café et, après le tumulte de la nuit, nous le bûmes en silence, dans le silence des voix gravées sur les murs.

— Comment peut-on encore croire en Dieu après la shoa ! dis-je enfin, à moitié pour moi-même.

Rabbi Isaac ignora la question pendant longtemps, le temps de prendre encore deux tasses de café noir très sucré. Ce jour-là, il accepta d'en parler.

— Lorsqu'on veut réfléchir sur la justice de Dieu, on commente le livre de Job, commença-t-il, toujours en pyjama et robe de chambre, mais avec son chapeau sur la tête. Il a été écrit par un sage qui nous présente Job comme un homme riche, intègre et droit, craignant Dieu et se détournant du mal. Job offrait des sacrifices tous les matins et il protégeait le pauvre, la veuve et l'orphelin. Le récit rapporte ensuite que Satan se présenta à la cour de YHVH. On lui demande des nouvelles du monde et il déclare qu'il parcourait la terre. < “As-tu remarqué mon serviteur Job ? Il n'y a personne comme lui sur la terre”, lui dit YHVH. “Tu as béni l'œuvre de ses mains, mais touche à tout ce qui lui appartient et je suis sûr qu'il te maudit en face”, suggère Satan. > (Jb 1, 8-12) YHVH accepte ce défie et lui livre le sort de Job.

« Les biens de Job sont détruits, ses fils périssent, mais Job demeure intègre. < L'Éternel a donné, l'Éternel a repris, que le nom de l'Éternel soit béni. > (Jb 1, 21) YHVH accepte alors de livrer la personne de Job à Satan, sauf sa vie. Et Job est couvert d'ulcères douloureux. Mais il demeure intègre.

Rabbi Isaac n'avait pas sa fougue habituelle, sa voix était atone, mais la nuit blanche y était sans doute pour quelque chose.

— Ses amis, qui sont des imperturbables de la certitude, soutiennent que, quoi qu'il arrive, Dieu en est l'auteur et a raison. Sa justice est irréprochable. Si tu souffres, tu as péché. Job objecte qu'il n'a jamais transgressé un ordre de Dieu. Il se sait innocent et s'adresse alors directement à YHVH, lui demande des explications sur ses malheurs et ses souffrances. YHVH, d'abord sourd, lui oppose des arguments d'autorité : < Où étais-tu lorsque je fondais la terre ? Depuis que tu existes as-tu commandé au matin ? > (Jb 38, 4 et 38, 12) Et il récite l'inventaire des merveilles qu'il fait. Ce n'est guère convaincant, estima Isaac en se pinçant les lèvres. Job se plaint de la justice, Dieu énumère ses exploits et lui oppose : "Tu es un vermisseau et je suis puissant, je peux tout et tu ne peux rien", comme un potentat qui ferait défiler son armée pour montrer sa puissance alors qu'il a déjà détruit la ville et qu'il ne s'y trouve plus que des morts et des blessés.

« Surpris par le malheur, Job, comme des millions d'hommes, interroge Dieu. Et Dieu ne lui offre aucune explication.

« Alors, devant cette plaidoirie absurde et, disons-le, la mauvaise foi de Dieu, Job se soumet, d'abord par le silence : < Je ne dirai plus rien >, puis par un repentir injustifié : < Je me condamne et je me repens > (Jb 40, 3-5 puis 42, 6). Il devint prospère à nouveau, eut encore sept fils et trois filles, connut les fils de ses fils jusqu'à la quatrième génération et < mourut âgé et repu de jours >, comme il est écrit.

« Voilà l'histoire.

Rabbi Isaac s'anima un peu pour ajouter :

— Job est-il un < craignant Dieu > ou un blasphémateur, comme le prétendent certains rabbins du Talmud ? (TB BB 15b ; GR 57, 1-4). En protestant de son innocence (< Lui qui multiplie sans raison mes blessures > (Jb 9, 17)), il blasphème au regard de ceux qui croient, par principe, que Dieu est infaillible et juste. Quelle preuve en ont-ils ?

« Nous, lecteurs, savons que Dieu ruine Job, tue ses fils et le couvre d'ulcères parce qu'il est sensible aux soupçons conçus par Satan, et qu'il n'y a, en fait, aucun dessein caché ou de mystérieuses raisons de justice derrière les malheurs de Job. Le récit prend soin de préciser que Job est un homme juste, très généreux et fidèle au culte, et signale par là qu'il n'y a pas de faute à lui imputer. Ce n'est pas Job que Dieu éprouve dans cette histoire, mais le jugement de Satan. La justice de Dieu est mise en question dans ce livre ! Il ne s'agit pas d'en faire un tabou.

« Dieu se laisse défier par le diable ! Il cède à la tentation de Satan ! fit Isaac en grossissant les yeux. Job est le sujet d'un pari ! Dieu parie avec le diable sur la fidélité de ses fidèles. Ce qui est important, ce n'est pas qu'il gagne ou qu'il perde. Sommes-nous des pions sur l'échiquier de Dieu ? Nous n'avons pas à prouver que nous sommes fidèles. L'important, c'est qu'il cesse de jouer.

Ce matin-là, je n'osai pas intervenir et laissai Isaac réfléchir à haute voix.

— La souffrance a-t-elle un sens ? Dieu est-il à la fois juste et omnipotent ? Job et la shoa nous posent ces questions. Cependant, il y a une différence entre Job et la shoa ; les déportés qui ne sont pas revenus n'ont pas vu leur vie prolongée, ils n'ont pas été "rétablis". Ils sont morts et, pour certains d'entre eux, même leur nom est oublié. Les morts de la shoa, ce sont les fils de Job dont on ne parle jamais. Ils ne peuvent plus crier vers Dieu. Job et les rescapés des chambres à gaz, eux, peuvent encore s'interroger.

Isaac disparut dans la chambre à coucher et en revint lavé, habillé et beaucoup plus énergique. Déjà, de la salle de bains, il poursuivait :

— La Torah est contradictoire. Même si on aborde le problème du point de vue du Dieu-des-croyants !

« Le “Dieu de vérité” ne dit pas la vérité à Job. Il ne lui avoue jamais qu'il n'a rien à lui reprocher, qu'il ne l'a éprouvé que pour contredire Satan. Dieu ruse comme un autocrate qui n'a pas à répondre de ses actes ! Y a-t-il une sorte de censure ou d'autocensure à la fin de l'histoire ? Tout rentre dans l'ordre. Job est rétabli et YHVH en sort en quelque sorte justifié. Mais à quel prix ! Comment oublier la mort de ses fils et la souffrance de ses ulcères ? Faut-il les passer par pertes et profits au nom de la gloire de Dieu et de l'édification de la religion ? De quel péché Job était-il coupable ? Que faut-il penser des réponses insignifiantes de Dieu et de ses prêtres aux cris et aux lamentations des hommes ?

Il s'assit et ajouta en martelant la table de son index :

— Si Dieu sait tout, voit tout, connaît tout et donne à chacun selon une impeccable justice, pourquoi prier ? < Quand je suis dans la détresse, sauve-moi, Elohim de ma justice ! > chante David (Ps 4, 2). Mais qui donc l'a mis dans la détresse sinon le Dieu qui sait tout, fait tout, voit tout ? Pourquoi le juste est-il persécuté, la veuve et l'orphelin opprimés ? Le Dieu-des-croyants, le Dieu réponse-à-tout, ne répond pas à tout d'une façon logique et cohérente.

« À sa manière à la fois poétique et réfléchie, l'auteur du livre de Job démystifie et dénonce le Dieu-des-croyants puissant et juste, et développe, à travers la fiction ou l'exemple d'un personnage sans défauts, l'immoralité de ce Dieu. L'alliance de YHVH et de Satan pour vérifier la loyauté d'un homme en lui faisant du mal est immorale.

« Il est inimaginable et incohérent que Dieu éprouve ses fidèles. Le < Dieu juste qui sonde les cœurs et les reins >, < qui connaît les secrets du cœur >, comme il est écrit, n'a aucun besoin de preuves et d'épreuves (Ps 7, 10 et 44, 22). <YHVH, ton Elohim est un Elohim de miséricorde qui ne t'abandonnera pas. > (Dt 4, 31) Celui qui personnifie la miséricorde n'a pas besoin de savoir qui est méritant et qui ne l'est pas. Tous obtiendront son pardon, quoi qu'il arrive. Celui qui nous demande d'aimer notre prochain comme nous-même ne l'aimerait-il pas plus encore ?

« Job se trompe de Dieu et de rapport religieux. Il croit en un Dieu assurance-tous-risques, un Dieu qui règne sur tout et que l'on peut séduire avec des sacrifices et des bonnes actions. Mais Dieu règne-t-il ? Là est la question. Job ignore ce que sait Salomon : < Le sage et l'insensé ont le même sort. Les jours de l'homme ne sont que douleur et son partage n'est que chagrin > (Ecc 2, 14 et 2, 23).

« La shoa est-elle un autre de ces paris entre Dieu et Satan ? Ou est-elle un signe ?

Deuxième mouvement

La shoa comme signe

Le ciel pâlissait lentement. Rabbi Isaac écarta les tasses et se prépara à l'étude, sans grand enthousiasme mais avec détermination. Il n'y avait aucun livre sur la table ce jour-là.

— Nous n'avons pas pris en compte l'enseignement du livre de Job comme nous n'avons pas intégré celui de la shoa.

« Aujourd'hui comme au temps des prophètes, le monde est tissé de *signes*. La shoa est le grand signe de notre temps. C'est celui-là que nous avons à déchiffrer. Que nous dit-il ?

— Il y avait déjà eu les pogroms... et toutes sortes de persécutions dans de nombreux pays, dis-je.

— Il a été précédé de nombreux signes, moins énormes, dont on n'a pas tenu compte. Si nous ne les avons pas compris, si nous ne voulions pas les comprendre, c'est qu'ils concernaient l'essentiel. L'essentiel, en ce qui concerne la religion, c'est Dieu lui-même.

Rabbi Isaac fronça les sourcils, ferma les yeux à demi et plissa son front qui n'en avait pas besoin.

— Depuis la destruction du second temple, les juifs ont vécu en diaspora. Jadis, certains rabbins *infaillibles* leur recommandèrent d'y rester, prophétisant orgueilleusement que les nations n'oppresseraient pas les juifs (Ket 111a, TB p. 662). Ils se sont trompés. Éparpillés au sein des nations, les juifs ont été régulièrement persécutés à peu près partout [113]. Ils ont interprété ces malheurs comme une conséquence de leurs fautes. Suivant cette tradition de l'auto-culpabilisation, certains rabbins d'aujourd'hui expliquent la shoa comme une punition collective : "à cause de nos péchés", Dieu a sacrifié – au hasard ? – la moitié d'entre nous. Ce Dieu vengeur me paraît infréquentable, et la leçon de la shoa serait qu'il vaut mieux se convertir au christianisme que continuer à fréquenter un Dieu si cruel. Pourtant, David proclame : < C'est à cause de toi qu'on nous égorge tous les jours, qu'on nous regarde comme des brebis destinées à la boucherie. > (Ps 44, 23) À cause de lui, pas à cause de nous ! Nous ne sommes pas coupables !

« D'autres assurent que les victimes de la shoa sont les âmes réincarnées de grands pécheurs. Cela est une affirmation injustifiable et sans fondement, mais elle permet de *sauver* Dieu en le disculpant et de continuer à le croire bon, providentiel et juste. Cette thèse ne me convient pas. Aux pécheurs YHVH dit : < J'efface tes transgressions comme un nuage et tes péchés comme une nuée. > (Is 44, 22)

« Certains pensent que Dieu a permis cette catastrophe afin de faire connaître sa Loi à toutes les nations. Quel égocentrisme ! La Loi juive concerne tout au plus les monothéistes, descendants spirituels d'Abraham.

113 Sauf en Inde, où ils furent accueillis. Il faut remarquer que les plus théistes sont les plus tolérants.

Les Indiens, les Chinois, les bouddhistes n'ont rien à voir avec le Dieu des Hébreux ! Et la shoa ne constitue nullement un signe positif ou attirant !

« D'autres pensent que Dieu éprouve ceux qui l'aiment. Cela ne tient pas debout. Il n'y avait pas que des croyants dans les camps.

— Il arrive qu'on associe la shoa à la renaissance d'Israël en tant qu'État ? proposai-je en guise d'hypothèse.

— Le déroulement des faits permet de l'envisager, mais qu'est-ce que cela nous révélerait de Dieu s'il y était pour quelque chose ? Aurait-il besoin de sacrifices humains ? Israël devait-il être rebâti sur tant de cadavres et la fin de l'exil déchaîner une telle catastrophe ?

« Il y en a même qui soutiennent que les six millions de juifs sacrifiés étaient des victimes expiatoires qui ont sauvé le monde. YHVH serait-il un ogre assoiffé de sang ? < J'aime la bonté plus que les sacrifices >, dit YHVH (Os 6, 6).

« Faut-il croire que Dieu crée le mal comme le bien ou qu'il n'y a aucune justification à l'un comme à l'autre ? Ou penser que Dieu est victime du mal à l'instar de l'homme ? Ou comprendre que la liberté de l'homme interdit à Dieu toute intervention dans les affaires du monde ?

« Aujourd'hui encore, certaines sectes juives et chrétiennes prétendent que le monde va à sa perte à cause des péchés. C'est ridicule ! Les hommes ne furent jamais à la hauteur de l'idéal biblique de l'homme, et des apprentis prophètes ont annoncé les plus grands malheurs collectifs qui se sont parfois produits, souvent pas.

« Face à la shoa faut-il, comme Job, interroger Dieu sans fin et se contenter de son silence ou des réponses aberrantes de la foi ? Confesser des fautes dont on se sait innocent ?

Isaac réfléchit quelques instants puis reprit pensivement :

— Dans le monde des hommes, les dieux sont fondateurs de civilisation et, comme les civilisations, ils sont mortels. S'ils n'ont plus de fidèles, ils n'existent plus dans notre monde. Le Dieu des Incas est mort avec la civilisation inca. Les dieux des Pharaons ont disparu avec les Pharaons. Pour les juifs, Dieu a élu, élevé un peuple. Ce peuple, choisi par Dieu, a été voué à la disparition par les nazis qui, du simple fait qu'ils s'attaquaient aux juifs comme juifs, défiaient le Dieu des juifs, éprouvaient sa puissance, mettaient sa réalité en question.

« Les nazis souhaitaient anéantir YHVH, effacer son message, détruire les cultures et les civilisations qui ont été fondées sur ce nom. Que reste-t-il après ? La moitié de son peuple a péri. Et ceux qui survivent doutent. Où était Dieu pendant Auschwitz, quelle puissance a-t-il réellement ?

« Ceux qui sont devenus athées contestent Dieu, le Dieu auquel ils croyaient. Et les croyants tentent de sauver Dieu, le Dieu auquel ils croient, face à la dissonance tonitruante de leur croyance avec la réalité.

« Si je voulais croire en ce Dieu-juste-qui-agit-dans-l'Histoire, je devrais conclure que les bourreaux des chambres à gaz étaient les bras agissants de Dieu, Hitler son serviteur, insista Isaac avec une ironie amère. Conséquences logiques que certains refusent avec obstination, mais que des rabbins et des théologiens n'hésitent pas à admettre [114]. Absurde ! Les malheurs et la souffrance ne frappent-ils que les pécheurs ? L'homme

114 Dont Ignaz Maybaum dans son livre, *Le Visage de Dieu après Auschwitz*.

riche, beau et en bonne santé a-t-il moins fauté que le malheureux clochard ? Les juifs qui vivaient en Pologne ou en Allemagne étaient-ils moins pieux que les juifs établis en Angleterre ou aux États-Unis ? Pour sauver ce Dieu, on affirme qu'il est juste bien qu'on ne comprenne pas sa justice. L'essentiel semble être de refuser d'admettre que l'Histoire et la vie quotidienne nous démontrent l'insignifiance de cette conviction.

« < Celui qui va périr n'étend-il pas les mains ? Celui qui est dans le malheur n'implore-t-il pas du secours ? > (Jb 30, 24) Bien sûr il implore ! Tant que l'on conçoit Dieu comme père protecteur, on ne comprend pas qu'il ne sauve pas ses enfants, et encore moins qu'il provoque leur mort. Mais Dieu prend-il ces mains qui se tendent vers lui ?

« De Abel à la shoa, en passant par Job, s'exclama Isaac, le Dieu-des-croyants n'a jamais choisi entre la victime et le bourreau ! < Père, père, pourquoi m'as-tu abandonné et t'éloignes-tu sans me secourir ? > implore David (Ps 22, 2). Mais il avait déjà répondu : < Celui qui siège dans les cieux rit. > (Ps 2, 4)

« Richard Rubenstein a écrit que Dieu est mort à Auschwitz. Il a un peu raison avec cette nuance qu'il faudrait dire que le Dieu auquel on a cru, auquel il croyait lui-même, est mort à Auschwitz. L'idée d'un Dieu-qui-agit-dans-l'Histoire est devenue inacceptable. Le Dieu réponse-à-tout, le Dieu assurance-tout-risques ne peut pas survivre à Auschwitz ! Et si cela était vrai, ce serait une bonne nouvelle que cette mort ! Elle ouvrirait un nouvel élan spirituel, plus lucide. Malheureusement, les croyances sont tenaces, et malgré la shoa, nombreux refusent de réfléchir sur Dieu en tenant compte de la réalité.

Et Isaac conclut en articulant avec force :

— La shoa révèle que, comme Job, nous nous sommes trompés sur Dieu. Nous nous sommes trompés de Dieu. Notre croyance en ce Dieu qui sauve ses fidèles en péril est devenue insensée à cause d'Auschwitz. Mais il faut quand même constater que, dès le début de notre Histoire, Dieu n'a jamais été un protecteur fiable. Abel, le fils d'Adam, est *approuvé* par Dieu : < Dieu regarde Abel et son offrande >, comme il est écrit. Cela ne l'empêche pas d'être tué par Caïn, son frère, et Caïn de lui survivre très longtemps !

Rabbi Isaac se tut un long moment. Un silence pétrifiant m'envahit, comme le sanglot sans larme de la souffrance et de la solitude du monde.

— Élargissons la question, reprit Isaac avec détermination.

« Lorsque Israël fut exilé à Babylone, les prophètes criaient que ses péchés furent la cause du malheur. < Ils sont adultères, ils marchent dans le mensonge, ils fortifient les mains des méchants [...]. Ils arrivent les jours du châtiment... > (Jr 23, 14 et Os 9, 7) < Arrive-t-il un malheur dans une ville sans que YHVH en soit l'auteur ? > (Am 3, 6) Les prophètes se trompaient. Ils étaient intégristes, comme on dit aujourd'hui. Ils voulaient imposer leur religion à tous et prêchaient l'obéissance absolue à la vision de la Loi. En prétendant que Dieu se vengeait des fautes de ses fidèles, ils annonçaient un Dieu cruel mais juste : < Moi, YHVH, j'éprouve les cœurs et je sonde les reins, pour rendre à chacun selon ses voies >, proclamait Jérémie (Jr 17, 10).

« Mais la shoa n'a pas été exclusivement le massacre des pécheurs ou des juifs ! Des résistants ont été poussés dans les chambres à gaz, et des tsiganes, des communistes, des simples, des homosexuels, des athées, des chrétiens, des pécheurs et des saints... Il y avait des saints parmi les martyrs ! Innocents ou coupables, hommes, femmes, enfants, vieillards, croyants, pratiquants, blasphémateurs, indifférents, tous furent assassinés de façon injuste.

« Toute réflexion sur ce sujet doit forcément inclure toutes les victimes, même celles qui sont étrangères au judaïsme, et tous les bourreaux. Quels péchés si impardonnables six millions de juifs et tant d'autres ont-ils pu commettre pour mériter un même destin ignoble ? Ceux qui réfléchissent là-dessus disent qu'ils n'en savent rien mais, malgré la shoa, ils continuent à croire en une justice divine.

« La shoa a un sens pour les juifs qui sont allés dans les camps et y sont morts, un sens pour les juifs qui y étaient et qui en sont revenus ; certains n'y sont pas allés et n'en sont pas revenus ! Vois-tu, moi aussi < j'ai trouvé des morts qui sont déjà morts plus heureux que les vivants qui sont encore vivants >, comme il est écrit (Ecc 4, 2). Elle a un sens pour chaque homme vivant ou mort.

« La shoa donne raison à l'Ecclésiaste : < Tel juste succombe malgré sa vertu et tel méchant prolonge ses jours malgré sa perversité. > (Ecc 7, 15) Et elle donne tord à Éliphaz, l'ami de Job, qui affirmait sans ciller que < Dieu relève les humbles et délivre les affligés, anéantit les projets des hommes rusés, protège le faible contre les menaces et le sauve de la main des puissants… Heureux l'homme que Dieu châtie ! Il te sauvera de la mort pendant la famine et des coups de glaive pendant la guerre > (Jb 5, 10-20). Job voudrait bien le croire, mais il constate que ce n'est pas vrai. Lui, qui était un juste, dit : < Je le sais, tu me mènes à la mort, à la maison de rendez-vous de toute vie […]. J'attendais le bonheur, et le malheur est arrivé ; j'espérais la lumière, et les ténèbres sont venues > (Jb 30, 23 et 26).

« Où sont la force et la justice de Dieu telles que David les proclame ? < Avec toi nous renverserons nos ennemis, avec ton nom nous écrasons nos adversaires. > (Ps 44, 6) L'Ecclésiaste voit mieux le monde tel qu'il est : < Même sort pour le juste et pour le méchant, pour celui qui est bon et pur et pour celui qui est impur, pour celui qui sacrifie et pour celui qui ne sacrifie pas [...]. Tout va dans un même lieu ; tout a été fait de poussière, et tout retourne à la poussière. Et qui sait si le souffle des fils de l'homme monte en haut ? > (Ecc 9, 2 ; 3, 21) Il n'y a pas de vengeance de Dieu à cause des péchés. Alors Salomon conclut que tout est vanité, buée, vide, flou.

Haussant les épaules et se gonflant les joues, Isaac soupira profondément comme pour indiquer que toute chose n'est qu'un souffle de vent.

— Soit Dieu est puissant, soit il est bon, mais s'il est bon et qu'il laisse persécuter l'innocent, il n'est pas puissant, et s'il est puissant, pour la même raison, il n'est pas bon. Yechayahou Leibovitz répond aux martyrs des camps de la mort “qu'ils ne croyaient pas en Dieu, ils croyaient en son action”. Dieu n'est ni bon ni puissant. Il ne s'occupe pas de la gestion du monde. Son silence et sa passivité tonnent comme une révélation dans la *catastrophe* qu'est la shoa ! rugit finalement Isaac dans son regard le plus sévère.

« La révélation dont la shoa est le signe ne porte ni sur l'impiété, ni sur les fautes, mais sur la nature même de Dieu. La shoa révèle que Dieu n'est ni providentiel ni acteur dans le monde. Dieu ne punit ni ne protège. Il ne choisit rien ni personne et ne dirige pas la destinée humaine. Dieu vient-il au secours du malheureux ? Regarde autour de toi et réponds dans le silence de ton cœur. Dieu n'intervint pas parce que Dieu n'est pas intervenant. La shoa est un signe qui clame : tout ce que vous croyez de Dieu est faux.

« Mais même l'immense fracas de la shoa ne réussit pas à le faire entendre ! criait Isaac, à son tour comme un prophète. < Sourds, écoutez ! Aveugles, regardez et voyez ! [...] on a des oreilles, mais on n'a pas entendu > (Is 42, 18).

Troisième mouvement

Le parti de celui qui souffre

Rabbi Isaac poursuivit plus calmement :

— Que nous dit la shoa ? Que me dit-elle ? s'interrogea-t-il en se concentrant.

« < Au jour du bonheur, sois heureux, et au jour du malheur, réfléchis >, comme il est écrit (Ecc 7, 14). Il faut encore réfléchir. Et sans tenter de sauver nos antiques conceptions de Dieu ou le judaïsme traditionnel ! Acceptons l'hypothèse qu'on ait pu se tromper. L'essence du judaïsme, ce n'est pas la foi, c'est l'incertitude, pas la réponse, la question. La shoa rétablit le doute, un doute dans lequel il faut absolument entrer.

« Le Dieu dont parle la Torah n'est pas immuable. Après Noé, on lui a fait promettre : < Jamais plus je ne maudirai la terre à cause de l'homme [...]. Je ne frapperai plus ce qui est vivant comme je l'ai fait. > (Gn 8, 21) La Torah montre un Dieu qui change. Les hommes font évoluer leurs conceptions de Dieu. Elles peuvent encore changer.

« Avec Moïse, la Torah révèle un Dieu qui promeut la liberté et la fonde sur l'incertitude.

« La leçon spirituelle (plutôt que religieuse) du livre de Job, c'est le renoncement. Lorsque Job se résigne, renonce à ses biens alors qu'il n'a plus rien, tout s'arrange. Sa vie, qui fut temporairement paralysée par sa stupeur, peut reprendre son cours. Il ne demande plus d'explications à Dieu. Il n'y a pas d'explication à attendre car < Il est dans l'Un et qui l'en détournerait ? > (Jb 23, 13)

« Avec l'Aïn-Sof, la Kabbale propose un saut conceptuel majeur.

Dans une immense douceur soudaine, Isaac expliqua :

— L'Infini, qui est Un, définit un principe : le principe de la limite. Sur ce principe apparaît, avec la polarité infini/fini, la possibilité que quelque chose se manifeste sur le rien, la vie et la mort, le bien et le mal, la shoa du côté des ténèbres et le bonheur du côté de la lumière. < Tout ce que le Saint a créé, il l'a créé double ; il a fait l'un *comme* ou *contre* l'autre, afin que l'homme ne trouve rien après (*a'har*) lui >… (Ecc 7, 14) Afin que l'homme trouve *le rien* auprès de lui [115]…

« L'Aïn-Sof définit le principe du désir, pas l'expression ou les objets du désir, le principe de la vie, pas ce que tu fais de ta vie. Béréchit fonde le principe (*Réchit*) de la dualité (*Beth*), pas de son contenu… L'Aïn-Sof, l'Infini béni, ne s'occupe pas des circonstances. Ce Dieu-sans-nom ne sait rien du bien et du mal ; il n'explique rien, mais il élucide tout.

« YHVH, le nom que l'Infini se donne et qui transcende les trois temps, ne transcenderait-il pas le bien et le mal, la vie et la mort ? Tant qu'on n'observe du monde que le bien et le mal, qu'on cherche Dieu dans le bien et l'exclut du mal, lui attribue la vie et non la mort, on ne comprend rien ! < Dieu se cache >, dit Isaïe (Is 45, 15 ;

115 *A'har* (A^HR) signifie après, auprès, derrière, à côté, etc.

Ps 13, 2 ; 44, 25). Il ne se cache pas derrière son petit doigt, il est caché par le Beth, la première lettre de Béréchit, ouverte vers l'avant et close en arrière (ב), dont la valeur numérique est *deux* et qui signale la dualité.

« YHVH n'est ni moral ni immoral. Il demeure en dehors de ces préoccupations, dans une dimension de la conscience affirmée dans le *Shema Israël* : *Ékhad*, Un. Il importe d'inclure la Présence de l'Un en soi pour entrer dans l'alliance, ce < lien qui enlace tout en l'unité, et réalise l'intégration de tout >, comme il est dit (Z LL 89b, p. 440).

« Face à sa mort, quelles que soient ses circonstances, chacun de nous doit renoncer à sa vie et à l'espoir de l'intervention de Dieu pour se souvenir de *Ékhad*, l'Un qui abolit et transcende tout. Au moment de mourir, le juif prononce le *Shema Israël* : < Écoute Israël, YHVH notre Elohim YHVH Ékhad. > Il finit sur *Ékhad*, puis rend son souffle.

« L'homme qui a maintenu sa conscience dans l'Un ne craint ni la vie ni la mort, ni le malheur ni les ténèbres, car dans l'Un la mort et la vie, le bonheur et le malheur, la lumière et les ténèbres ne sont pas opposés. < Lorsque l'homme a compris que tout est Un et qu'il ne s'y insère plus aucune fragmentation, le monde lui-même se retire et ne l'influence plus >, comme il est dit (Z P 12b, p. 81). Et avec cela tout est dit.

Le soleil perça tout à coup et illumina la cour.

Isaac me regarda en face.

— Devant moi, il y avait un vrai soldat, mais derrière sa face de soldat, je voyais un jeune homme. Il avait le même âge que moi. Nous étions si peu différents. Pendant qu'il me regardait… il avait un serpent dans les yeux… il essayait de m'injecter le venin de son mépris

… Derrière sa face de soldat, je voyais un jeune homme comme moi, alors que lui, sur ma face de juif, il contemplait un sous-homme, un déchet, comme on lui avait sans doute enseigné à le faire… Il regardait peut-être déjà mon cadavre. Je n'avais jamais haï personne. Je n'étais pas naïf, mais je croyais à la beauté dans le regard. J'observais le soldat, j'essayais de comprendre. Je l'imaginais dans les bras de sa fiancée, timide et bête, beau comme un homme amoureux. Je perçais l'homme qu'il était sous son masque de militaire, je sentais le frémissement de son être sur et sous sa peau transparente, dans la "crainte de Dieu", comme mon père me l'avait enseigné. Il n'a pas pu le supporter. Il m'a giflé avec une force, une violence ! Jamais je n'ai frappé quelque chose avec toute la puissance de mon bras. Lui avait toute l'audace que sa supériorité physique et mentale lui offraient, du simple fait d'être un soldat du Reich. Pour lui, nous étions vraiment étrangers l'un à l'autre. Il n'y avait rien à négocier.

Rabbi Isaac baissa la tête et se souvint encore.

— Nous avons voyagé dans des wagons de marchandises. On nous a traités comme on ne traite pas même des bêtes. Nous étions affamés, assoiffés et sales. Mon père m'a dit : "Regarde comme ils nous traitent maintenant, comment nous traiteront-ils à l'arrivée ? Il n'y a plus d'espoir." Et là, dans ce wagon, il a raconté cette histoire : Un Rabbi s'était fait arrêter par la police russe. Un officier l'interrogeait, mais comme il n'obtenait pas de réponse il le menaça de son revolver : "D'autres ont parlé devant ce jouet", lui dit-il. Le Rabbi répondit : "Tu crois que je peux avoir peur parce que tu as deux dieux et un monde ; moi, j'ai deux mondes et un seul Dieu, je n'ai peur de rien." Il m'a dit : "S'ils veulent nous tuer, laisse-les faire. Nous ne voulons pas vivre dans ce monde-là…” Il a été exécuté à notre descente du train. Je crois qu'il était content d'en finir et accablé de me laisser seul.

« En ce temps-là, j'ai vu ma mort en face et je me suis guéri de la peur qu'on peut avoir des hommes et de celle de Dieu.

Il soupira, leva son visage, puis me sourit comme s'il voulait éviter de m'accabler du poids de ce passé. Il reprit sur un ton moins personnel :

— Si on fait de la mémoire un devoir, il ne faut pas être amnésique. La mémoire doit être exhaustive et lucide, et la lucidité impitoyable. La collaboration, ce n'est pas seulement Pétain et Vichy, les juifs aussi, en Pologne, ont collaboré au désastre. Les Conseils juifs, complices objectifs de l'autorité nazie, collaboraient, avec une police juive, à l'arrestation, au regroupement et à la livraison des futurs déportés juifs. Nous ne sommes pas plus innocents que les autres. Nous sommes coupables autrement, et victimes aussi. Rien n'est simple. Parmi les juifs, il y avait des résistants, des collabos et des soumis.

« Pour les Allemands, mais bien au-delà pour toute l'humanité, la shoa ouvre un questionnement sur l'obéissance et la collaboration.

Rabbi Isaac se leva et alla vers sa bibliothèque.

— Depuis que tu as rangé mes livres, je ne trouve plus rien !

Il trouva facilement. Stanley Milgram, *Soumission à l'autorité*. Il lut :

— < L'obéissance à l'autorité est une caractéristique de l'existence qui nous paraît aller de soi dans les conditions de la vie normale. Le dilemme résultant du conflit entre la conscience et l'autorité est inhérent à la nature de la société et se poserait à nous, même si le nazisme n'avait jamais existé. Réduire un problème aussi général à la seule dimension d'un événement historique, c'est se donner l'illusion qu'il appartient à une époque révolue. >

Il referma ce livre.

— Milgram et la shoa nous invitent à considérer que tous les hommes peuvent devenir des bourreaux dans certaines conditions qui sont loin d'être extrêmes [116].

« Dois-je obéir à l'ordre de tuer sans raison ? Dois-je obéir à l'ordre de tuer avec une raison ? Dois-je obéir ? Dois-je participer, si peu que ce soit, à l'acte que ma conscience réprouve ? Mais que faut-il écouter pour entendre sa conscience ? Comment établir ce que ma conscience réprouve ou devrait réprouver ? Dans un monde et un temps où tous les hommes hurlent la haine, comment savoir ce qui est juste et ce qui est injuste ? Ce qui est vrai et faux ? Il n'y a pas moyen de le savoir.

« Martin Niemöller le dit mieux que moi : < Lorsqu'ils sont venus chercher les juifs, je me suis tu, je n'étais pas juif. Lorsqu'ils sont venus chercher les communistes, je me suis tu, je n'étais pas communiste. Lorsqu'ils sont venus chercher les syndicalistes, je me suis tu, je n'étais pas syndicaliste. Lorsqu'ils sont venus me chercher, il n'y avait plus personne pour protester. >

« C'est pourquoi il faut toujours prendre le parti du persécuté, de l'accusé, de celui que la loi, la force et la foule stigmatisent. Il faut prendre le parti de celui qui souffre.

116 Stanley Milgram, *Soumission à l'autorité*, Calman-Lévy, 1974. Voir aussi le film de Henri Verneuil, *I comme Icare* (1979), où l'expérience de Milgram est mise en scène. On y voit des hommes tout à fait ordinaires devenir des bourreaux en infligeant à un autre homme (qu'ils ne savaient pas être un acteur, comparse de l'expérience) des charges électriques (qu'ils ne savaient pas être feintes) allant jusqu'à 450 volts pour la seule raison qu'il ne retenait pas correctement une liste de mots.

— Mais il arrive que l'accusé soit coupable…

— Peu importe ! cria Isaac sèchement.

« Abraham a marchandé avec les messagers de Dieu pour sauver Sodome : < Feras-tu périr le juste avec le méchant ? Peut-être y a-t-il cinquante justes, au milieu de la ville… quarante justes… dix justes > (Gn 18, 23). Abraham n'aurait pas dû s'arrêter à dix. L'enseignement de la Torah ne va pas assez loin ! S'il n'y avait pas eu un seul juste à Sodome, assura Isaac en levant son index, pas un seul, Abraham aurait dû y aller et, du milieu de cette ville, crier à Dieu : “Tu ne tueras pas !” Car Moïse, lui, offrit sa vie à Dieu pour sauver les Hébreux après qu'ils eurent fait le veau d'or. < Pardonne maintenant leur péché, sinon efface-moi de ton livre. > (Ex 32, 32)

« La Torah nous dit : < Tu ne tueras pas. > Mais un homme ramassait du bois le jour du *chabbat*. < Cet homme sera puni de mort. Et toute l'assemblée le lapida et il mourut comme YHVH l'avait ordonné à Moïse. > (Nb 15, 35) Non ! Il ne fallait pas le lapider. Elle nous dit aussi que < l'homme qui commet un adultère sera mis à mort. > Non ! Il ne faut pas tuer. Prononcer la sentence est suffisant, martela Isaac de son index sur la table. L'exécuter est inutile et cruel.

« Il faut toujours faire la leçon aux croyants et à leur Dieu. Israël doit être celui qui lutte *avec* et *contre* les hommes et Dieu ! Car Dieu se parfait en lui, comme il est écrit [117].

« Jésus dit : “Aimez vos ennemis.” Il faut toujours pendre le parti de celui qui souffre, même s'il est ton ennemi.

117 < Israël en qui je me parfais. > (Is 49, 3)

« Si un homme est persécuté, proteste sans te demander s'il mérite ou non son sort. Fais ce que ne firent pas les amis de Job. Et pour le sauver, tu résisteras, même en mettant ta vie en péril ! Et tu n'appliqueras pas la loi. C'est ce que firent les *goyim* qui portèrent l'étoile jaune. Quelle belle preuve de résistance aux décrets des hommes et aux desseins supposés de Dieu ! Que leurs noms soient bénis à jamais [118] !

« En hébreu, il y a un seul mot pour dire à la fois charité et justice (*tsedaqah*). Si un homme souffre, l'aider, lui donner de quoi vivre, le soulager, le protéger, c'est rétablir la justice. La justice que Dieu n'établit pas. < Chaque juste porte et soutient le monde >, comme il est dit (Ps 104, 30). C'est bien parce que Dieu ne le fait pas ! Il faut pendre le parti de celui qui souffre, répéta Isaac comme un théorème.

— Étendrez-vous cette miséricorde à Hitler lui-même ?

Rabbi Isaac hésita un instant, très court.

— Hitler est un cas monstrueux. Ne détermine pas ta relation au monde en la fondant sur un extrême.

« La miséricorde ne pose aucune condition, comme l'amour. Puisqu'elle est sans condition, tu ne l'accordes pas. Elle est en toi et tout entre en elle. C'est un fondement, non une conséquence. Mais la miséricorde ne signifie ni l'approbation ni l'oubli de la faute, ni même le pardon que seules les victimes ont le droit d'accorder, et qu'elles consentent ou non, selon l'emprise de l'amour qui est en elles

— Y a-t-il un crime sans criminel ?

118 Lorsque les nazis décrétèrent que les juifs de Norvège devaient porter l'étoile jaune, Christian X, le roi de ce pays, menaça de la porter aussi, ainsi que tous ses sujets.

« < Je forme la lumière et je crée les ténèbres ; je réalise la paix et je crée le malheur : moi YHVH je réalise tout cela >, comme il est écrit (Is 45, 1-7). Dieu est l'oppresseur et Dieu est la victime. Dieu est le résistant et Dieu est le collaborateur. Tout se joint en ce Dieu qui est Un.

« Hitler et le plus admirable saint portent en eux quelque chose du divin. Il arrive que cette chose soit très très enfouie. La haine la cache. L'amour et la miséricorde la révèlent.

Quatrième mouvement

De Babel à la shoa

— Parlons d'autre chose !

— Attendez ! Et pour les chrétiens, que dit la shoa ?

Rabbi Isaac hésita.

— Tu as raison, la shoa devrait les interpeller, comme on dit aujourd'hui. Deux mille ans de prêches sur l'amour du prochain et la charité ont-ils pu avoir si peu d'effet ! Sans doute les paroles d'amour furent-elles annulées par d'autres paroles ! L'amour était sur les lèvres et la haine dans les cœurs. Sans doute aussi l'amour et la charité arrivent-ils derrière le conformisme et l'obéissance !

« Les Églises chrétiennes ont prêché le mépris des juifs pendant des siècles. Elles avaient une raison vitale de le faire, car, pour une religion qui prétend posséder la Vérité révélée et connaître la volonté du seul Dieu, l'existence de celui qui n'y croit pas, et qui pourtant prospère, met en question ce qui ne doit pas être interrogé, la foi elle-même. Le seul fait qu'on ne soit pas foudroyé par Dieu, qu'on survive, étant juif, athée ou païen, était une négation de leur foi. Alors, éliminer les juifs devenait une nécessité, une façon d'effacer l'insupportable contradiction. Et dans une société où les juifs étaient tant dénigrés, les persécuter, les ostraciser, les tuer n'était pas aussi terrifiant qu'on le croit aujourd'hui.

Et Isaac proclama fermement :

— Lorsqu'elle interdit le doute et le questionnement, la foi des croyants n'est pas respectable, car au bout de la logique de la foi, il y a l'horreur. Lorsqu'elle est exclusive, la foi est le ferment de la xénophobie, de l'intolérance, puis de la violence. La foi, c'est Babel, et Babel n'est pas respectable !

— Babel ?

— Oui, Babel ! Un contre-exemple biblique comme il y en a beaucoup.

— Mais Babel est devenu synonyme de confusion parce que Dieu mélangea le langage des hommes !

— Cette interprétation est erronée, elle confond la cause et la conséquence. Les habitants de Babel voulaient construire une tour : < Construisons, faisons, bâtissons, briquetons des briques >, comme traduit Chouraqui (Gn 11, 4). Par cette troisième personne du pluriel, rare dans la Torah, cette histoire indique ce qu'il ne faut pas faire : ils disent tous la même chose, font tous la même chose en même temps, ils ne se conçoivent plus comme des individus mais comme un groupe. Ils oublient que chaque homme est *Un*, individuellement. C'est cela le totalitarisme. Il peut fort bien être consenti, et même désiré. La diversité des langues est la conséquence de l'unanimisme que Dieu réprouve.

« Je parle du christianisme et non des chrétiens, ajouta-t-il avec douceur, dont certains furent des héros, des justes, des saints, des surhommes, dominant leur peur pour sauver plus qu'une idée de l'homme, un homme. Jésus enseigne d'accueillir l'étranger. Ils l'ont fait.

« Des institutions chrétiennes et l'Église catholique ont participé à la possibilité de la shoa en instillant le mépris des juifs en particulier et des “autres” en général, ceux qui vivent autrement, croient autre chose. Mais il y a pire ! L'obsession catholique de l'unité. Pas de l'unité dont je parle d'habitude, l'unité des Églises, des fidèles, de la foi !

« Elles prêchent l'unité, mais elles ont oublié l'Un, fit Isaac dans une sorte d'aparté avec une pointe de tristesse ironique. Elles ont rejeté l'enseignement de Thomas [119] !

« De cet idéal d'unité de la foi à celui de la nation, puis de la race, il n'y a tout juste un pas. Sur ce terrain bien préparé, des peuples purent accepter – et même désirer ! – que l'État devienne aussi une affirmation de l'uniformité : une nation, une race, une langue, une religion, une seule pensée, un seul projet, un parti unique… Babel encore !

« Babel, c'est aussi la bureaucratie, la culture de l'irresponsabilité. Chacun ne participe qu'un tout petit peu au grand dessein ignoble et personne ne se sent responsable. Le texte ne nous dit pas ce qu'ils firent des opposants, murmura Isaac, mais nous pouvons l'imaginer.

« Dans l'obsession de l'unité, il faut inclure celle de l'ordre ! Comme si Dieu avait créé quoi que ce soit avec le souci de l'ordre ! C'est la liberté qu'il a introduit dans l'univers ! s'exclama Isaac. Si Dieu avait voulu que tout fût classé, rangé, harmonieux, il n'aurait rien créé du

119 L'Évangile de Thomas est dit apocryphe. < Au jour où vous étiez Un, vous avez fait le deux. > (T, logion 11) < Quand vous ferez le deux Un, et ferez le dedans comme le dehors et le dehors comme le dedans, et l'en haut comme l'en bas, en sorte que vous fassiez le masculin et le féminin comme un seul […], c'est alors que vous irez dans le Royaume. > (T 22) « Quand vous aurez fait le deux Un vous serez fils de l'Homme. > (T 106) < Comprenez que ce qui fait l'intérieur fait aussi l'extérieur. > (T 89) *L'Évangile de Thomas*, Babel éditeur, 1997.

tout ! Or, il y a des religieux qui exhortent à l'ordre, à l'obéissance et à la soumission !

« Regarde ! S'appuyant sur le psaume : < Toi qui accorde la victoire aux rois > (Ps 144, 10), le Talmud prescrit l'obéissance au gouvernent (Zev 102a) [120]. Paul l'enseigne aussi : < Que toute personne soit soumise aux autorités supérieures, car il n'y a point d'autorité qui ne vienne de Dieu. > Avec cela, il prétend que le pouvoir, parce qu'il est en place, est établi par Dieu et que < celui qui s'oppose à l'autorité résiste à l'ordre que Dieu a établi > (Rm 13, 1). Ces sortes de postulats sur l'intervention divine dans les affaires des hommes, que toutes les religions ont en commun, conduisent à la logique de l'invasion et de l'horreur. Ainsi le Reich pouvait-il affirmer : "Dieu est avec nous", puisqu'il triomphait partout.

« La guerre, que l'homme avisé doit condamner, est regardée comme une manifestation de la volonté de Dieu, pourvu qu'elle conduise à la victoire ! Quel paradoxe que cet ordre ! Il offre une justification à la violence ! Dieu ferait des calculs géopolitiques ! Comme on oublie vite les morts des champs de bataille ! Ce Dieu, quel que soit le nom qu'on lui donne, ne peut-il se révéler que sur des montagnes de cadavres !

« Lorsque tu en fais une valeur, l'ordre est un veau d'or. Il devient l'idole devant laquelle chacun doit se soumettre en renonçant à son libre arbitre et à sa liberté de conscience.

— Paul a dit ailleurs : < Nous avons à lutter contre les dominations, contre les autorités >, nuançai-je (Ep 6, 12).

— Laquelle de ses paroles devons-nous retenir ? Paul est devenu lui-même une autorité ! Ne devons-nous pas lutter contre ceux qui se réclament de lui ?

120 Voir aussi : < Tu ne maudiras point le prince de ton peuple > (Ex 22, 28).

« La grande leçon de la Seconde Guerre mondiale, c'est la Résistance qui la donne. Des citoyens ont pris la liberté de dire non !

— Que dit la shoa aux homosexuels ?

— Rien ! répondit Isaac en levant les épaules. Là-dessus, elle ne parle qu'aux méchants !

« Lorsque la Torah t'enseigne < d'aimer (*ahab*) ton prochain comme toi-même >, elle ne pose pas de condition (Lv 19, 18). *Ahab* (AHB) signifie aimer et avoir de l'affection, y compris dans un sens sexuel. Lettre à lettre, il montre que deux (Beth) dans l'En-bas comme dans l'En-haut (Hé) font Un (Aleph). Les chrétiens aussi le disent : < Que celui qui aime Dieu aime aussi son frère >, dit Jean (I Jn 4, 21). L'amour, c'est sans conditions ! Il < couvre toutes les fautes >, comme il est écrit (Pr 10, 12). S'il y a de l'amour, il n'y a pas de faute ! < L'amour est l'accomplissement de la loi >, dit Paul (Rm 13, 10). < Dieu est amour ; et celui qui demeure dans l'amour demeure en Dieu, et Dieu demeure en lui >, dit encore Jean (I Jn 4, 16). Cela, tout le monde le sait, mais on fait semblant de l'ignorer.

« Si tu poses des conditions à l'amour, ce n'est pas l'amour qui t'anime mais la possessivité, le conformisme, la peur, des idées-idoles telles que la famille et la procréation et tout cela. La Torah et Jésus méprisent la famille explicitement [121] !

121 Dès la Genèse : < Sur quoi chacun quitte son père et sa mère. > < Qui aime son père ou sa mère, son fils ou sa fille plus que moi n'est pas digne de moi. > (Mt 10, 37) < Celui qui ne rompt pas avec son père et sa mère ne pourra se faire mon disciple. > (T 55) < Je ne suis pas venu apporter la paix sur la terre, mais le glaive. Je suis venu opposer l'homme à son père, la fille à sa mère et la bru à sa belle-mère. On aura pour ennemis les gens de sa famille. > (Mt 10, 34 ; voir aussi Mt 12, 46) < Quiconque fait la volonté de mon Père, celui-là m'est un frère et une sœur et une mère. > (Mt 12, 46) < Et quiconque aura laissé maisons, frères, sœurs, père, mère, enfants ou champs à cause de mon nom recevra bien d'avantage et aura en héritage la vie éternelle. > (Mt 19, 29)

— Mais il y a des interdits concernant la sexualité dans la Torah !

Il me jeta un regard amusé.

— Bien sûr ! Il y a des textes qui ne parlent pas d'amour ! < Un homme qui couche avec un mâle comme couche une femme, de mort ils mourront. > (Lv 20, 13) Il y a beaucoup d'autres lois et beaucoup de transgresseurs ! Pourquoi s'enflammer sur celle-là ? La loi sur l'adultère condamne aussi à mort. S'il fallait appliquer la Torah à la lettre, il n'y aurait plus âme qui vive sur la terre !

« Il est dit : < Heureux ceux qui observent la loi et qui pratiquent la charité en tous temps. > (Ps 106, 3) En tous temps ! insista Isaac, c'est-à-dire aussi en toutes circonstances, pour tous. L'amour, la charité et la miséricorde ne doivent pas être mesurées. Si toi, tu observes la loi, ne condamne pas celui qui ne t'imite pas.

« Il ne faut pas beaucoup d'élévation et de vision pour vénérer celui que l'on considère juste et pleurer sur sa persécution. Mais pour aimer et protéger celui qui n'est pas parfait, celui qui est très différent, celui dont on voudrait condamner les pensées ou les mœurs, il faut un peu plus d'intelligence et de cœur. Le rejet de l'autre, qui est trop *autre*, est un réflexe humain banal. La Torah lutte contre cela. L'amour, la solidarité, le respect… s'établissent au-dessus des différences. < Comme un indigène [122], parmi vous, sera pour vous l'étranger en séjour parmi vous ; vous l'aimerez comme vous-même ? > L'étranger, l'autre, celui qui n'est pas comme toi, tu l'aimeras comme toi, parce que tu es l'autre de l'autre !

122 *Ezra'h* (AZR^H), de la racine ZR^H ou ZRa : comme ta semence (Lv 19, 34).

« Rabbi Jésus bouleverse les mentalités avec son < Aimez vos ennemis > et < Ne jugez pas afin de n'être pas jugés, ne condamnez pas et vous ne serez pas condamnés > (Mt 5, 44-48 ; Mt 7, 1 et Lc 6, 37). Il dit aussi : < Celui qui n'a jamais péché qu'il jette la première pierre. > (Jn 8, 7) Là, Jésus appelle à la solidarité humaine, même dans le péché, quel qu'il soit. Avec cela, l'homme ne peut plus juger l'homme, et il accomplit la loi en la dépassant dans la miséricorde.

Rabbi Isaac repoussa son chapeau et se pencha en avant, comme s'il allait me faire une confidence :

— Les juifs refusent que les homosexuels participent aux commémorations de la déportation [123]. Ils veulent que la shoa soit une exclusivité juive ! “Ne touche pas à ma shoa !” Ils craignent d'être assimilés à d'autres victimes parce qu'ils en méprisent certaines. C'est comme s'ils affirmaient que les homosexuels ont, au moins un peu, mérité leur sort ! Ils sont plus intransigeants que leur Dieu qui affirme : < C'est moi, moi, qui efface tes transgressions pour l'amour de moi (pour ma cicatrisation), et je ne me souviendrai plus de tes péchés. Rappelle-le moi ! > (Is 43, 25) < YHVH pardonne l'iniquité, la rébellion et le péché. > (Ex 34, 7)

Isaac se pencha plus encore, et chuchota gravement :

— Il n'y a qu'une faute sans pardon, le parjure, car c'est un vol de la conscience, et dans le parjure j'inclus le mensonge et la mauvaise foi, les arrière-pensées… Tout ce qui n'est pas *vrai.* Les victimes d'une censure, d'une persécution, d'une injustice ne deviennent pas automatiquement des adversaires de la censure, des persécutions, de l'injustice. Ainsi, il y a des juifs racistes,

123 Depuis quelques années, les associations représentant les homosexuels sont invitées à participer à la commémoration de la déportation.

des homosexuels antisémites, des noirs homophobes, des résistants xénophobes… On trouve toujours un juif à haïr, qu'il soit juif ou non. Même les juifs ont leur juif. C'est une faute très grave. Si la mémoire porte un devoir, c'est aussi celui, non seulement pour les bourreaux mais aussi pour les victimes, d'en tirer les enseignements. Sinon, on est parjure.

CHAPITRE 9

L'ascension

Premier mouvement

Les chemins de l'ascension

Je retrouvai Rabbi Isaac après un long séjour en Inde.

Il portait un nouveau costume, toujours gris, mais plus foncé. Son chapeau sur la tête, il m'accueillit avec un chaleureux sourire :

— Loué soit l'Éternel qui ressuscite les morts [124] !

Plusieurs locataires de l'immeuble étaient partis ou avaient été expulsés. Des parpaings de ciment condamnaient des fenêtres, éborgnant la façade. L'hiver était pluvieux et froid. Dans le quartier, les chantiers abondaient, avec leurs lots de boue et de vacarme, rendant les ruelles tristes et laides. Dans l'appartement, l'humidité rongeait les murs, le plâtre était devenu mou. L'un des noms gravés s'effaçait, le *gardien du sanctuaire* s'appliqua à le graver de nouveau.

Pendant mon absence, Isaac était devenu végétarien.

— Avons-nous vraiment besoin de manger de la viande ? fit-il mine de s'interroger. Nous ne vivons plus au temps d'Abraham qui n'avait que des troupeaux de

124 Lorsqu'on n'a pas vu quelqu'un pendant très longtemps, on prononce cette bénédiction.

chèvres. Le lait, le soja, les noix, les céréales nous apportent tout ce dont nous avons besoin.

« Faisons une *michnah* ! (Cela est interdit, souffla-t-il avec un délice malicieux.) L'homme doit être végétarien pour trois raisons : < Tu ne tueras pas. > On peut étendre ce commandement à toute vie. < Je place devant toi le bien et la vie, le mal et la mort. Tu choisiras la vie. > (Dt 30, 15) S'il y a un Dieu, il est sûrement aussi celui des vaches, des poulets, des moutons, des cochons… < Tu choisiras la vie > est une invitation à les épargner. La troisième raison : < Voici, je vous donne toute herbe portant semence et tout arbre ayant en lui du fruit d'arbre portant semence. Ce sera votre nourriture. > (Gn 1, 29) L'homme, tel qu'il fut conçu par Elohim, doit manger des céréales et des fruits.

Dès lors, nous potassions des livres de cuisine végétarienne qu'il scrutait comme il décryptait la Torah, en considérant la raison d'être de chaque ingrédient, son apport au goût du plat, sa valeur nutritive, la pertinence des indications de quantité. Et Rabbi Isaac entendait y ajouter telle épice, tel condiment ou tel légume, et réfléchissait longuement à l'implication de cette éventuelle initiative. Nous passions ainsi plus de temps à parler de la recette qu'à la préparer. Et il appréciait et commentait minutieusement le résultat. C'était toujours délicieux.

Lorsque je rentrais de voyage, il m'interrogeait sur les religions des pays où j'étais allé. J'eus ainsi l'honneur immérité de lui parler de l'hindouisme et du bouddhisme. Il n'entre pas dans l'objet de ce livre d'approfondir ces discussions, mais je veux préciser qu'il apercevait une grande proximité entre l'Aïn-Sof, Brahman et la nature de l'Esprit tel que l'évoquent les Tibétains.

⋆

Je repris ma posture d'infatigable questionneur.

— J'ai passé plusieurs mois auprès de lama Amtrim Shérab… Isaac m'interrompit :

— S'il vient en France, transmets-lui une invitation à dîner de ma part.

— D'accord. Les bouddhistes tibétains appellent *moyens habiles* leurs techniques de méditation et de purification qui permettent d'approcher l'esprit dans son état naturel, libre…

— Des techniques ! s'exclama Rabbi Isaac voyant déjà où je voulais en venir, je t'en ai donné tant et tant.

Et il compta sur ses doigts :

— La *crainte* de Dieu, et *Ékhad*, l'Un, et l'Amour qui inclut tout en l'Un. Je t'ai enseigné comment voir Dieu en toi, à travers le feu. Je t'ai dévoilé “Je serai”, le principe de non-identité, je t'ai montré qu'en associant *Qui* et *Quoi* tu crées le monde et qu'en les dissociant, tu en sors. Je t'ai expliqué comment faire jaillir l'Un en toi en unissant dans l'observation l'objet observé et l'observateur, le chercheur, le cherché et la recherche étant un seul phénomène. Et la concentration sur l'être au point de son jaillissement, et *tov*, et *yéhy*, et les quatre niveaux du Pardes, et la répétition des quatre lettres du Nom…

— Mais vous n'avez jamais parlé des *séphirot*. Il est écrit : < Lui qui construit ses degrés dans les cieux > (Am 9, 6). Examinons systématiquement ces degrés. De quelles étapes l'ascension mystique est-elle faite ? Comment aller du monde au ciel ?

— Tu veux parler des 32 *Nativot* ?

— Oui, les 32 chemins.

— D'accord. Je vais t'en montrer quelques-uns.

— Pourquoi seulement quelques-uns ?

— *Arch ! Ti lés véux tous. Ti mé sice la cirvelle !*

Il y avait longtemps que je ne me laissais plus impressionner par les récriminations de Rabbi Isaac. Elles faisaient partie de son humour.

— *La cirvelle né s'ise pas*, même si l'on s'en sert, dis-je en imitant son accent, sa voix et son acrimonie.

Il me regarda dans les yeux en souriant comme pour voir à quel degré il devait prendre cette remarque.

— Vous n'avez pas eu à me supporter pendant six mois ! plaidai-je.

— Mais je sais quels chemins tu pratiqueras et lesquels ne te plairont pas, tenta-t-il de marchander.

— Les hommes sont des vases de lumière, avez-vous dit il y a longtemps, et ces vases sont des lettres. Regardons-les toutes, insistai-je.

Je ne regrette pas de lui avoir un peu forcé la main car dans aucun livre que j'ai lu sur ce sujet les 32 chemins de la sagesse ne sont explicités aussi précisément et pratiquement que Rabbi Isaac le fait ici.

Nous nous préparâmes à l'étude, puis il commença très lentement.

— < Rappelle-toi pour – avec, contre, par – quel néant tu as créé tous les fils de l'homme >, comme il est écrit (Ps 89, 48). Tout est d'abord néant, puis l'Infini, avec le Yod initial, éclair de lumière qui perce et ne perce pas, conçut un désir, "Je serai". Avec ce désir, comme un feu, il projeta 10 *séphirot*, émanations ou forces, prismes. Elles représentent les activités divines qui décomposent la lumière originelle en une échelle de causalités, créant du fini dans l'Infini. Elles ont une dimension métaphysique, psychologique et éthique.

« Les 10 *séphirot* sont reliées entre elles par les 22 lettres (*othioths*, de *oth*, lettre, signe, preuve, symbole, miracle) et forment les 32 chemins de l'ascension mystique. Le commencement et la fin sont liés et ne constituent pas deux temps. C'est ce qu'il faut *comprendre sans comprendre.* < Par 32 voies mystérieuses de sagesse, Yah, YHVH [...] dont le nom est saint, a tracé et créé son monde sous trois formes, le livre, le nombre et la parole >, comme il est dit [125]. Ces 32 chemins sont Lui. Tout est Un, et pour l'expliquer nous déplions cet Un en *séphirot* et en lettres, mais ce ne sont là que des explications, car Lui, la lettre, le mot, la chose et la pensée sont Un [126]. Tout est Un, tout n'a jamais été qu'Un, rien n'existe avant ou en dehors de cet Un. L'univers est une émanation de sa pensée. Et Lui est en toi et toi en Lui.

« Chaque chemin représente la force d'inspiration et de contemplation de l'une des énergies mystiques dont tu es fait. Chacun conduit au but, te prenant de là où tu es sans poser de conditions préalables. < Lève les yeux, et du lieu où tu es, regarde >, dit YHVH à Abraham (Gn 13, 14). Il s'agit de les *voir* en soi et, pour cela, de cultiver certaines pensées, des méditations.

« Tout en haut, **Nativ Keter**, dit-il en se tapant sur la tête, la première séphira. Nativ Keter, le chemin de la couronne, le principe de l'Intellect.

« De l'En-haut vers l'En-bas, Keter marque la première étape de la rétraction de la lumière de l'Infini vers le monde fini, et correspond au souffle de la vie divine. On l'associe à la volonté de créer, la volonté ou l'inten-

125 Sepher Yetsirah I, 1. Trois formes ou trois livres : *Sepher*, le livre ou l'écriture ou ce qui est chiffré, *Sephar*, le nombre, et *Sippur*, la parole ou le « nombré ». *Séphira* (pluriel *séphirot*) vient de la racine *saphar*, compter. On peut relier cette racine à l'arabe *sifr*, le zéro, qui signifie vide et d'où apparaîtra *chiffre* en français. Le potier (*Yotser*) divin construit l'univers avec les briques que sont les 22 lettres.

126 Le mot hébreu *davar* signifie à la fois parole et chose. Une fois le nom de la chose prononcée, la chose accède à l'existence dans un certain degré de réalité.

tion d'être, c'est pourquoi le nom *éhyéh*, "Je serai", couronne cette couronne.

« De l'En-bas vers l'En-haut, c'est-à-dire en toi, Keter est le siège de la conscience unifiée et unifiante – non pas la conscience que toute chose apparaît de l'Un, la conscience elle-même Une. Médite sur le simple état d'être en devenir, "Je serai" sans attribut.

« Reste immobile, observe dans ta respiration le rythme du *ruah* (le souffle) de ce "Je serai" qui pulse l'être et te fait advenir en te tirant continuellement du néant à l'existence.

« **Nativ Aleph**. Tu te souviens que Aleph est la lettre qui précède le commencement. Elle reçoit de la lumière originelle, et tout a été créé dans cette matrice primordiale. < Le Saint, béni soit-il, dit à l'Alpeh : "Aleph, je n'aurai d'unité qu'en toi. Toute unification reposera dans la lettre Aleph seule" >, comme il est dit (Z P 3a). Sa valeur numérique est *Un*. Nativ Aleph, le chemin de l'Un.

« Réunis en toi le mot, la chose et la pensée ; toi, ton regard et la chose vue ; toi, le sentiment et la faculté de sentir, etc. Unis toute chose en toi, comme il unit toute chose en lui. < YHVH est Un dans tous ses noms >, comme il est dit (Bahir 141).

Rabbi Isaac prit mon stylo et mon bloc dont il arracha une feuille sur laquelle il dessina l'arbre des séphirot et les lettres qui les lient entre elles.

— **Nativ Hockmah**, la deuxième séphira, le chemin de la sagesse. <YHVH, avec Hockmah (sagesse), a créé toute chose > (Pr 3, 19). C'est le souffle du souffle, la pensée à la racine de la création, l'âme en tant que la puissance intellectuelle contenue en toute chose.

« Dans l'En-haut, l'ultime sagesse est le néant d'où toute chose a jailli : < La sagesse, du néant ne vient-elle pas ? > (Jb 28, 20) Elle n'est pas une connaissance effective, ou un savoir, mais < un lieu qui n'a d'existence que pour le questionner >, comme il est dit (Z B II 30a).

« Dans l'En-bas, Hockmah évoque la sagesse intuitive, l'intuition de la vérité : < Tout est *havel* (vanité, buée) >, comme dit le sage (Ecc 1 2). Lorsqu'il n'y aura plus dans tes yeux que néant En-haut et vanité En-bas, tu seras sage.

« **Nativ Beth**, la première lettre du premier mot de la Torah qui a *deux* pour valeur numérique. Deux est le commencement. Le chemin du Beth est celui de l'étude de la création par les lettres. Le monde est réel mais il n'est pas vrai. Toute la réalité est faite de mots. Regarde les mots qui nomment les choses. Qu'est-ce qu'une chose sans son nom ? Qu'est-ce qu'un mot sans la chose ? Toute chose est créée avec son opposé.

« Regarde une chose et son opposé et rassemble-les en l'Un.

Rabbi Isaac hésitait, cherchait les mots, s'interrompait, parcourant le chemin avant de l'exposer.

— **Nativ Guimel**, la gorge, la parole et le chiffre *trois*. *Trois* forme la forme, l'étire en trois directions. Trois est le mouvement. Observe l'espace et le mouvement des choses plus que les choses. Ta pensée forme la réalité. Observe cette opération. Écoute ce que tu dis car ta parole façonne le monde dans lequel tu vis.

Deuxième mouvement

Le chemin du cœur

Moïché, le fidèle ami, arriva, s'installa, écouta.

— **Nativ Binah**, la séphira de l'intelligence et du discernement, de la faculté de connaître, la conscience de connaître et la cogitation. Hockmah est la semence, Binah le réceptacle. L'intuition sème, l'intelligence reçoit et enfante. < YHVH a fondé la terre par la sagesse, il a affermi les cieux par *Binah*, le discernement >, comme il est écrit (Pr 3, 19). Ton intelligence te permet de comprendre, de pénétrer le sens des choses, contemple ce miracle.

« Regarde l'intelligence qui réfléchit, la pensée qui se pense, l'action de penser plutôt que la pensée.

« **Daat** n'est pas un chemin, mais un état. C'est une séphira invisible, théorique, issue de l'union cachée des deux séphirot Hockmah et Binah, la sagesse et le discernement. Daat signifie connaissance et pénétration : < Et Adam connut Ève >, comme il est écrit (Gn 4, 1). Daat unit les forces de l'esprit dans un équilibre entre l'intuition et l'intelligence. Interrompt le discours intérieur par la méditation et la contemplation et tu pourras pénétrer l'Infini. Mais qui y pénétrera ? Il n'y aura plus de *moi* qui connaît dans cette connaissance.

« Ça suffit, déclara Rabbi Isaac. Il ne sert à rien d'inventorier ces chemins, il faut les pratiquer.

Il avait raison. Décrits l'un à la suite de l'autre, les 32 *nativot* sont assez laborieux à lire et encore plus à intégrer. Il s'agit d'emprunter l'un ou l'autre un jour ou un mois, et d'observer son efficacité, puis d'adopter celui qui nous est le plus propice. Mais comment choisir si nous ne les connaissons pas tous ? J'ai relancé Rabbi Isaac là-dessus plusieurs fois et peu à peu j'ai constitué la carte des 32 chemins. Le lecteur trouvera les autres *nativot* dans la troisième annexe, à la fin de ce livre.

— Je vais t'en décrire un dernier pour aujourd'hui.

« Tout en bas de l'arbre des séphirot, **Nativ Malkouth**, le chemin du royaume, le royaume étant ce monde-ci.

« La lumière originelle, passée à travers le filtre des autres séphirot, se manifeste dans cette dernière séphira, l'émanation la moins immatérielle de Dieu. Les forces conjuguées des séphirot et des lettres s'y joignent. Car < Depuis le frémissement initial du point suprême jusqu'au confins des choses, tant le monde de l'En-haut que celui de l'En-bas, chaque monde est formé selon ce principe : enveloppes les unes pour les autres, cerveau à l'intérieur d'un autre cerveau, souffle au-dedans d'un autre souffle ; ainsi emboîtés, l'un est écorce pour un autre et ainsi de suite. Le point suprême, c'est la lumière intérieure qui n'a pas de mesure… Tout est construit selon cette règle, aussi est-ce dans cette ressemblance qu'est l'homme dans ce monde, à la fois cerveau et écorce, souffle et corps. > (Z B I 19b et 20a, p. 114) Malkouth représente le monde manifesté, les éléments et ton corps.

« < Tu es un Dieu qui se cache >, comme il est écrit (Is 45, 15 ; Ps 13, 2 ; 44, 25) Où se cache-t-il ? En toi. En toi toutes ses forces se rassemblent. < Ils me feront un sanctuaire et je résiderai en eux >, comme il est écrit (Ex 25, 8 ; Jr 7, 4). Cela signifie que si tu veux que Dieu réside en toi, tu dois lui faire une place, un *sanctuaire.* Ce qu'il y a de plus sacré, la *Chéckhinah*, c'est toi.

« Regarde en toi. < Dieu est ton ombre, près de ta main droite > (Ps 121, 5) Il voit ce que tu regardes, il bouge comme tu te meus, et lorsque tu ris, il rit ; et si tu pleures, il sanglote. Il est celui qui pense, celui qui parle et celui qui fait fonctionner tes organes. Dieu participe à chacun de tes actes. Lorsque tu l'as vu en toi, tu peux alors le voir aussi caché en chaque chose : < Il amène chaque chose à l'existence continuellement et il renouvelle constamment l'œuvre du commencement >, comme il est dit. Regarde chaque chose comme la demeure de Dieu. Tu as la responsabilité de toi-même et tout dépend de toi. En toi est sa Présence (*Chéckhinah*).

Moïché intervint :

— Pourquoi toutes ces complications !

— La Torah t'invite à quitter le pays de tes certitudes pour aller vers la terre de lait et de miel de l'étude. *Lekh lekha*, va vers toi-même, c'est toute la Torah, Moïché ! Cette injonction ne te donne que le point de départ. À toi de découvrir le chemin. La liberté est dans l'étude, Moïché.

— Dieu n'est pas si tortueux... répliqua-t-il calmement.

— Moïché, tu crois en Dieu. Pour toi, tout est simple. Mais le monde est-il simple ?

— Ni simple ni pas simple…

— Tu réponds comme moi maintenant !

— Qui sait, comme toi ou autrement ? S'il y avait un marchand de rêve, j'en achèterais une poignée, tandis que toi, Yitzhak, tu passerais ton chemin…

— La vie est déjà un rêve, inutile d'en acheter. Mais lui, répondit Rabbi Isaac en me désignant, il veut accaparer le stock. Il m'a demandé de lui expliquer les 32 *Nativot*, et pas une de moins !

— Toujours pas marié ? me demanda Moïché, que les *Nativot* n'intéressaient pas tellement. Avisant la mine que je faisais, il ajouta : Je connais une jeune fille très très bien, jolie, instruite, agréable de caractère…

— Sans aucun doute elle rencontrera son prince charmant, dis-je pour le décourager.

— Quelles qualités cherchez-vous chez une jeune fille ? insista-t-il.

Je fis l'erreur d'entrer dans son jeu en répondant à sa question :

— La complicité, la bonté, la bienveillance…

— Cette jeune fille est la fidélité même, et la joie ! Rencontrez-la seulement, cela n'engage personne.

— Moïché ! cesse de faire le s*hadchen* (la marieuse) pour l'amour du ciel, dit Isaac en me sauvant.

— Chacun prend un barreau, puis un autre, puis encore un autre et compose sa propre échelle, suis son propre chemin, dans l'ordre qui lui convient, reprit Rabbi Isaac redevenu sérieux.

« Étudie ces chemins, répète-les, suis-les jusqu'à dix fois par jour jusqu'à les connaître tous et complètement. Ensuite choisis-en un, deux ou trois et poursuis-les jusqu'à atteindre le but. Ils conduisent tous au but. De toute façon, il s'agit d'atteindre l'Un.

Rabbi Isaac souffla un peu et réfléchit.

— Mais à ces 32 chemins, on peut en ajouter un [127].

« La Torah commence par la lettre Beth et s'achève par la lettre Lamed, qui en valeur numérique font 2 plus 30. Ces trente-deux chemins peuvent se résumer à un seul, Lamed-Beth, *leb* (LB), le cœur. < Donne-moi un cœur qui sache écouter, demanda Salomon. Après quoi, Salomon devint l'homme le plus sage de la terre. > (I R 3, 9 et 12)

« Le chemin du cœur réunit en lui trois vertus : la charité, la bonté et le respect. < La charité vaut tous les commandements réunis >, comme il est dit (TB BB 12). Et mieux que la charité, la bonté, parce qu'elle se pratique aux dépens de son argent et de sa personne, qu'elle s'adresse aux pauvres comme aux riches, qu'elle se pratique envers les vivants comme envers les morts, comme il est dit (TB Soucca 49a). Le respect parce qu'il inclut tout, Dieu, les humains, et les animaux, les objets et les idées, le connaissant et l'ignorant, celui que tu aimes et celui que tu n'aimes pas, les qualités et les défauts.

« Celui qui croit avoir connu Dieu et qui n'incarne pas ces vertus n'a rien connu du tout. Car Dieu est *atha* (ATH), toi, c'est-à-dire toi et tous ceux que tu peux appeler "toi", tous les autres. Tout et tous (de l'Aleph au Tav) dans le monde (Hé), car < L'ensemble des âmes des hommes est une >, comme il est dit (Z LL 85b, p. 428). Tout homme est une image de Dieu. < *Barouh atha YHVH*, soit loué toi YHVH. >

127 En incluant *Daat*, il y a 33 chemins.

« Et Dieu est *hou* (HVA), *lui.* < Afin que vous connaissiez, que vous affermissiez, que vous compreniez moi lui (*ani hou*) >, comme il est écrit (Is 43, 10). Lui, tout autre que toi. Le lien (Vav) entre le monde (Hé) et l'Un (Aleph), c'est "lui", *Hou.*

« Et cela, je le sais comme je te vois.

Épilogue

— Mais dites-moi, Rabbi Isaac, pourquoi Moïché a-t-il épousé une *goy* ?

— Dieu n'a pas de *goy*. Il n'y a pas de *goyim* ! Moïse le sait. Nous sommes tous Dieu, fils de Dieu et père de Dieu ! Tout est Un.

— Que pensez-vous qu'il y ait après la mort ?

— Que veux-tu qu'il y ait ?

— Je ne sais pas. Je ne m'aime pas assez pour désirer vivre avec moi éternellement.

— Dans l'autre monde, dit prosaïquement Rabbi Souzya, on ne te demandera pas pourquoi tu n'as pas été Moïse, on te demandera pourquoi tu n'as pas été toi, pourquoi tu n'as pas vécu *ta* vie, pourquoi tu as fait semblant… Dans l'autre monde… ou sur ton lit de mort, si tu vois ta mort venir, tu ne te poseras pas la question "où vais-je ?", mais "qu'ai-je fais ? Suis-je allé vers moi-même ? Suis-je arrivé à moi-même ?" Ce que tu vis en vérité est éternel.

— Qu'est-ce que je vis en vérité ?

— La Présence ! s'exclama-t-il. Un instant dans la Présence est une totalité. Il est éternel bien qu'il ne dure pas.

— Comment puis-je être sûr que “je vis en vérité”, comme vous dites ?

— Lorsque les compagnons d’étude de Rabbi Siméon ont entendu son explication sur le nom Elohim, il est dit qu’ils se prosternèrent devant lui en disant : < Si nous n’étions venus au monde que pour entendre ces paroles, cela nous aurait suffit [128] >. Ce n’est pas seulement ce qu’ils ont entendu qui leur a fait proclamer une telle parole, mais aussi ce qu’ils ont reconnu avoir vécu. La vérité, c’est la Présence, le moment dans la conscience une est plein.

« Le plus important est de mourir satisfait, < repu de jours >, comme il est écrit (Jb 42, 17). Et pour que cela arrive, il faut que tu aies vécu un moment dont tu puisses dire : “Si je ne suis venu au monde que pour cela, cela est suffisant.” < Il anéantit la mort pour toujours >, comme il est écrit (Is 25, 8).

— Mais qu’est-ce que la mort ?

— La mort est la manifestation la plus évidente de la miséricorde de l’Infini.

— La miséricorde !?

— < Celui qui dit des mensonges ne subsiste pas en ma présence >, comme il est écrit (Ps 101, 7). Les mensonges ne subsistent pas, ils n’ont pas existé. Le menteur n’est pas allé dans la Présence, il ne mourra même pas parce qu’il n’a pas même existé. Le mensonge détruit le monde. Ce qui n’est pas vrai n’est rien ! L’Infini efface les mensonges et le menteur dans la miséricorde.

Ce qui est vécu dans l’instant en tant que totalité, avec pleine Présence, dans la conscience Une, est vrai et éternel. Ce qui est Un dans l’instant est Un pour l’éter-

128 Z Pré Ib, p. 32. Voir chapitre 3, 3e mouvement.

nité. Alors que ce qui est désuni, duel ou mensonge n'existe pas même un instant. C'est du vain, du faux.

— Y a-t-il quelque chose après la mort ? insistai-je.

Rabbi Isaac sourit avant de se lancer dans une autre explication.

— Cette question n'a pas de sens ! Nous, et tout ce qui vit, sommes les enfants du premier protoplasme ou de la première protéine. Et cette première protéine est l'enfant de l'eau, du soleil et de je ne sais quoi d'autre. Et ce soleil, cette eau et je ne sais quoi d'autre, viennent de la lumière initiale. Nous venons de cette lumière, jaillie du frémissement de l'Infini, béni soit-il, qui perce et ne perce pas, comme il est dit. Elle perce, elle prend forme. Elle est présente dans toutes les formes. Elle ne perce pas, elle est en elle-même, elle l'a toujours été ! Lorsque nous bénissons l'Aïn-Sof, nous nous souvenons de cette lumière omniprésente. Cela signifie que l'ultime origine et l'ultime finalité sont déjà en nous et en toute chose, même lorsque nous oublions d'essayer de l'y entrevoir. L'Infini est Un. Tout vient de l'Un. Nous sommes cet Un.

« Y a-t-il un avant et un après ? Non. Dans l'Infini il n'y en a pas. Mais la question que l'Infini se pose d'une façon ou d'une autre crée la possibilité de quelque chose, d'une histoire dont on ne peut saisir un commencement et qui ne finira sans doute jamais.

« Maïmonide dit que la mort est une privation de la forme. Le désir d'être retourne à sa source. La forme disparaît, mais pas la lumière originelle omniprésente. Nous sommes cette lumière et nous l'avons toujours été et nous le serons toujours. La forme nous l'a cachée, la disparition de la forme le révélera de manière éclatante. Mais qui le constatera ? Il n'y a pas de personnalité dans l'Un, pas de qualité ni d'attribut. L'existence est sans sujet, comme l'a déjà dit Averroès. Nous retournons à la lumière sans qualité d'où a jailli notre désir d'être dans l'injonction < Va vers toi-même >.

« Souviens-toi de la *michnah*, que nous avons étudiée il y a longtemps. Rabbi Banaa visitait la tombe d'Abraham puis celle d'Adam. Il voulut en prendre les mesures, et là, une voix lui dit : < L'intérieur a les mêmes dimensions que l'extérieur [129]. > Nous en avons alors déduit que les parois entre la vie et la mort n'ont pas de mesure, qu'elles sont sans épaisseur. Ce qui est en haut est en bas, tout est Un.

« Tout dans la création, du moustique à la moindre pierre, porte les principes de la sainteté ou du divin. Tu les aperçois lorsque, transcendant les identités distinctes, tu unis tout en Un, et alors tu deviens le véhicule grâce auquel tout devient saint. Et là, dans cette Présence, tu ne te poses aucune question sur ce qu'il aura après l'instant ou après la mort.

« Nous sommes sortis de l'Un dont nous ne savons rien, et nous retournons à cet Un parce que rien ne l'a jamais quitté. < Tout va au lieu Un >, comme il est écrit (Ecc 3, 20).

— Si je n'étais venu au monde que pour entendre vos paroles, Rabbi Isaac, cela m'aurait suffi.

Il éclata de rire.

★

Il me serait encore possible d'écrire trois livres en me servant de mes notes. Il faut bien achever celui-ci.

Madame Benguish a déménagé à Sarcelles.

129 TB BB 58a, p. 951. Voir chapitre 1, 1er mouvement.

Toby, son fils, a rompu avec son amie. Il est traversé d'une crise religieuse qui a fait de lui un pratiquant assidu assez austère.

Joseph est devenu professeur de philosophie.

Rachel, la fille de madame Abitbol, vit maintenant avec son bien-aimé. Ils ont un enfant.

L'immeuble à été détruit deux ans plus tard, mais rien n'a été bâti à sa place depuis bientôt dix ans.

Thibaut continue à s'intéresser à toutes les religions.

Il m'arrive de hanter les ruelles autour du boulevard de Belleville. J'y ai rencontré monsieur Moïché par hasard. Il avait encore une jeune fille à me présenter.

Monsieur Benjamin se promène toujours autour des cafés du boulevard. Il a changé. Il est devenu léger, aimable et presque heureux.

Rabbi Isaac est mort soudainement alors que j'étais en voyage en Inde. Il était pourtant en bonne santé quelques mois plus tôt.

Au long des années, Rabbi Isaac m'a enseigné de nombreuses méditations. Je les pratique encore.

Je remercie Bruno Solt, l'éditeur de ce livre, de m'avoir permis de rendre hommage à sa mémoire. J'ai ainsi pu respecter la tradition qui prescrit de rapporter la parole de son maître. « Celui qui transmet son savoir est éternel », comme il est dit.

Depuis, je joue seul à ce jeu qu'est la Kabbale, parfois en relisant les notes que j'avais prises jadis, car je n'ai jamais retrouvé un maître ou un compagnon d'étude de son calibre. Son humour, ses gestes, ses effets rhétoriques, son intimité, sa clairvoyance, son érudition me manquent énormément ainsi que ses conseils, ses exigences et ses encouragements.

ANNEXE I

Transcription des lettres hébraïques

Lettre	Transcription	Lettre	Valeur numérique
א	Aleph	A	1
ב	Beth	B	2
ג	Guime	G	3
ד	Daleth	D	4
ה	Hé	H	5
ו	Vav	V & W	6
ז	Zaïn	Z	7
ח	Het	^H	8
ט	Teth	^T	9
י	Yod	Y	10
כ	Kaf	K	20
ל	Lamed	L	30
מ	Mem	M	40
נ	Noun	N	50

ס	Samekh	**S**	60
ע	Ayin	**a**	70
פ	Pé, phé	**P**	80
צ	Tsadé	**Ts**	90
ק	Qof	**Q**	100
ר	Rèch	**R**	200
ש	Chin ou Sin	**Ch**	300
ת	Tav	**T**	400
ך	Kaf final	**K**	500
ם	Mem final	**M**	600
ן	Noun final	**N**	700
ף	Phé final	**P**	800
ץ	Tsadé final	**Ts**	900

ANNEXE II

Glossaire

Torah, littéralement, « lancée ». Le Pentateuque, puis, au sens large, la Bible.

Talmud signifie étude ou enseignement. Il s'agit d'une œuvre considérable de compilation des réflexions issues des écoles rabbiniques entre le IIe siècle avant J.-C. et le VIE siècle après J.-C. Elle représente des dizaines de livres. Différents points de vue, souvent opposés, y sont exprimés sur une multitude de sujets.

Michnah : une somme de traités touchant à tous les domaines.

Halakhhah : jurisprudence rabbinique, elle traite des obligations religieuses et englobe pratiquement tous les aspects de l'existence.

Guemara, *complément*, est un recueil des discussions entre sages portant sur tous sujets, de l'histoire à la vie pratique, les sciences, la médecine, la philosophie. On y trouve des raisonnements permettant d'interpréter la Michnah ainsi que des controverses, des explications philosophiques, des *aggadot* ou commentaires en paraboles ou en récits, des réflexions sur la morale, l'histoire, la science et la médecine. Elle couvre la vie intellectuelle et religieuse juive sur plusieurs siècles.

Midrach, de la racine *daroch*, signifie « étudier, demander, examiner ». Il se concentre sur l'exégèse et l'étude de la loi. Cet ensemble de livres rassemble l'interprétation de mêmes versets bibliques par plusieurs rabbins ayant des idées divergentes. Il s'agit toujours d'aller bien au-delà du sens littéral ou premier. Il se divise en deux types de commentaires, les interprétations juridiques et les *aggadot*, légendes, proverbes et paraboles à visés étiques ou didactiques.

Zohar, l'un des grands livres de la Kabbale, la mystique juive. Il rassemble des interprétations de la Torah dans une perspective mystique selon la méthode kabbaliste.

Source : *Dictionnaire encyclopédique du judaïsme*, Le Cerf, 1993.

ANNEXE III

La suite des 32 chemins

Nativ Dalet, le chemin de la porte (*déleth*). Tu trouves la lettre Dalet en finale de Ékhad, l'Un. Cette porte sépare l'immatériel et le matériel. Observe ce seuil. Avant que le monde soit une forme, il est une pensée. De l'En-bas vers l'En-haut, le monde se transforme en pensée, et alors la réalité se fait humble. De l'En-haut vers l'En-bas, événements, formes, perceptions sont en essence des pensées. Ouvre cette porte qui conduit à créer le monde ou à l'anéantir.

Nativ Hessed, la séphira de l'amour et de la compassion, est un des chemins de l'unité. L'amour qui ne pose pas de conditions, cette sagesse lumineuse universelle, ouvre la porte de la non-séparation toi/autre.

Tu prendras ce chemin à partir de l'En-haut. La bonté, le don, la générosité sont des conséquences de l'amour et non le contraire ; ils sont les actions de l'amour.

Ékhad, *Hessed* et *Yaav* ont 13 pour valeur numérique, ce qui indique qu'il y a une certaine équivalence entre l'Un, l'amour et le désir.

Pour pénétrer l'amour, entre dans l'Un, inclus toute chose dans l'Un, vois le désir de l'Un en toute chose.

Nativ Vav, le lien, ce qui unit. Vav a pour valeur numérique 6 et évoque les six directions de l'espace. < En lui toutes choses s'unissent et il recueille le tout >, comme il est dit (Z P 13b, p. 88). On le trouve dans YHVH : Le point du jaillissement (Yod) et le monde de l'En-haut (le premier Hé) composent un des noms de Dieu (Yah) qui forment l'espace (Vav), dans lequel ils s'unissent au second Hé, le monde de l'En-bas. Observe ce qui relie l'En-haut et l'En-bas.

— Qu'est-ce qui relie l'En-haut et l'En-bas ?

— < Le désir de l'En-Bas s'unit au désir de l'En-haut pour devenir une volonté *une*, sans séparation >, comme il est dit (Z LL 85b, p. 428). Observe ton désir de connaître Dieu. Dieu a le même désir de te connaître. Lie-toi à ce désir qui est une façon de connaître Dieu.

Nativ Hé, le chemin de l'existence. Hé est la lettre doublée dans YHVH, révélant que l'En-haut est comme l'En-bas. Le premier et le second Hé, unis par le Vav, forment le verbe être (*hovéh*, HVH). Être n'est donc possible qu'en liant les deux mondes.

Dans l'En-bas, Hé représente le féminin, le souffle de vie et le monde créé. Là, tu observes la vie à l'œuvre, l'infime vibration, contenue en chaque chose, qui la rend vivante. Sens cela.

Il s'agit de rattacher le monde à sa racine divine, sans pour autant maudire le monde. Car « tout est Un », et dans cet Un il n'y a pas de différence entre l'En-haut et l'En-bas.

Nativ Gevourah, la séphira de la force, de la rigueur et de la restriction ou de la non-dispersion. Elle est associée à Elohim, l'architecte qui a fait la nature et ses lois.

On la perçoit bien dans la force de gravitation. Regarde la force qui maintient toute chose dans sa forme et dans sa cohésion.

De même qu'Elohim construit la nature, nous façonnons la nôtre. Dans l'En-bas, Gevourah est la contingence et la libération de la contingence. Nous ne répondons pas à toutes nos impulsions. Notre discipline nous maintient sur notre chemin et nous empêche de nous disperser. Cette discipline tire sa force non de l'obéissance, mais d'une force de restriction auto-imposée. Observe cette force. Tu la mets en pratique à travers le souci de l'impeccabilité. Ce que tu fais, fais-le parfaitement. Obéis à ta propre parole. Qu'il n'y ait pas de compromis, de flou entre ce que tu dis et ce que tu fais. Sois rigoureux. Dans cette force réside le respect de soi-même.

Nativ Zaïn, le chemin de la vue. L'œil, comme une lance (*zeïn*), observe le milieu des oppositions. Entre les opposés – le bien et le mal, le beau et le laid, etc. – qui ne désignent pas l'Un, adopte le point de vue de l'En-haut, l'Un qui transcende.

À partir de l'En-bas, ce chemin est celui de la lucidité, la discrimination volontaire. Chaque jugement s'appuie sur un autre jugement. Remonte la chaîne des valeurs qui fonde tes jugements jusqu'à ce que tu atteignes le point d'équilibre où plus rien n'est bien ou mal. Reste dans cette vigilance continue qui écarte les oppositions radicales.

Nativ Het, le chemin de la vie élémentaire, simple et directe que l'on peut observer en regardant les animaux. On trouve Het dans *'hayi* (^HY), la vie. Observe un animal, sa beauté, sa spontanéité, la vie qui se manifeste simplement en lui. Tu peux aussi constater les mouvements organiques en toi, écoute ton cœur, surveille ta respiration ou le parcours digestif, etc. Tu vois alors cet équilibre spontané et lumineux dont la nature révèle la force, l'énergie primaire.

Nativ Teth, le chemin de la boue, obscur, des forces occultes à l'œuvre dans les soubassements de la terre et de l'âme. Les superstitions, les appels de la peur à trouver des protections et des protecteurs. Chemin des anges et des intermédiaires. Job s'adresse à YHVH, pas à ses anges. Cherche l'Infini béni, ne t'arrête pas aux astres !

Nativ Yod, le chemin de l'énergie primordiale – primordiale et non primaire. L'infini, par un frémissement, a fait jaillir en lui ce Yod, le point du jaillissement, lumière qui perce et ne perce pas, et dont j'avais dit, jadis, qu'il prend la forme d'une question.

Le Yod de la puissance initiale, la lumière première, réside en chaque individu : < Le point suprême, c'est la lumière intérieure qui n'a pas de mesure… >, comme il est dit (Z B I 19b et 20a, p. 114). Pénètre au plus profond de toi et découvre la racine, la graine dont tu es issu, source de la source de ta manifestation. Là est l'énergie d'être qui n'a pas de forme.

Nativ Kaph, le chemin de la saisie, comme la paume (*kaph*) de la main qui prend la matière et la transforme. Regarde la force divine qui modèle les formes manifestes. Laisse-toi pétrir par le flux divin qui, sans cesse, descend en toi. Regarde ce flux plus intime de toi que toi. Laisse la revendication « moi » pour observer l'être que tu es sans cette revendication.

Nativ Tiphéret, la séphira de l'harmonie, de la beauté. C'est la voie du cœur. On l'appelle *abondance*. Nous avons parlé de ce chemin à propos de la « crainte ». < Sur lui repose un souffle de prudence >, comme il est écrit (Is 11, 2). Vois la beauté dont chaque chose est une expression par son existence même. Observe cet étonnement intarissable. Tout se relie en lui.

Dans l'En-bas, Tiphéret concilie la rigueur et l'amour, l'intransigeance et le pardon, le déterminé et la liberté, la rigidité et le laisser-aller. Il fait l'équilibre. Nous sommes limités et pourtant nous sommes libres. Cherche cet équilibre, cette harmonie en toi.

Nativ Lamed. C'est le chemin de l'étude, car *Lamad* signifie apprendre, étudier. L'étude établit le lien entre l'En-haut et l'En-bas. < La *Chéckhinah* se tient sur la tête de celui qui étudie >, comme il est dit. Celui qui étudie pratique tous les commandements. Apprends, comprends, creuse sans cesse, cherche à nouveau le sens d'un passage de la Torah, car la Torah est le chemin et la Torah est le but, l'Infini se cache en elle et attend que tu l'y trouves.

Nativ Mem. Mem symbolise l'eau, la profondeur, la mère, la mort et les questions *Mah* (Quoi) et *Mi* (Qui).

L'eau, qui est sans forme, épouse la forme de son contenant. Regarde les questions que tu te poses. Elles donnent une forme aux deux questions essentielles, *Quoi* et *Qui*.

Il y a de nombreuses réponses à une même question. Observe la première réponse puis cherches-en une autre, tu découvres une nouvelle forme. < Jusqu'à quand, YHVH, te cacheras-tu sans fin ? >, demande

David (Ps 89, 47). Mais on peut lire : « Jusqu'à quoi (*ad mah*, aD MH) YHVH tiendras-tu secrète (*çatham*, STM) ta splendeur, ta vérité (*netsach*, NTs^H) ? » La réponse est dans la question : sa vérité est tenue secrète par le *Quoi*. La pensée, *mahchavah*, pense, *hachav*, le quoi, *mah*. Dépasse le *Quoi* du monde et tu verras la vérité.

Tu n'atteins jamais le *Qui*, limite supérieure du questionnement, car en lui il n'y a plus de question, plus de questionneur, plus de questionné. < Qui dans le ciel égale YHVH >, comme il est écrit (Ps 89, 7) [130]. Objet et sujet de méditation, on ne l'appréhende que par l'intuition et non avec les mots de la pensée.

Nativ Noun. Noun signifie perpétuer, propager (par exemple la multiplication d'une graine) : c'est le chemin de la vie passant de père en fils. Le père n'est pas le fils, mais la vie se perpétue en passant de l'un à l'autre... Regarde ton fils ou n'importe quel enfant, observe ce miracle de la vie qui passe d'un être à un autre sans quitter le premier, cette multiplication, cette propagation. Observe l'universel dans le singulier. Nous sommes < fils du Dieu vivant >, comme il est écrit (Os 1, 10).

Nos maîtres nous ont laissé leurs réflexions. Leurs vies se poursuivent en nous à travers la connaissance qui se perpétue et se propage. Celui qui transmet son savoir est éternel.

Nativ Netsach, la séphira de la victoire, de la vérité, de la capacité qu'a la vérité de triompher. Nativ

130 Rabbi Isaac prend ici *Qui* comme sujet du verbe et non comme pronom interrogatif.

Netsach, le chemin de l'élan spirituel. La curiosité qui te fait chercher Dieu, ici ou ailleurs, révèle l'élan de l'âme vers elle-même. Observe cet élan, vois ce qu'il te montre de ta nature, vois comme il te change, comme il change ta vie, ta façon d'être avec toi-même et les autres. Vois ce qu'il t'enseigne pratiquement. Dès lors que ton âme commence à se chercher, la victoire est déjà en route. Dans l'étude, c'est la dimension pratique : Qu'est-ce que cela change pour toi immédiatement ou plus tard ? Si cela modifie quelque chose, c'est une victoire.

Nativ Sameck. *Samack* signifie soutenir, s'appuyer, et par sa forme (ס) évoque l'organe féminin ainsi que les forces de la vie qui soutiennent la vie : les mouvements circulaires organiques dans le corps, l'instinct dans la psyché, les pulsions et les impulsions nous révèlent l'aspect spontané de ces forces. Vois l'instinct qui soutient la vie et lui est essentiel.

C'est aussi un chemin de détour, car en lui sont aussi les forces tentatrices : dans l'En-bas, Sameck, l'organe féminin, symbolise la tentation du désir sexuel, désir pourtant indispensable à l'existence. La force de ce désir révèle celle de la vie. Observe tes désirs avant de succomber, observe-les bien, car ils manifestent aussi celui de l'Infini.

Nativ Aïn, le chemin de la contemplation du vide et du néant. *Aïn* signifie l'œil, le néant et la source ou la fontaine. Regarde quelque chose puis observe ton regard plutôt que la chose, vois le vide contenu dans cette chose. Tout vient du néant et y retourne. Tu observes le secret des secrets. De même que deux atomes sont séparés par de l'espace, nous sommes comme deux atomes. Regarde l'espace entre nous. Tu es à la fois le miroir et celui qui regarde.

Dans l'En-bas, *aïn* (aYN) est l'anagramme de *ani* (aNY), moi. Vois le vide (*aïn*) qui se révèle lorsque tu analyses et déconstruis ce de quoi ce moi (*ani*) est fait. Tu es alors très proche de l'Infini.

< Garde le silence devant YHVH. > (Ps 37, 7) Reste dans le silence après l'étude, regarde l'intuition de la vérité du néant ou de la vanité que tu as vue par l'intelligence. Car < mon silence a édifié le Temple de l'En-haut et de l'En-bas, par mon silence deux mondes ont été créés simultanément >, comme il est dit (Z P 1a).

Nativ Hod. Hod est la séphira de la gloire. <YHVH, montre-moi ta gloire >, demande Moïse (Ex 33, 20). Et Isaïe lui répond : < Sa gloire remplit toute la terre > (Is 6, 3). < C'était une vision de la ressemblance de YHVH >, comme il est écrit (Ez 1, 28). Il faut méditer là-dessus et le voir partout. La lumière originelle est la source de toute la puissance.

Le chemin de la gloire est aussi celui de la spéculation. On ne peut pas voir Dieu, mais on peut le réfléchir. Penser à Dieu est glorieux. Regarde ce que tel verset de la Torah te dit, à toi, maintenant. Vois le sens qui se révèle, car la voix de Dieu est une vision : < Ils virent les voix >, comme il est écrit (Ex 20, 18). Cherche, construit, spécule, stimule ton âme dans la recherche de l'Infini, va dans le pouvoir de Dieu, puises-y ta force spirituelle.

Nativ Phé, le chemin de la bouche. Avec l'oreille tu entends l'extérieur, mais la bouche te permet de t'écouter. Dans l'En-bas, Nativ Phé est le premier degré dans l'étude, l'histoire telle qu'elle est racontée, la matière brute de la Torah. Dans l'En-haut, le verbe créateur sort de la bouche de Dieu (qui n'a pas de bouche), le mot qu'il prononce, la chose nommée et Lui (sa pensée) sont Un. Lorsque tu parles de Dieu, sois cet *Un*. Laisse l'Infini t'embrasser sur la bouche, inspire l'Infini, expire l'Infini et écoute ce que tu dis lorsque tu parles de Dieu. Dieu te parle lorsque tu parles de lui

Nativ Tsadé, le chemin de la dévotion. *Tsad* est le javelot que tu lances vers Dieu, à travers la prière. En adressant la parole au Créateur, en répétant les formules ou en en inventant de nouvelles, en attribuant à Dieu toutes sortes de qualités, tu crées un lien invisible, immatériel entre toi et lui. Prie, lance ce dard, ce tentacule fait de mots et de sentiments, et touche le divin. La prière, celui qui prie et celui qui est prié sont Un.

Nativ Qof, le chemin étroit comme le chas d'une aiguille. Il y a le monde, vaste et étendu, et la porte, petite et précise comme un point de lumière. Il s'agit de viser juste pour y faire passer le fil de ta conscience. La lumière est vraie. Elle nous révèle la Cause des causes. Le reste n'a qu'un degré de réalité. Regarde le vrai et repousse la réalité, vois la vérité à travers la réalité. Laisse les conséquences, cherche la Cause des causes et pénètre-la.

Nativ Yessod, la séphira du fondement. Elle occupe la place du sexe dans l'arbre des séphirot et symbolise l'organe masculin, siège du désir et de l'énergie, le secret, et la créativité divine. Dans l'étude de la Torah, sod indique le sens mystique.

Le désir est la source de tout, mais l'objet du désir n'est jamais qu'une manifestation du désir d'être. En fait, le désir, son auteur et son objet sont un seul phénomène. Regarde un désir, monte à la source dont ce désir est une expression. Observe le monde comme un désir, observe-toi toi-même comme source et conséquence du désir, relie en toi cette source et sa conséquence, là où tout est Un, c'est le secret, *Sod*, de la Cause initiale, *Yod* : *Yessod*.

Dans l'étude, tu regardes la Torah mystique à travers les écorces de la Torah des limitations. Va jusqu'au quatrième niveau du système Pardes. Ne t'arrête pas en route.

Nativ Reich, le chemin de la tête. Chemin du commencement et chemin de la pensée profonde. Dans Béréchit, il y a *Baroch*, en tête (BRACh) : tout commence dans la tête. Vois comme le monde est une création mentale, vois comment les mots et les pensées créent le monde dans lequel tu vis.

Permutées, les lettres de *Roch* (RACh) écrivent *Acher* (AChR), *Qui*, le plus haut degré du questionnement. Qui est ce *Qui* « qui a créé Cela » ? Il est toi ! Qui suis-je ? Je suis *Qui*. Vois, en toi, qui est l'auteur de chacun de tes actes, de chacune de tes pensées. Dépasse le moi qui approprie et limite, et vois le *Qui* qui n'est pas un individu précis, mais l'universel impersonnel. Car dans le commencement-en-tête, tout est un seul être dans un seul secret.

Nativ Chin, le chemin du feu. *Ech*, le feu, est la racine des deux mots qui désignent l'individu : avec un Yod ou un Hé, il forme un humain masculin ou féminin. Tu es le buisson en feu qui ne se consume pas. Ce feu symbolise la friction de l'Infini et du fini, du désir d'être et de l'être. Vois, dans le feu intérieur de la nostalgie de Dieu, Dieu lui-même, < Car YHVH est un feu dévorant > (Dt 4, 24).

Le feu construit et détruit. Il est le symbole du mouvement, et donc de la vie, mais aussi de la souffrance. La dent (*chen*) du feu (*éch*) mord la matière. Vois en toi ce feu qui anime, construit, use, brûle, détruit. Vois le feu des forces qui te meuvent, ces désirs qui te construisent et ceux qui te détournent. Vois dans n'importe quel désir le feu du désir d'être.

Nativ Tav, le chemin de la marque, le repère final. Dernière lettre de l'*alephabeth*, Tav symbolise la fin et en même temps le sens révélé. Lettre finale de Béréchit, elle indique que tout ce qui commence est marqué du sceau de la finitude.

Tav, uni à Vav, les six directions de l'espace, et à Mem, la mère, annonce la mort (MVT). Uni à l'Aleph dans un sens (AT), il forme une ouverture, le complément d'objet direct ou la totalité des lettres de l'alephbeth qui nomment et créent toutes choses. Dans l'autre sens (TA), il délimite, clôt l'espace.

Toute chose porte à la fois la marque de l'origine et de la fin. Tout retourne à sa source, car en fait rien n'a jamais vraiment quitté sa source. Chaque instant est un cycle entier. Tout révèle sans cesse l'Infini clos en lui-même. Tu es la source et la fin, à chaque fraction de seconde. Regarde comme cela.

Abréviations

Aussi souvent que possible, j'ai retracé les citations dont Rabbi Isaac Goldman s'était servi.

TB	Talmud de Babylone, édition Verdier, traduction Arlette Elkaïm-Sartre, 1982.
Z	Zohar, édition Verdier, traduction Charles Mopsik, 1981.
Bahir	Édition verdier, traduction Joseph Gottfarstein, 1983.
MR GR	Midrach Rabba, Genèse Rabba, traduction Bernard Maruani et Albert Cohen-Arazi, 1987.
MR DR	Midrach Rabba, Deutéronome Rabba.

Pour les livres de la Bible ont été utilisées les abréviations conventionnelles :

Am	Amos
Ct	Cantique
Dn	Daniel
Dt	Deutéronome
Ecc	Ecclésiaste
Ep	Éphésiens
Ex	Exode
Gn	Genèse
Is	Isaïe
Jb	Job
Jg	Juges
Jn	Jean
Jr	Jérémie
Lc	Luc
Lv	Lévitique
Mt	Matthieu
Nb	Nombres
Os	Osée
Pr	Proverbes
Ps	Psaumes
I R	1er Rois
II R	2e Rois
Rm	Romains

Table des matières